国家自然科学基金项目（70771069）

知识网络形成与演化研究
——基于知识链的视角

顾 新 万 君 肖冬平 魏奇锋 著

科学出版社

北 京

内 容 简 介

本书主要介绍作者在知识网络形成与演化方面的研究成果。本书从组织之间知识链的视角，界定由多条知识链构成的知识网络，分析其要素、构成和结构；研究知识网络形成与演化的原因、过程和机理，由此探索知识网络形成与演化规律，分析知识网络形成与演化的周期性和规律性；研究知识网络组织间的合作伙伴关系及其合作效率的影响因素，为我国企业构建知识网络及实现知识网络的有效治理提供指导和理论依据。

本书适合各类创新型企业管理人员、高等院校科研人员以及相关专业研究生等人员阅读参考。

图书在版编目（CIP）数据

知识网络形成与演化研究：基于知识链的视角 / 顾新等著. —北京：科学出版社，2019.3

ISBN 978-7-03-057266-0

Ⅰ. ①知… Ⅱ. ①顾… Ⅲ. ①企业管理–知识管理–研究 Ⅳ. ①F272.4

中国版本图书馆 CIP 数据核字（2018）第 083808 号

责任编辑：郝　悦 / 责任校对：贾娜娜
责任印制：张　伟 / 封面设计：润一文化

科 学 出 版 社 出版
北京东黄城根北街 16 号
邮政编码：100717
http://www.sciencep.com

北京盛通商印快线网络科技有限公司 印刷
科学出版社发行　各地新华书店经销
*
2019 年 3 月第 一 版　开本：720 × 1000　1/16
2019 年 3 月第一次印刷　印张：12 1/2
字数：250 000

定价：102.00 元
（如有印装质量问题，我社负责调换）

前　言

在知识经济时代，知识成为推动经济和社会发展的主导力量，企业拥有的知识和创新能力成为其提高与保持核心竞争力的关键。随着知识更新速度的不断加快，企业自身所拥有的知识存量有限，为了在日益激烈的竞争中立于不败之地，越来越多的企业与高校、科研院所、供应商、客户甚至竞争对手建立战略合作伙伴关系，建立知识网络（knowledge networks），促进跨组织的知识流动，实现知识共享和知识创造。

知识网络是由多条知识链构成的，集知识共享与知识创造等功能于一体的网络体系。知识链（knowledge chain）是以企业为创新的核心主体，以实现知识共享和知识创造为目的，通过知识在参与创新活动的不同组织之间流动而形成的链式结构。知识网络的构建，能够为知识网络成员提供丰富的知识来源，实现来自不同组织的知识跨越空间和时间的整合，有效弥补组织自身知识的缺口，实现知识网络中组织之间知识共享与知识创造。目前，与其他组织构建知识网络，正日益成为企业建立和保持竞争优势的重要手段与途径。

当前，关于知识网络的研究多集中在实际构建方面，或基于特定产业和领域来分析知识网络的发展模式及其构建的作用，从知识链角度对知识网络的形成与演化的研究尚不多见。本书研究了知识网络形成与演化过程中的关键问题，有助于丰富与发展知识网络理论和知识链管理理论，在实践上，为我国企业构建知识网络及实现知识网络的有效治理提供理论依据。

本书主要内容共有 10 章。

1）绪论（第 1 章）。介绍本书研究背景、研究意义，分析国内外研究现状，并介绍本书研究框架。

2）知识网络及其构成要素（第 2 章）。从知识的特性及知识创新过程中的企业所面临的创新悖论出发，界定知识网络的概念，分析知识网络的内涵、特征、构成要素与类型及其合作原理。

3）知识网络的结构特征（第 3 章）。从社会网络的视角，运用社会网络分析方法及其专用分析工具软件 UCINET6.0，从网络密度、节点中心性、网络中心性、聚集系数、平均最短路径长度、派系或群落、结构洞等方面对知识网络的结构特征进行了刻画与计算。

4）知识网络形成的动因（第 4 章）。从知识网络形成的根源、理论基础、内外动力等方面分析知识网络形成的动因。

5）知识网络形成的内在机理及其过程（第 5 章）。运用进化博弈等相关理论分析知识网络的形成机理，在合作博弈模型的基础上探讨知识网络形成与有效运行的条件，厘清知识网络的阶段性形成过程。

6）知识网络的演化机理及其结构演化（第 6 章）。基于自组织理论，研究了知识网络的演化特点、演化机制和动态演化过程。运用超循环理论，分析知识网络的结构演化过程，并以硅谷知识网络为例，说明了超循环演化的意义。

7）知识网络的生命周期（第 7 章）。研究了知识网络形成与演化的周期性和规律性，建立知识网络生命周期模型，具体将其生命周期划分为孕育形成期、成长发展期、成熟期、衰退期或解体期四个阶段，并结合算例提出了知识网络生命周期阶段判定方法。

8）知识网络组织间的合作伙伴关系及其实现途径（第 8 章）。研究了知识网络组织间的合作伙伴关系及其实现途径，探讨了知识网络组织间知识转移与共享的正式方式和非正式方式。

9）知识网络组织之间的合作效率（第 9 章）。研究了知识网络生命周期中的重要特征变量——合作效率，构建知识网络合作效率影响因素概念模型，并通过实证研究，验证了该概念模型的正确性和合理性。

10）结论、不足与展望（第 10 章）。

本研究得到国家自然科学基金"基于知识链的知识网络的形成与演化研究"（70771069）和四川大学双一流建设专项经费的资助。在此，特向国家自然科学基金委员会和四川大学表示衷心的感谢！

顾　新

2018 年 11 月于四川大学商学院

目　　录

第1章 绪 论

本章分析研究背景，在相关研究的基础上，提出了知识网络形成与演化的研究框架。

1.1 研 究 背 景

在全球经济一体化的趋势下，市场竞争环境日趋复杂，竞争手段日趋多元化，企业要在多变的市场竞争中保持持续竞争优势，就必须对知识进行有效管理。知识管理已成为企业管理的核心问题。知识管理的出发点是把知识视为企业所拥有的最具战略重要性（Grant，1996）和竞争优势的重要资源，将最大限度地掌握和利用知识作为提高组织核心竞争力的关键。知识管理不仅涉及企业内部的知识，还涉及企业外部及与企业各种实践活动密切相关的知识。由于知识的更新速度不断加快，企业自身所拥有的知识存量有限，为保持竞争优势，越来越多的企业与高校、科研院所、供应商、客户甚至竞争对手建立了战略合作伙伴关系，并构建了组织之间的知识链，促进知识流动，实现知识共享与知识创造。在企业与其外部其他组织的知识流动过程中，企业不仅可能获取大量有用知识，而且可以通过知识共享与知识创造来提高其创造价值的能力（郁义鸿，2001）。因此，构建知识链成为企业获取外部知识的有效途径。

知识网络是由多条知识链构成的、集知识共享与知识创造等功能于一体的网络体系。正如 Nunamaker 等（2001）所说，知识管理不应该被限定于只对组织内部知识资源进行管理，更应该对组织外部各利益群体、组织机构、政府机关所拥有的一系列与组织运作所需的知识资源加强管理，并将其融入知识网络中。知识网络的构建，能够为知识网络成员提供丰富的知识来源，实现来自不同组织的知识跨越空间和时间的整合，有效弥补组织自身知识的不足，实现知识网络中组织之间知识共享与知识创造，提高组织知识管理运作成效。

当前，我国一些企业、高校和科研院所等已自觉或不自觉地构建知识网络，期望以此建立和保持竞争优势。然而，就目前研究现状来看，国内外关于知识网络的研究尚处于初级阶段。现阶段对于知识网络的研究则多集中在实际构建方面，或基于特定产业和领域来分析知识网络的发展模式及其构建的作用，缺少对知识网络的形成与演化机制的深入研究。关于知识网络形成的动因、条件、过程等方面的探讨，有利于揭示知识网络的本质；关于知识网络演化的研究，有助于把握知识网络发展的客观规律。因此，有必要对知识网络的形成与演化过程进行研究，通过相应的理论指导制定科学有效的知识网络管理策略，加强知识网络中成员之间的合作，提高知识网络的运行效率。

1.2　国内外研究现状及分析

1.2.1　知识网络内涵的研究综述

1. 知识网络的定义

在管理学界，关于知识网络的研究始于 20 世纪 90 年代中期，其概念最早是由瑞典工业界提出的，Beckmann（1995）将知识网络描述为进行科学知识生产和传播的机构及活动。其后的很多学者对知识网络的概念进行了大量的研究，并提出了各自的观点。

Allee（1997）认为，知识网络是通过内部群体或共同兴趣爱好者相互关联而构成的，这里的"群体"可能是一群共享工作经验或技术知识的职业同行，并强调知识网络具有"流动性"；Sharda 等（1999）则认为，知识网络是知识参与者之间的一种社会网络，通过个人、团体、组织与内部等层次上的知识创造和传递，实现价值创造的过程；美国国家科学基金会（National Science Foundation，NSF）于1999 年阐述了知识网络的定义，即知识网络是一个社会网络，该网络提供知识、信息的利用等。还有的学者将知识网络称为知识联盟，Norman（2002）认为，知识联盟是指企业在实现创新战略目标的过程中，为实现共享知识资源、促进知识流动和创造新的知识，与其他企业、高校和科研院所之间通过各种契约或股权而结成的优势互补、风险共担的网络组织。

国内学者也提出了自己的一些看法，如蒋恩尧和侯东（2002）从技术层面将知识网络看作一个用于管理知识的网络系统，该网络系统能够解释大量的资料与信息，记录、包装并传递专业知识给有需要的员工、客户及供应商，从而简化专业知识在供应链中的传递过程；李丹等（2002）认为，知识网络是组织为适应知识管理的需要，有效弥补知识管理运作中存在的知识缺口，而基于组织知识链中的知识管理环节，与能为其提供所缺知识的外部组织进行合作所构成的网络体系；张丽妮（2004）则认为，知识网络从广义上讲是指知识参与者实现知识在个人、团体、组织和组织间等级层次上的创造与传递的一种社会网络。

综上所述，一直以来学术界对知识网络尚无一个明确和统一的定义。有的定义侧重于信息技术角度，有的侧重于社会学角度……而不同的定义适用于不同的研究及应用领域。在企业管理领域，普遍认为知识网络是由共同解决技术问题、提供技术支持与开发的企业之间、企业与高校及科研机构等组织之间合作形成的网络结构，它是一个转移与创新相关知识的网络（魏奇锋等，2013）。

按知识主体的不同，知识网络可分为组织内部的知识网络和组织之间的知识网络，以下对这两种类型的知识网络的研究现状进行介绍。

2. 组织内部的知识网络

（1）国外学者的相关研究

Seufert S 和 Seufert A（1999）从以下三个模块对知识网络进行解读：①环境条件——能够对知识的创造和转移产生促进或约束作用的环境，主要包括网络内部的结构维度（组织结构、管理系统）及文化维度（企业文化、网络文化）；②知识运作过程——主要包括个人或组织层面上的社会互动与交流过程；③网络基础结构——包括用于社会关系中的组织工具、信息交流工具等各种工具，如知识的积极活动者、用于促进知识管理和运作过程的数据仓库概念等。这三个模块之间并不是相互独立的，而是相互联系的。Seufert S 和 Seufert A（2000）在知识网络的概念基础上，阐述持续学习型组织的概念。瑞士再保险公司的案例，通过建立知识网络、分析不同的知识网络类型，讨论其角色，来阐述基于理论基础的概念。Aguirre 等（2001）建立基于多智能体的知识网络模型，将企业记忆的知识作为在知识网络中知识存储和提供知识服务的重要手段。Qian 和 Li（2001）通过对 BPR（business process reengineering，业务流程再造）概念和进程的分析，提出知识网络重构的方法，阐明了 BPR 的步骤。Hansen（2002）引入知识网络的概念，以解释为什么一些部门能够受益于公司其他部门的知识，而另一些则不能。他通过研究认为，要在多单位企业实现有效的跨部门知识共享，需要综合考虑商业单位知识的内容关联性及能使商业单位获取相关知识的跨部门横向关系网络。Hoegl 等（2003）研究了团队层次如何通过项目进程影响团队成员知识网络的发展。他们采用 145 个软件开发项目的 430 位团队领导和成员的数据，运用分层次的线性模型，检验了交叉层次的假设。结果显示，团队对组织知识共享氛围的理解、团队的知识网络偏好、团队所感受的知识网络对团队成功的重要性正面影响着个体知识网络的构建。Magnusson（2004）基于爱立信公司（Telefonaktie bolaget LM Ericsson）七个不同知识网络的案例研究，描述了综合方法的关键组成部分。当设计和组建单一知识网络时，需要关注的关键问题是用户群体的扩展和集中管理的作用，进而促进组织知识共享行为。爱立信的知识网络战略目标在于为知识创造和知识共享发展一个松散连接的核心结构，通过不同的知识目录彼此联系。与传统的知识管理战略相比，其优点在于能够支持意会知识和明晰知识两类知识的共享与创造。Nerkar 和 Paruchuri（2011）认为，个体在发明家的组织内部知识网络或企业内部知识网络中的地位，预示着企业 R&D（research and development，研究与开发）活动中发明家知识创造的可能性，这种机会导致路径依赖的专业化。经验表明，企业的 R&D 集中在知识重组领域，为能力的路径依赖演化提供了支持。通过 DuPong（美国杜邦公司）公司的 R&D 知识网络进行了理论验证，Kitaygorodskaya（2005）定义了团队 R&D 知识网络，并将其视为一个复杂系统，运用基于智能体的建模作为研究知识网络的工具，选择交易记忆理论（transactive memory theory）定义智能体相互作用的规则来证明其正确性。Helms 和 Buijsrogge（2006）认为，在公司改善其知识管理之前，应该有一个非常清晰的对瓶颈的描述。知识网络分析技术有助于公司以结构化方式构建其蓝图。这接近于源于网络观的知识管理。因此，可以运用知识转移的速率和黏性的概念，分析某些参与者之间的知识转移。Akgün 等（2005）分析新产品开发团队的活动，以决定交互记忆系统的前提和结果。他们考察了 69 个新产品开发团队，发现团队的稳定性、团队人员的熟悉程度及内部信任对交互记忆系统和团队的学习、产品的迅速上市、新产品的成功都有积极的作用。任务越复杂，这些影响越大。

（2）国内学者的相关研究

邢小强和全允桓（2004）在分析知识库概念的基础上，提出知识在企业内的分布是一个动态的知识网络，说明了该知识网络内存在三种基本知识活动（知识学习、知识创造、知识整合）及其相互关系，并针对不同企业知识活动水平差异，分析了影响企业内部知识活动的关键影响因素。张庆普等（2005）认为，企业知识管理涉及各种知识、知识活动、知识人员和相关的支撑环境等复杂因素与过程，形成了错综复杂的知识管理网络。知识管理网络，继而以系统观点为指导，分析了企业知识管理网络的构成要素及相互关系，构建了网络模型，探讨了企业知识管理网络有效运作的调控问题。贺德方（2005）以知识管理的高级形态知识网络的理论为基础，以一个正在开发建设中的科技人才评价数据信息资源平台为案例，分析了科技人才评价模式。孙锐（2006）认为，组织执行创新性任务的一种重要组织形式是知识团队，这种组织形式也是知识员工之间进行知识分享、知识整合和知识创造的基本单位。另外，他还引入了知识空间、知识链及知识链网络的概念，并分析了知识工作者、知识链网络与知识团队的相互联系，研究了基于创新性任务的知识链网络与知识型团队之间的互动机制。肖玲诺和周浩（2008）认为，知识网络是提高高技术企业国际竞争力的基础平台，它可以为企业提供知识创新的源泉。高技术企业只有通过建立完备的内外部知识网络，才能加速知识的获取、共享、创新，并以此提升国际竞争力。钟琦等（2008）提出构建以企业内各个成员为节点、知识在节点间流动的企业内部知识网络，并分析了企业内部知识网络的体系结构，在此基础上阐述了企业内部知识网络中知识流动的基本过程和一般模式。陈亮等（2008）从企业员工知识网络的角度对知识型员工进行细分，并分别阐述了不同知识型员工的特性及其对企业知识网络的影响，最后提出了相应建议以提升企业员工知识网络的鲁棒性和知识传导的效率。席运江和党延忠（2008）对个人及群体的知识结构分析方法进行了研究，并结合一个实例对其方法进行了验证。张熙悦和胡新平（2008）根据社会网络理论，以多案例研究方法探讨了不同类型的知识网络对知识螺旋运动各阶段的成员参与意愿的影响。郝云宏和李文博（2009）基于耗散结构的理论视角，对知识网络进行了诠释并提出了知识网络的演化机制。钟琦和汪克夷（2009）以社会网络分析法为基础，分析了知识团体和关键知识节点的识别问题。纪慧生和陆强（2010）在分析团队研发能力及知识网络的基础上，提出了基于知识网络的团队研发能力增长模式，并指出研发能力增长过程是知识协调的过程。陈春等（2010）对知识网络构建和应急知识跨部门传递与共享进行了探讨。

3. 组织之间的知识网络

知识流动的范围不仅局限于组织内部，组织之间也同样存在着知识的流动。

（1）国外学者的相关研究

Carayanni 和 Alexander（1999）认为，参与知识网络运作的组织应具备为其他组织提供相应稀缺知识的能力，实现组织间知识领域的优势互补。Cowan 和 Jonard（2004）利用网络模型模拟了知识在社会网络中扩散的过程，发现在小世界网络中知识扩散的效率最高，但同时知识差异也最大（知识扩散最不公平）。Ahuja（2000）认为，网络的强连接能同时促进组织之间的资源共享和知识溢出，而弱连接却只能促进知识溢出而不能提供资源共享。在密集网络内部，组织之间的密集连接会使提供的信息过多而造成资源的浪费。相反，在稀疏网络中，横跨许多结构洞位置的企业具有信息效率及对网络的控制力。Dyer 和 Nobeoka（2000）研究了社会关系网络在丰田公司创造和保持业绩方面的作用，发现强关系网络建立了多种制度性的程序，这些程序促进了多方知识的流动。Apostolou 等（2003）对组织之间的知识分享能力及其对管理的影响进行了评价，对知识分享网络的类型进行了分析，通过三个组织之间知识网络的案例，讨论了组织内部知识分享将带来的机遇与挑战，最后进行了展望，并总结了知识分享网络将可能会出现的模型。Ritter 和 Gemünden（2003）认为，企业的知识网络具有动态性和根植性特征，知识网络成员间的联系是源于其自主性和相互依赖的结合，知识网络中的交流规则促进或抑制了知识交流，从而影响企业的能力发展。Cowan 等（2004）研究了网络型产业中知识演化的动态过程，比较了参与者随机交互转移知识和在正式体系下的交互转移知识两种方式对知识网络演化的影响，并对相应模型进行了仿真研究。Owen-Smith 和 Powell（2004）认为，正式的跨组织网络具有空间地理接近的组织特征。在区域经济中，最近的组织之间的契约关系代表了相对明确的信息转移的渠道，知识的相对可获得性通过契约关系转移到组织，并以位于波士顿的生物技术企业为例检验论点。Akgün 等（2005）通过实证分析，对在新产品开发过程中，参与者群体稳定性、信任等因素与知识网络的相关假设进行了检验。

（2）国内学者的相关研究

王铮等（2001）基于知识由节点产生，节点间存在信息交流的事实，以统计力学主方程结合神经网络为原型，建立了一个能够反映知识网络动力学特性的基本模型。基本模型，继而参考神经网络的物理模型，发展了一个政策参与调控的知识网络模型，以此作为分析中国国家创新体系投资政策的基础。王露等（2002）在王铮等研究的基础上，通过对中国科学院和中国科研-教学体系形成的知识网络的动力学行为分析，发现了中国国家创新体系的复杂性特征及调控模式。赵晓庆和许庆瑞（2002）则探讨了知识网络与企业竞争力的关系，他们分别从网络中的知识共享、介于企业与市场之间的网络形式、桥连接与创新、强连接与桥连接四个角度对知识网络进行探讨，从而说明了企业获取竞争力的重要来源是在关系网络中的嵌入。企业通过知识网络，不仅可以获取新信息和知识，而且能够协调企业间的交易，进而增进信任和合作。李丹等（2002）在分析组织存在知识缺口问题的基础上，分析了构建知识网络的实际意义，提出了知识网络构建过程中的构成要素、构建原则及构建方法，并通过实例说明了组织构建知识网络的实际操作过程及构建知识网络的显著成效。姜照华等（2004）从知识供应链的角度对产业集群的形成机理进行了分析，在对知识供应链的网络结构和网络创新能力函数进行研究的基础上，建立了知识网络动力学模型，并从知识网络的结构优化入手，对知识关联强度矩阵的调整规则问题进行了探讨。Cheng 和 Hu（2004）认为，企业可以通过构建合作知识网络（cooperative knowledge network，CKN），实现其能力的动态发展。这种网络能够为企业提供多种学习机会，该网络中的企业能够发掘、获取和开发该网络中的各种知识资源。在理论分析的基础上，分析了南京 SVT（南京斯威特集团）构建 IC（integrated circuit，集成电路）设计 CKN 的案例，说明构建 CKN 是企业获取内部知识和外部知识、提高企业能力的一种有效的方式。成桂芳和宁宣熙（2005）认为，知识团体之间的知识协作关系形成了虚拟企业复杂的知识协作网络。知识协作网络，继而运用复杂网络的理论和方法，建立了基于某隐性知识传播的虚拟企业知识协作网络模型。沈立新等（2005）基于知识网络，分析了虚拟物流企业的运行机制，包括动力机制、利益机制和保障机制。宋英华（2005）认为，现代企业运营已突破了所谓的供应链、价值链、知识链的链状模型，呈现出一种网络模型的运营模式，即价值-知识网，初步探讨了其协调机制和预测机制。刘江（2005）讨论了企业知识网络的构建，并通过施乐公司知识网络系统实例说明企业构建知识网络的思路、方法和取得的成效。Chen 和 Wang（2005）利用社会网络理论的观点，研究了中国企业的知识网络建设，基于培育中国企业的核心竞争力，构建了战略知识网络模型。他们认为，对于嵌入社会结构的经济行为的前提是参与者面对的规则和文化，中国企业注重关系资本的积累。中国应该培育中介结构，以建立战略知识网络来适应国际竞争。Wei 等（2005）认为，知识共享是知识网络存在和发展的前提，影响知识共享的利益分配原因将会直接影响知识网络的运行，并运用博弈论讨论在知识网络中知识共享的利益分配方法。王娟茹等（2005）在分析了吸收能力与研发投入关系的基础上，构建了一个基于知识溢出和吸收能力的知识联盟 R&D 两阶段非合作动态博弈模型。黄晓晔和张阳（2006）结合中国特定的传统文化与转型期社会经济背景，从关系网络视角探讨其对知识管理的影响和功能，以寻求知识管理的有效途径。龙静和吕四海（2006）分析了三种类型的网络理论对企业知识创造及管理活动的影响。社会网络理论主要讨论网络内的知识流动，以及网络内部组织之间的连接强度对知识转化过程的影响作用；外部网络理论主要讨论企业的互补知识形成的方式，以及企业之间的学习过程的实现形式；内部网络理论则主要关注不同的网络结构与管理过程对知识的创造和转化的促进作用及有效影响。李勇等（2006）认为，知识网络是形成企业动态能力的重要知识来源，这一网络具有动态性和根植性，知识网络的知识转移效率受到企业自身吸收能力、所转移的知识特性等多方面因素的影响，企业应建立知识网络管理机制、构建开放的知识网络，在获取外部知识的同时提高企业的学习能力。任志安和王立平（2006）建立了一个不完美信息动态博弈模型，通过这个模型对促使高质量伙伴参与知识共享的发生条件进行了分析，并对知识共享合作伙伴选择的影响因素进行了研究，在对如何减少逆向选择问题的负面影响进行分析的基础上，提出了选择知识共享合作伙伴的可行措施。柯青（2006）分析了虚拟企业知识网络存在多维研究视角的原因，分别从能力整合、运行平台和管理理念三个不同的研究视角，研究了虚拟企业知识网络。任志安（2006）从网络治理和知识治理两个角度，分析了企业知识共享网络治理的治理特点、作用机理和治理安排，其认为将网络治理纳入知识治理的分析体系中，应成为企业知识共享网络治理实践的发展趋势。唐方成和席酉民（2006a）利用虚拟实验，在规则系统的基础上，探讨了知识转移与网络组织的动力学行为模式之间的相互依赖关系。唐方成和席酉民（2006b）针对网络型组织在知识转移过程中知识释放者与知识吸收者之间的双向互动作用，在知识吸收能力的基础上提出了知识释放能力的概念，对网络组织成员的知识释放能力的差异性进行了分析，进而分别从随机性和确定性释放能力两个角度，利用仿真分析，探讨了知识转移过程中网络组织结构的动力学行为模式。傅荣等（2006）认为，知识网络是产业集群网络演化的重要组成部分和先决条件，他们将产业集群中参与者进行交互的偏好分为任务导向型和知识导向型两种，构建了一个基于多智能主体的产业集群知识网络模型，并利用 Blanche 软件实现了知识网络演化模型的仿真计算。胡峰和张黎（2006）运用网络模型对知识在社会网络中的扩散过程进行了模拟，研究发现，知识在网络中扩散时存在着"小世界"现象，即当网络为"小世界"时，整个社会网络在经过充分的知识扩散后，组织之间的知识差异缩小，而整个网络的平均知识水平却得到提高。模拟的结果验证了美国学者 Granovetter 提出的"弱连带优势"理论，该结果对于提高整个社会的知识水平具有重要的理论意义。金鑫（2006）从企业战略联盟的角度研究，指出构建企业网络尤其是知识网络，应从以下几个方面入手：①选择合适的合作伙伴；②构筑信任；③建立有效沟通机制；④动态调整。成伟和王安正（2006）在网络理论基础上提出了产业集群和知识网络的概念，进而对知识网络的各要素及其相互关系做了详细阐释，并运用数学和系统科学的方法探究了产业集群知识网络中知识关系的运行机理及产业集群整体创新能力的缘由。张龙（2007）从知识网络结构的一个方面，即网络闭合性角度展开研究，提出了知识管理的三个原则和三个方法，前者包括提高内部网络的闭合性、降低外部网络的闭合性及平衡两者关系，后者包括知识载体网络化、知识网络模块化和外部知识获取行为制度化。李文博等（2008）对产业集群中知识网络结构的测量进行了研究和探讨。张永安和付韬（2009）研究了集群创新系统中知识网络的界定及其运作机制。赵晶等（2009）以柳市低压电器产业集群为例对集群知识网络的技术学习路径做了研究。王君等（2009）针对如何利用知识网络系统支持企业知识管理的问题，提出了基于知识网络系统的企业知识管理过程的支持模型。曾德明等（2009）分析了产业集群知识网络的立体结构，剖析了产业集群的内部知识网络和外部知识网络中各节点的联系，探讨了知识在该立体结构中各个层次的企业、集群中的高校、科研机构及政府部门等网络节点之间的流动，从点、线、面、体的角度对产业集群知识网络中的黏滞知识流动进行了分析。白洁（2009）从知识网络中影响知识流动的因素出发，分析了企业与高校合作的原因，提出在促进校企合作构建知识网络的过程中，不同行为主体应采取的措施与建议。李彦华（2009）基于产学研知识网络的视角对企业知识获取与技术创新做了研究。阳志梅和胡振华（2010）基于知识观从网络视角解析了知识网络及其组织学习是集群企业竞争优势的源泉。

1.2.2　关于网络形成方面的研究综述

1. 国外学者的相关研究

Walker 等（1997）对用社会资本理论和结构洞理论来解释网络的形成进行了

比较。他们认为，随着生物技术的兴起，社会资本极大地影响了网络的形成和产业的成长，并提出了重要结论：结构洞理论可以更多地应用于市场交易网络，而非合作关系网络，对公司间合作的关系结构的研究需要把它看成一个网络来进行分析。Slikker 和 van den Nouweland（2000）对可用合作博弈描述的通信网络的内生形成过程进行了研究，他们在回顾了两个博弈模型：Aumann 和 Myerson（1988）提出的展开型模型与 Dutta 等（1998）提出的战略型模型的基础上，运用 Myerson 价值的扩展式对参与者的收益进行了测定，他们发现随着建立联系成本的增加，更多的联系将随之形成是可能的。Currarini 和 Morelli（2000）介绍了时序网络形成的一种非合作博弈模型，他们指出，如果网络价值的大小满足单调性，那么每一个均衡网络都是有效的。Deroïan（2002）认为，社会网络的形成对于创新的延迟扩散和失败是一个合理的解释，通过借用人口理论采用的技术，其建立了一个由互动代理商构成的模型，在模型中，交互作用被认为是一个重要的影响因素，社会网络中的组织成员通过交互作用进行学习，社会网络逐步形成的过程将带来创新的积累和扩散。Liggett 和 Rolles（2004）建立了一个无限的随机模型对社会网络的形成过程进行了研究，他们认为，组织成员根据一个概率集合选择其邻居节点，如果成员 x 选择了与成员 y 进行合作，必将增加其后成员 y 选择成员 x 的概率，他们对这一过程极值的不变测度进行了描述，在一个极值均衡点，组织成员集合被分割成称为"星集"的有限集，每个有限集中有一个成员因经常被集合中其他成员选择而成为集合的中心。Bramoullé 等（2004）对均衡网络进行了描述，对基于个人行为的网络结构进行了研究，研究表明两种网络构造和诱发行为均取决于连接成本，一般情况下，均衡配置既不是唯一的也不是有效率的。Goyal 和 Vega-Redondo（2005）建立了一个简单的模型，研究合作伙伴之间的互动和个人行为。他们假定一个参与者可以通过单方面地投资于昂贵的配对关系与其他成员建立联系，因此参与者努力地平衡建立联系的成本和收益，从而得到互动结构中唯一的均衡点。网络形成的动态性对个人行为产生重大的影响：如果形成联系的成本低于每个阈值，参与者将把自己的行为向风险占优方向调整；如果形成联系的成本高于某个阈值，参与者将把自己的行为向更有效率的方向调整。Ozman（2006）对公司间的协作网络进行了基于代理的仿真研究，拥有不同的知识背景的公司在整合他们的能力的过程中形成了网络，其研究结果表明，知识制度对网络结构有显著的影响，在进行专业化生产时，公司间的互动是频繁的，并且会形成通用的知识。Heikkinen 和 Tähtinen（2006）提出了一个基于实证的过程模型对研发网络的形成过程进行研究，过程模型强调了网络在形成过程的触发和过程管理方面的重要性，此外，过程模型表明整个形成过程是重叠和反复的，使网络具备可操作性、确保连续性、形成正式构造等各子过程互不遵守特定的顺序。Wang 和 Watts（2006）通过对交易发生时买-卖关系的分析，对买方与卖方交易网络的形成过程进行了研究，得出了一些与传统交易理论相反的结论：第一，在没有市场或存在信息冲突的情况下，可能会发生交易的不匹配现象；第二，给出一套活跃的交易价格，其存在着多个稳定的网络构造；第三，受价格刺激，即使存在完全信息，卖方联盟可以自然形成，买方自由选择与这个产品质量参差不齐的卖方联盟形成链接；第四，价格波动受卖方活跃程度的影响，消除不活跃的买方会影响卖方的净回报，同时因交易价格的提升而对买方产生反馈性影响；第五，消除不活跃的买方会降低卖方可接受的最低交易价格；第六，卖方的净回报受高质量产品的估价及闲置产品状况的影响。Kamphorst 和 van der Laan（2007）对一个网络形成的模型进行了研究，在这个模型中参与者被分成若干组群，两个参与者之间建立联系的成本将随着参与者所属组群距离的增加而增加。他们对多组群模型进行研究后认为，如果最小限制集下的多组群网络具有特性，其不会出现在最多两个组群的网络中。局域中心性和中心发起性仍然是最小限制集下网络的重要特性。Baron 等（2008）对网络形成过程中一个简单的策略博弈的几个决策问题的计算复杂性进行了研究，他们发现如果一个参与者有一个能保证他有某一收益的策略，那么其他参与者给定的策略组合是一个 NP（NP 是指一个决策问题的集合）完全问题，如果存在一个策略组合能保证策略博弈的某一总收益，那么其同样是NP 完全问题。Mayer 和 Puller（2008）对大学校园社会网络的结构和构成进行了研究，并对导致其形成的过程进行了调查。他们发现改变学校环境将影响两个学生相互作用的可能性，使其只有有限的潜力以减少社会网络的种族分割。Grigoriou 和 Rothaermel（2017）指出，企业等组织在面临新知识内部开发与外部获取两种选择时，会根据知识属性选择合理的方式，当内部协调成本较高时，外部采购便成为相对更优的发展途径，而这正是网络联盟形成的本质原因。

2. 国内学者的相关研究

田毅和王成璋（2003）从网络发展的动态性出发，在古典经济学的分析框架内，运用博弈论的方法，从供需角度对交易网络的形成与发展进行研究和探讨，得出结论：网络的动态发展是自发性的，各网络成员为了获取利益而相互竞争从而推动了知识创新、促进了分工的细化，网络也在其成员的竞争中实现了更新和发展，文章最后对网络的本质特点进行了总结。陈胜利和代宝（2004）分析了企业网络的形成动因，然后运用博弈论建立模型论证了横向互补型企业网络得以形成的动因在于网络成员自身的利益最大化。吴翠花和万威武（2005）从组织学习的视角，运用组织学习理论，分析联盟网络形成过程中的组织学习机制，构建了组织学习与联盟网络的互动模型以刻画其形成机理。张帆（2005）认为，企业创新网络的形成是企业各种利益驱动的结果，他具体分析了创新网络形成的动因，探讨了创新网络形成的条件及创新网络的连接机理。雷如桥和陈继祥（2005）从正式的经济网络和非正式的社会网络两个方面分析了纺织产业集群创新网络的形成演化机理,同时针对全球化的发展趋势,提出地方纺织产业集群的创新网络必须融入全球产业网络的建议。毛崇峰和周青(2005)从管理学和经济学两个角度揭示了高新技术企业 R&D 网络组织形成的基本机理,并探讨了 R&D 网络组织形成的基本流程及提出了未来研究的方向。尹建华和王玉荣(2005)认为,资源外包网络的形成是一个渐进演化的过程,在很大程度上是在社会资本的推动和结构洞的拉动共同作用下实现的,其中,社会资本推动作用的发挥主要以信任为媒介加以传递,而结构洞的拉动作用则更多地表现为以信息优势和控制优势为代表的位置优势,文章最后以丰田公司为例开展了案例分析。代宝和陈胜利(2005)认为,企业网络的形成动因在于结网合作能实现网络总体利益最大化,并就纵向型企业网络的形成动因建立博弈模型进行了论证。孙大鹏等(2005)在资源外包研究的基础上,对资源外包网络的形成特点进行了探讨,提出资源外包网络形成路径研究的四个基本假设,并构建了描述形成路径的演示性、趋势性模型,最后结合实例对该模型进行了演示,并对资源外包网络路径形成的影响因素进行了总结。高勇等(2006)在对区域创新网络的内涵进行分析的基础上,探究了区域创新网络形成的内在机理,并具体分析了企业分立应满足的四个前提条件。蒋翠清等(2006)探讨了企业知识创新网络的形成机理,分析了美国、意大利和日本等发达国家企业知识创新网络的连接机制,通过问卷调查和统计分析,指出了我国企业知识创新网络存在的问题,并给出了建设中国特色企业知识创新网络的建议。徐远等(2007)立足于以产业集群为表征的创业社会网络,指出集群式创业社会网络的形成动因主要包括三个方面:一是以某一地区或某一城市圈为区域界限的分工要求;二是以获取网络资源为主要目的的联盟构建;三是以区域特质为凝聚点的创业动机触发。他们对集群式创业社会网络的间接型资源属性与直接型资源属性进行了探讨,并对其中的集群式创业社会网络的联系纽带的种类进行了总结。杨剑和梁樑(2007)运用博弈论的方法,构建了集群中企业合作创新的网络模型,分析了企业合作的动机、合作网络的形成及其结构和特性,研究表明,由于连接成本和溢出效应的存在,均衡的创新网络不一定是有效的创新网络。邹文杰(2007)从企业组织合作范式的演进出发,探究了企业网络的形成,对企业网络的基本模式和若干相关概念进行了梳理,进而分析了企业网络模式选择的约束条件,在此基础上对企业网络模式的效率边界问题进行探索。李修平等(2007)讨论了在经济全球化的背景下,区域创新网络形成的原因、过程和理论基础,他们认为,区域创新网络的形成过程也就是价值链分立与整合的过程,最后得出区域创新网络是市场自发选择过程的启示。阮平南和武斌(2009)对社会资本与企业绩效之间的关系进行了分析,他们通过研究后发现,社会资本能促进企业间的合作、协调企业间的合作关系、提高企业间的合作效率,还能为企业提供信息渠道,因此社会资本对企业绩效起着积极的影响，在新环境下，正是社会资本与环境因素的共同影响促进了战略网络的形成。李丹丹等（2015）提出，知识的外部性和流动性是知识溢出的前提，不同创新源（企业、高校、科研院所、政府机构、中介机构等）之间通过相互作用形成知识网络，知识网络的形成会提高创新源的创新能力，在空间上表现为国家、区域、省份、城市等级别的创新网络。芮正云和罗瑾琏（2017）认为，知识权力决定了创新组织对网络知识资源的获取和控制，知识权力的形成是基于众多拥有异质性知识的成员之间错综复杂的依赖关系，在这种关系基础上，一些网络成员有意识地加强了彼此间知识的流动、扩散和应用等环节的联系，进而形成一种"联盟关系"。

1.2.3 关于网络演化方面的研究综述

1. 国外学者的相关研究

Steier 和 Greenwood（2000）对"天使"金融网络的发展和演化进行了纵向研究，并对如何将社会资本理论和结构洞理论有效运用于这一背景进行了讨论。源于结构平衡理论的两个实证研究和平衡理论过程的一个仿真研究，Doreian（2002）把事件序列作为社会网络演化的生成机制，对社会网络的演化进行了研究，并进行了实证。Elgazzar（2002）用帕累托最优的一维点阵定义的一个经济制度演化模型对社会网络中经济制度的演化进行了研究，与纳什最优不同，帕累托最优被用于显示所有成员总收益的最大化，由于"小世界"网络比规则的随机点阵更接近于现实的社会网络，Elgazzar 把模型推广为"小世界"网络模型用于显示一维情形下的有差别的动力学特征。Jackson 和 Watts（2002）对社会和经济网络的动态形成过程及随机演化过程进行了研究，他们认为，网络成员从社会、经济活动中获得的收益取决于网络中成员之间的联系，在一段时间中，网络成员根据加边或重连后形成的新网络是否能给他们带来收益来决定其行动。Barabási 等（2002）对科学家的合作网络演化进行了研究，指出动力学机制和结构机制支配着这个复杂系统的拓扑学特征与演化过程。他们通过三个互补的方法得到了更为具体的描述：第一，实证测量为他们揭示了某一特定时刻描述网络特征的拓扑测度，其结果显示该网络具有无标度性，网络演化受内部和外部连接的影响，并由优先连接机制所操控；第二，他们用一个简单的模型对网络的时间演化进行了刻画；第三，数值模拟对分析法无法预测的行为变化进行了揭示。这些研究结果强调了内部连接在决定尺度行为和网络拓扑结构方面的重要作用。Lavie（2004）对 Unisys 公司（美国优利公司）及其联盟网络进行了深入的纵向分析，通过访谈、发放调查问卷和档案资料调查，Lavie（2007）用归纳法揭示了公司战略和不断演化的网络构造之间紧密的耦合关系,并区分了演化的四个阶段。Hirtle 和 Metil(2004)对美国银行分支机构网络的演化进行了研究,通过对 2001~2003 年美国银行分支机构网络的分析后指出,具有大型分支机构网络的银行发展缓慢,为了与现存市场协调发展,他们的战略略显保守,而具有中型分支机构网络的银行其战略行为更显积极。Koka(2006)对企业网络的演化进行了研究,开发了一个框架模型,对环境变化与网络模式变化之间的关系进行研究,并提出了四种不同环境对应的网络模式:网络扩大、网络搅动、网络加强和网络缩小。由于网络演化是环境变化和战略行动改变的结果,Koka 将战略目标作为调节器。他认为,致力于网络演化的分析有助于构建更为有效的网络组织。Fu 等(2007)通过对在线朋友网络中的囚徒困境和雪堆博弈的分析,对合作的演化进行研究,通过结构分析,他们发现,现实中的社会网络具有"小世界"效应和无标度特性,随着博弈参数值的增加,合作将极大地受到限制。另外,他们通过随机边缘重新布线对合作的演化过程中相称性的作用进行了研究,相称性的增加将在一定程度上降低合作水平,同时他们还发现,大型枢纽的连接能够保持网络的合作性。Prieto 等(2008)运用神经网络聚类方法之一的自组织特征映射(self-organizing feature mapping,SOM)对由网络博客形成的社会网络的演化进行研究,通过观察博客映射的位置,很容易看到它现在属于哪个社区,以及如何、何时成为这些社区的一部分,这一方法为研究社区的形成和演化提供了思路,同时,他们将这一方法应用于博客(Blog)托管网站 Blogalia,得出了一些社会网络演化的结论。Gozubuyuk(2008)对一段时间内两个网络的协同演化进行了研究,提出了一个网络协同演化的理论,由于不同网络间相互依赖的性质不同,它们将以四种形式进行演化:独立演化、偏协同演化、正反馈回路演化和毁灭协同演化,同时,Gozubuyuk 提出了关系网络及联盟网络协同演化的若干假设,并用 1990~2002 年美国生物技术行业内的公司样本进行了验证。Hu 和 Wang 等(2009)对大型在线社会网络的演化进行了研究,其研究结果显示,许多如网络密度、聚类性、异质性、模块性等社会网络属性的演化都呈现出非单调的特点,路径长度和网络直径都有缩减的现象,通过研究,他们提出了具体数量人群下人际互动的演化模式,并为理论模型和进一步的研究提供了宝贵的研究平台。从优化知识流动效率(知识流动成本与流量优化)角度来看,Shin 和 Park(2010)指出,由于自组织知识网络远离最优态,需要管理者进行干预以优化潜在利益获取。Phelps 等(2012)则认为,知识主体之间的社会关系影响着知识网络中的知识创造、扩散、吸收与应用过程。Trkman 和 Desouza(2012)从组织之间的合作特性、网络自身属性、临近、行为类型、风险作用范围五个方面研究网络风险的作用机制。Nicotra 等(2014)通过研究集群知识网络发现,知识网络成员的知识吸收能力对知识网络演化起到了决定性作用。Wang 等(2014)通过研究美国芯片产业知识网络发现,结构洞、度中心性等结构要素是影响知识网络发展的重要因素。Broekel(2015)则认为,网络结构与网络节点存在共演现象，节点组织之间内部结构的临近性正是导致特定网络演化现象形成的动力机制。另外，知识网络成员在选择合作对象时，总会首先考虑跟"明星"机构进行合作，因为这样的机构业界声誉好（Wang et al.，2016），知名度高，除了不用太担心其违约之外，还由于"明星"机构拥有更多的合作经验基础，也有利于创新组织降低关系维护成本。

2. 国内学者的相关研究

薛澜和陶海青（2004）在产业集群成长的背景中研究了企业家社会网络演化的规律，他们发现，产业集群中的企业家社会网络的演化过程类似于一个"撒网模型"：在产业集群出现阶段，该网络主要由局限于狭隘区域的强联系所组成；在产业集群成长阶段，该网络主要由跨区域的弱联系所组成；在产业集群的成熟阶段，该网络则主要由地理范围更广的强联系所组成。易将能等（2005）在分析了区域创新网络的几个主要影响因素的阶段性之后，提出了区域创新网络演化的一个阶段模式，并剖析了其演化时每个阶段的内涵和任务，研究结果表明，为了合理地融合学术理论界的相关研究成果，并考虑到区域创新网络发展的实际情况，可以将区域创新网络的演化划分为三个阶段。周立新（2006）从社会资本（信任、企业家网络等）的角度探讨了家族企业网络的形成与发展演化问题，他认为，家族企业家网络等同于家族企业网络，家族企业网络可以看作企业家的集聚区域。傅荣等（2006）将产业集群中参与者进行交互的偏好分为任务导向型和知识导向型两种，构建了一个基于多智能主体的产业集群知识网络模型，并利用 Blanche 软件实现了知识网络演化模型的仿真计算。顾慧君和王文平（2007）以温州传统产业集群为例，从社会网络与集群之间的相互作用出发，分析了该集群在集群形态从同质集群、分工集群向创新性集群变迁的过程中，社会网络随之而发生的由族群、企业家社会网络向非人格化社会网络变迁的这一集群与社会网络的协同演化过程。王建等（2007）对企业家经历中的路径依赖和异化特征对其社会网络差异性演化的影响进行了研究，通过引用"撒网模型"，认为经历和环境双因素共同作用，导致网络呈现长期一致性和短期差异性相结合的演化规律；并从网络开放性和多样性两个维度，归纳出企业家社会网络演化的两种路径分别对应内生型和外生型两种演进类型的产业集群。韦雪艳（2007）针对创业企业网络分析了从萌芽到早期发展的网络演化过程，运用动态的研究方法，对嵌入社会关系的有凝聚力网络和嵌入结构洞的分散网络这两个表面上看起来有矛盾的网络理论观点进行了协调，其研究对深入理解创业企业网络的动态机制及其形成过程有一定的启示。李金华（2007）将复杂网络理论引入到创新网络领域，定量地刻画了非正式创新网络的拓扑结构，并基于非正式创新网络的两点假设构造了一个加权演化模型，考察了两种不同情况下的网络结构，最后对解析求解进行了尝试。陶海青和刘冰（2008）通过对企业家网络的演化路径进行比较性研究后发现，内生型集群中的企业家社会网络比较密集，同时表现出较强的开放性和信息的多样性；而外源型集群中的企业家社会网络是随着外部企业的迁入而整体移植的，因此主要承载了单一的生产性知识的传递。另外，企业家社会网络发展与演化路径的差异性，将会直接导致企业家认知行为的差异性。游达明和张帆（2008）从嵌入性视角对企业集成创新网络的演化过程进行了探讨，分析了集成创新网络的自组织增强机制、弱连接机制与信任机制。阮平南和张敬文（2008）利用自组织理论对战略网络的自组织机制进行了分析，提出了战略网络自组织演化的必要条件，对演化的驱动力进行了研究，并借用生物学中的 Logistic 模型，构建了战略网络系统的动力学模型，通过对该模型的分析，讨论了战略网络演化过程中的稳定性条件。朱海燕和魏江（2009）运用社会网络分析方法和案例动态演绎方法，以浙江大唐袜业产业集群为例，实证了五年时间跨度中知识密集型服务机构的嵌入过程及其对集群整体网络密度、网络中介性与网络凝聚性三个网络结构指标的作用。樊蓓蓓等（2009）基于复杂网络理论，构建了复杂机械产品族零部件关系网络，对其演化机理进行了分析，并结合其网络特点提出了该类型网络的演化模型，经过实证研究得到了产品族结构，发现其拓扑特性具有周期性和局部相似性的时间演化特征，他们认为，标度涌现使零部件关系网络演化成为无标度网络，该网络的网络结构呈现出局部密集、大部分稀疏的特点。阮平南和张敬文（2009）从熵理论的视角对战略网络的自组织机理进行了研究，提出了战略网络熵的概念，对影响战略网络熵的关键因素进行了详细分析，并通过熵值计算和构建熵流模型，对系统进行了熵流判别，揭示了战略网络的演化方向。姚弘霞等（2009）认为，互联网群体协作的过程正是互联网知识网络不断发展与演化的过程，他们在分析了互联网上参与群体协作的知识网络的成员特征及成员组织之间的知识交互实质的基础上，以主动性知识主体和非生命代理系统作为知识交互主体，对 Nonaka 等（2000）提出的知识转移的螺旋模型进行了改进，提出了互联网群体协作的知识网络演化模型。万君和顾新（2010）基于超循环理论的视角，认为知识网络的形成和演化是超循环的结果。李贞和张体勤（2010）从企业技术创新的视角出发，分析技术创新各阶段的企业外部知识网络特征，从企业实践的角度探索知识网络的演化机理。纪慧生和陆强（2010）探讨了知识网络的渐变与重构两种模式，并从知识活动、知识节点、组织学习、研发人才四个方面分析了影响企业知识网络演化的因素。吴绍波和顾新（2011）指出，由于知识的异质性，如主体之间知识水平、知识结构、组织惯例、价值观等方面的差异，知识网络中存在基于知识的冲突。对冲突进行有效管理，发挥其建设性制约其破坏性，是保证知识网络有效运行的必要条件。李文博等（2011）应用扎根理论，提炼了知识网络演化的关键影响因素模型，发现网络共享性资源、企业适应性行为、企业网络化能力和集群政策性情景四个主范畴的影响路径并不一致，并结合杭州软件产业集群进一步阐释了该模型的核心范畴和主范畴。黄训江（2011）以知识获取最大化为准则构建集群知识网络形成与演化的过程模型，利用仿真技术研究集群知识网络结构的演化特征及其影响要素，指出随着集群成长，组织间知识流动关系日趋紧密，网络中块状结构出现概率不断增大，组织间的合作程度不断加深，但当其达到一定程度之后，组织间的协作程度下降并开始注重协作质量的提升；此外，集群规模、知识相异性、知识更新速度、知识内生增长速度、学习成本等要素对集群网络结构演化的影响各不相同。彭双等（2013）指出，知识网络面临着合作成果价值的不确定、主体间关系的复杂性及知识网络资源分配不平衡等特点，以及知识网络外部环境复杂性等问题，可能导致知识网络合作失败。杨雪等（2014）利用耗散结构、自组织及产业集群生命周期理论，构造出集群知识网络的创新演化模型，验证了知识网络结构对集群创新的影响。王斌（2014）构建了基于集群的知识网络共生演化模型，指出受网络密度、平均最短路径长度、加权集聚度与知识互动频率影响，知识主体的共生关系不断发生变化。张薇和徐迪（2014）通过构建相应网络和知识积累模型，分析了动态异质性知识网络中的知识积累过程，发现知识关联度较高的知识在网络增长机制下的流速要高于知识关联度低的知识。

1.2.4　当前研究的不足

　　国内外的学者从不同方面对知识网络做了大量研究，极大地丰富了知识网络理论，然而，现有研究存在以下不足。

　　1）目前关于知识网络还缺乏公认的理论体系。目前，有关研究只是针对知识网络中的某个局部问题。国外关于知识网络的研究多集中于知识网络的实际构建意义，同时分析和研究了知识网络的经济、市场结构模型，基本都将知识网络作为"工具"或"渠道"进行研究。例如，Beckmann（1994）研究了科学家如何利用知识网络从其他科学家那里获取有用的科学知识；Collinson（2000）考察了知识网络在苏格兰软件企业创新过程中的重要作用；同时也有学者分析和研究了知识网络的经济、市场结构模型（Kobayashi，1995；Beckmann，1995）。而国内对于知识网络的研究尚处于萌芽阶段，学者的相关研究大多基于特定领域、特定产业来分析知识网络的构建作用与发展模式（王铮等，2001）；也有少数学者结合实际案例对企业知识网络的构建方法进行了分析（李丹等，2002）。

　　2）缺乏对知识网络的系统研究。知识网络的形成、演化等理论问题并没有得到完全解决。目前，知识网络演化的研究几乎都集中在拓扑结构的变化方面，对知识网络的演化过程中相互信任机制的构建、冲突管理及风险防范等重要问题，还缺乏比较有说服力的研究成果，只将知识网络演化仅仅定义为知识网络的结构演化是片面的，尤其对知识网络的形成过程和动态演化过程目前还缺乏比较有说服力的研究成果。

3）偏重于定性研究。当前有关知识网络的研究大多以概念性、描述性、框架性的定性研究为主，所提出的基于超循环理论、自组织理论、系统动力学等理论构建的知识网络演化模型也多属概念模型，尚缺乏一些必要的定量研究。

4）迄今为止，国内外从知识链耦合角度对知识网络领域的理论研究极为少见，但知识经济时代下企业等知识创新主体通过构建、加入知识链，实现知识资源合理配置与优势互补，从而更好地获得市场竞争优势是发展的新趋势。理论研究的不足难以为企业构建、加入知识链，从而实施有效知识链和知识网络管理提供理论指导与决策依据。

本书通过分析并探讨知识网络的形成与演化机理，以便为企业实施知识网络管理策略、提高知识网络运行效率提供理论指导和决策依据。

1.3　研　究　意　义

针对上述问题，本书从组织之间知识链的角度，研究由多条知识链构成的知识网络的形成和演化。我们认为，知识链是指以企业为创新的核心主体，以实现知识共享和知识创造为目的，通过知识在参与创新活动的不同组织之间流动而形成的链式结构。知识链管理（knowledge chain management）是指核心企业在知识链的酝酿、构建、运行和解体的整个过程中，通过优化组织之间的知识流动过程，促进组织之间的交互学习，实现知识共享和知识创造，从而将各知识网络成员的知识优势集成为知识链整体知识优势的决策过程（顾新，2008）。本书所称知识链均是指组织之间知识流动形成的知识链，所称的知识网络是指由多条知识链构成的网络结构。

本书具有重要的科学意义和学术价值，具体表现在以下方面。

1）本书对知识网络的形成与演化进行研究，有助于把握知识网络发展规律。目前关于知识网络的研究还处于起步阶段，尤其是关于知识网络形成、演化等理论研究成果较少，本书有助于丰富和发展知识网络理论，并推动知识网络理论在我国的研究与发展。

2）本书从组织之间知识链的角度，研究知识网络的形成和演化，具有理论原创性，本书相关研究成果有利于提高我国知识管理研究在国际上的地位与影响。

3）本书有助于丰富和发展知识管理理论。从知识链角度研究知识网络属于知识链管理的研究范畴，知识链管理是知识管理的一个重要组成部分，研究知识链管理，有助于完善知识管理理论体系，促进知识管理研究的不断深入。

4）本书对于我国企业构建知识网络，强化组织之间的知识链管理具有积极的指导作用。对知识网络形成与演化的生命周期、合作效率等关键问题的研究，可为管理者实施知识链管理及知识网络治理提供指导，为解决知识网络组织之间的合作问题提供依据和思路，有助于提高知识网络的运行效率和知识网络组织之间的合作成功率。因而，本书具有重要的现实意义和广泛的应用前景。

综上所述，本书在理论上与实践上都具有广阔的研究空间，也是很有前景的。相信基于知识链的知识网络的形成与演化研究必将成为管理学研究的一个新的热点和前沿。同时，也希望能够通过本书的研究，推动知识链管理理论的发展及其在我国的推广和应用。

1.4 研 究 框 架

1.4.1 研究目标

从组织之间知识流动所形成的知识链的视角，研究知识网络形成与演化的规律，建立知识网络形成与演化的理论模型和方法体系，开发能解决知识网络关键问题的理论、方法和工具，构建知识网络的理论体系。结合实证研究和案例研究，为我国企业构建及运行知识网络提供理论指导和政策建议。

1.4.2 研究内容

本书从组织之间知识链的角度，界定由多条知识链构成的知识网络，分析其要素、构成和结构；研究知识网络形成与演化的原因、过程和机理，探索知识网络形成与演化规律；研究知识网络组织间的合作伙伴关系及其合作效率的影响因素，为我国企业构建知识网络及实现知识网络的有效治理提供指导和依据。

具体主要研究内容如下。

（1）知识网络及其构成要素（第 2 章）

界定组织之间知识流动所形成的知识网络，分析其要素、构成和结构。

（2）知识网络的结构特征（第 3 章）

从社会网络的视角，对知识网络的结构体系、特征及其测度进行分析和探讨，应用具体案例和社会网络分析软件 UCINET6.0 对知识网络的结构进行具体刻画与演示。

（3）知识网络形成的动因（第4章）

从知识网络形成的根源、理论基础、内外动力等方面分析知识网络形成的动因。

（4）知识网络形成的内在机理及其过程（第5章）

运用进化博弈等相关理论分析知识网络的形成机理，在合作博弈模型的基础上探讨知识网络形成与有效运行的条件，厘清知识网络形成过程。

（5）知识网络的演化机理及其结构演化（第6章）

以自组织理论为基础，对知识网络的演化特点、演化机制和动态演化过程进行分析，以揭示其内在规律和机理。

（6）知识网络的生命周期（第7章）

对知识网络形成与演化的周期性和规律性进行研究，建立知识网络生命周期模型，明确各个阶段的特点，对知识网络生命周期的阶段判定进行研究。

（7）知识网络组织间的合作伙伴关系及其实现途径（第8章）

对知识网络组织间的合作伙伴关系及其实现途径进行研究，着重对实现合作伙伴关系的非正式方式进行探讨。

（8）知识网络组织之间的合作效率（第9章）

对知识网络生命周期中的重要特征变量——合作效率进行研究，构建知识网络合作效率影响因素概念模型，并通过实证研究，对构建的概念模型进行验证，以证明其正确性和合理性。

1.4.3　研究方法

具体研究方法如下。

（1）知识网络的结构特征研究

从社会网络的视角，运用社会网络分析方法对企业外部知识网络的结构体系、特征及其测度进行了研究与探讨。本书选取四川大学的特定 MBA（master of business administration，工商管理硕士学位）班为整体知识网络分析案例，借助社会网络分析软件 UCINET6.0 从网络密度、节点中心性、网络中心性、聚集系数、派系或群落、结构洞等方面对该案例知识网络的结构特征进行了较为详尽的刻画与测度。

（2）知识网络的形成动因分析

将专业化分工理论、社会网络理论、新经济增长理论等有机结合，构建了一个新的分析框架，从形成的根源、基础、基本动力、外部动力及内在动力等方面对知识网络的形成动因进行了多角度深入剖析。

（3）知识网络的形成机理研究

应用进化博弈理论的思想和方法，分析知识网络形成的动态过程，揭示知识网络形成的内在规律。在知识共享收益大于成本的前提下，企业或其他类型的组织通过学习、调整和模仿彼此结网，从而形成知识网络。

在合作博弈模型分析的基础上，提出了知识网络的形成及有效运行的条件，并将其形成与构建过程大致分为概念阶段、调查阶段、谈判阶段与执行阶段四个阶段。

（4）知识网络的演化机理研究

运用自组织理论，对知识网络的演化特点、演化机制和动态演化过程进行分析。其中，利用艾根的超循环理论对知识网络的结构演化过程进行了分析，并以硅谷知识网络为例，说明了超循环演化的意义。

（5）知识网络的生命周期研究

由于知识网络特殊的复杂性和不确定性，采用模糊决策的方法对其生命周期进行判定。首先在分析知识网络形成与演化的生命周期的基础上，提取各阶段的特征；其次针对各阶段特征本身的模糊性，将专家对各阶段特征的评价进行模糊化处理；最后通过基于模糊贴近度的多目标综合评判方法进行知识网络所处的演化阶段的判定，从而为实施相应的管理策略提供依据。

（6）知识网络组织之间的合作效率研究

结合相关文献理论，对合作效率的影响因素进行了研究，构建了知识网络合作效率影响因素概念模型。运用了结构方程理论，以及 AMOS16.0 软件对构建的知识网络合作效率影响因素概念模型进行了验证分析，明确各因素之间的因果关系。

1.4.4　技术路线

本书技术路线图如图 1-1 所示。

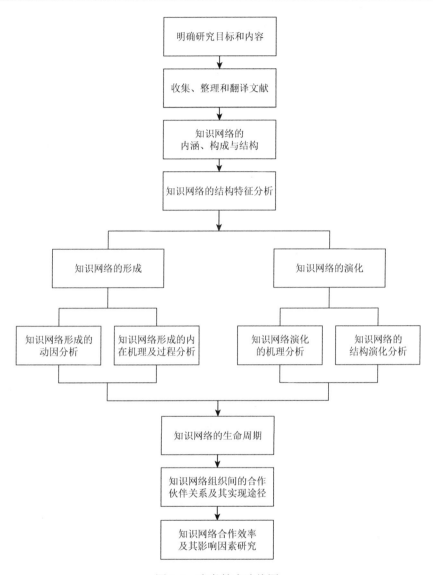

图1-1 本书技术路线图

第 2 章　知识网络及其构成要素

本章从知识的特性及知识创新过程中的企业组织所面临的创新悖论出发，对知识网络的概念进行讨论和界定，并对知识网络的内涵、特征、构成要素、结构类型等进行分析。

2.1　知识的特性与知识创新的悖论

2.1.1　知识及其特性

由于知识（knowledge）是构成知识网络的核心和基本元素，因此，对知识的了解与掌握是研究知识网络的前提和基础（万君和顾新，2008）。

1. 知识的含义

《辞源》（1980 年修订本第一册）对知识的解释是：知识是人们在社会实践中积累的经验，从本质上讲，该解释属于认识论的范畴。

《现代汉语词典》（2002 年增补本）对知识的解释是：知识是人们在改造世界的实践中所获得的认识和经验的总和。

《牛津英语词典》给"knowledge"的定义是（Mclnerney，2002）："认知（acknowledging）、识别（recognizing）、调查（inquiring）、意识（being aware）、理解（understanding）、认识（cognizing）、情报（intelligence）及通过研究和学习所获取的信息。"

现代认知心理学则把知识定义为：个体通过与其环境相互作用后获得的信息及其组织形式（丁家永，1998）。

知识的概念有着十分丰富的内涵和广泛的外延，除了上述定义，学者还分别从心理学、管理学、经济学等不同学科领域对知识的本质提出了不同的看法和解释。目前比较统一的看法是，知识是人类社会实践经验的总结（McDermott，1999），是人类通过信息等资源对自然界、人类社会及思维方式与运动规律的认识和掌握，是人类主观世界对客观世界的概括和如实反映，是人类大脑通过思维对信息进行的系统化的重新组合（吕建辉，2000）。目前，知识已取代资本、劳动力和土地这些传统资源成为关键性的资源（Drucker，1993）。

2. 知识的特性

与一般的经济资源相比，知识具有非常复杂的特殊性。

（1）知识的默会性

知识可分为显性知识（explicit knowledge）和隐性知识（tacit knowledge）两类（Polanyi，1966；波兰尼，1998）。显性知识是指能够以语言、文字、图形和符号等编码化的形式进行传递的正式与规范的知识，而隐性知识是指高度个体化、难以编码和形式化、难以与他人共享的知识（Nonaka and Takeuchi，1991）。与显性知识相比，隐性知识更有价值（Philip，2001）。正是在将隐性知识转化为显性知识过程中，创造出了新的知识的显性概念（Nonaka et al.，2000）。也就是说，隐性知识是技术与知识创新的重点，只有这一部分知识能够交流、共享并扩散，才有可能实现技术与知识创新。但隐性知识深深地扎根于个人和组织行动之中，其表达和转移比显性知识要困难得多。Philip（2001）认为，如果能够激发隐性知识，并且通过某种机制，使隐性知识在不同的主体之间更好地流动、传递与分享，那么隐性知识就能转化为显性知识或形成新的知识。

（2）知识的公共性

绝大多数知识具有公共产品的特征，对它们的使用和消费不具有竞争性和排他性（张福学，2001）。知识资源的反复使用和消费不会造成知识的损耗，使知识资源减少，反而会使知识实现增值。知识产品在消费过程中并不会对其他人的消费造成影响，增加知识产品消费所带来的边际成本等于零，因此，知识资源的共享不受经济学传统理论中的要素边际收益递减规律的影响，相反，其作用的发挥还能使要素边际收益递增（常荔等，2001）。

（3）知识的外部性

外部性是新古典微观经济学一般均衡分析中的概念。如果一种商品的生产或消费会带来一种无法反映在市场价格中的成本，就会产生外部效应。外部效应是指一些产品的生产和消费会给不直接参与这种活动的企业或个人带来有害或有益的影响（斯蒂格利茨，1996）。知识作为一种公共产品，具有很强的正的外部性。知识的扩散和传播有利于社会整体的利益，其带来的社会效益要高于知识产品给生产者个人带来的效益。由于知识固有的特性，知识的交流和共享是无形的活动，无法监督和强制，个人总是乐于得到他人提供的知识，但很可能不向他人提供自己拥有的知识，这样容易在知识共享过程中产生"搭便车"现象。如果纯粹让市场机制来决定知识生产的资源配置，就会出现知识生产不足，导致知识资源配置的非帕累托最优状态。

（4）知识的不对称性

知识的不对称性是指知识在知识主体之间的分布不均衡，存在着知识差（文庭孝等，2005）。这是因为，在知识社会中，知识在本质上变得越来越专业化，任何组织与个人都拥有一定的知识量和自己独特的知识结构，世界上不存在两个在知识量和知识结构上完全相同的知识主体。正因为知识的不对称性，面对日益多变且复杂化的工作，个人或组织必须相互合作，投入系统性的知识工作中才能完成目标任务，这使知识共享尤为必要。

（5）知识的交易信息不对称性

知识产权的出售者拥有知识的全部信息，而知识产权的购买者往往没有知识的全部信息，交易双方处于信息非对称的地位。因此，知识资源的市场交易是低效率的。

2.1.2　企业知识创新的两难悖论

瑞典学者 Harryson（1998）通过对日本企业技术创新机制的研究提出了企业技术创新的两组两难悖论。

一是技术（知识）领先上的两难悖论，即追求技术（知识）领先的公司在技术（知识）创新上越成功，其创新活动内部化倾向越明显，他们往往由于专注于企业内部活动而降低了对引导产品开发的外界技术和市场因素的敏感程度与反应能力，从而抑制了产品创新。同时，获得创新成功的企业逐步建立和完善起来的专业分工与程序化方法，也成为不同部门之间开展自由合作和技术融合的障碍，而这些对于重大的创新来说是必不可少的。

二是技术（知识）创新在组织上的两难悖论，即创造性的发明（突变式创新）需要一个小而富有效率的组织结构，而渐进式创新和大规模生产反而要求大而稳定的组织结构。企业要试图兼得创造性发明和快速创新，则会陷入两难境地。

2.1.3　组建知识网络的必要性

1）知识的默会性、不对称性等特征，决定了组织之间进行知识共享的必要性。知识共享能促进知识的创新与传播，实现知识的不断增值，并在日益加剧的不连续的环境变化中增强企业的组织适应力和竞争力。但知识的外部性和知识的交易信息不对称性等特征，又使在组织之间实现知识共享异常困难。与有形资源的分配不同，市场机制对知识的分配是低效率的（Lundvall，1992），或者说，知识资源的市场交易成本是很高的。因此，对于企业组织来说，创造某种机制或组织形式使组织之间知识共享能够顺利进行是非常重要的。

2）企业知识创新的两难悖论表明，知识创新和技术开发越接近于领先水平，企业组织内外部技术创新就会越少，生产和市场之间的联动就会越弱；同样，突变式创新所需要的理想型组织结构与产生渐进式创新和实现大规模生产的组织结构截然相反。这种知识创新过程中的两难蕴涵着一个关键问题，即如何通过一个有效的组织模式来实现知识创新与产品开发之间、重大创新与快速创新和大规模生产之间的同步化，实现内外部联动（张玺，2006）。

正是以上所述的种种问题，使知识网络这种组织形式应运而生。越来越多的企业通过与其他类型的组织构建知识网络这种方式来实现组织之间的知识共享和知识创新，从而在日益激烈的市场竞争中建立和保持自己的竞争优势。

2.2　知识网络的概念、内涵与特征

2.2.1　知识网络的概念

国外对知识网络的研究始于 20 世纪 90 年代，其概念最早是由瑞典工业界提出的（Beckmann，1995）。随着知识管理研究的深入，越来越多的国内外学者开始对知识网络的概念进行研究，并提出了自己的观点。迄今为止，学术界对知识网络尚无一个明确和统一的定义，即便在知识管理领域，人们所使用的知识网络的含义也各不相同。从国内外有关知识网络的研究文献来看，按构成知识网络的节点进行划分，对知识网络主要有以下四种不同的理解。

（1）人、企业等知识主体之间的网络

如科研工作者之间、科研团体之间或企业之间的知识网络，其实质是知识在不同主体之间流动或传播的网络（Breschi and Lissoni，2001）。目前，大多数关于知识网络的概念，都属于这一范畴。例如，Beckmann（1995）、Kobayashi（1995）等提出的知识网络都属于此种类型。

（2）知识与知识之间的网络

知识与知识之间的这种知识网络的节点一般为知识或知识点、概念、学科领域等，边为知识之间的分类关系或概念词汇等之间的语义联系等（Gordon，2000；席运江和党延忠，2005）。教育教学领域使用的知识网络（柯勉，2004）、概念图（concept maps）（Novak and Cañas，2008）、语义网络（semantic web）（李蕾等，2000；李毅和庞景安，2003）等都可以算作这种类型的知识网络。

（3）以知识存储媒介为节点的知识网络

这种类型的知识网络有时也被称作信息网络，常见的例子如引文网络和万维网。引文网络是以科研论文作为节点，以科研论文之间的引用关系作为边构成的网络；而万维网是以各种网页作为节点，以网页之间的超级链接关系作为边构成的网络。此外，图书馆管理学中常提到的知识网络也属于该类型，这种

知识网络其一般是以图书或科技文献资料作为节点，以图书分类或图书资料之间的知识联系作为边而建立的网络体系，如 Wang（2003）等研究的就是关于这一类型的网络。

（4）多类型的节点或关系的知识网络

如知识与人之间的网络，国外学者 Seufert 等（1999）和 Carley（2002）研究的知识网络属于这一范畴。其中，Seufert 等（1999）认为，知识网络的构成要素是人、资源和关系，而这三个要素只有在知识的创造和转移过程中发生互动才能创造价值；而 Carley（2002）认为，知识网络就是将人与观念、信仰、知识等连接起来的网络。

以上对知识网络的不同理解适用于不同的研究和应用领域。从知识管理的角度来看，对第一种类型的网络研究较多，尤其是对于由企业或个体组成的知识网络的研究引起了广泛关注。按照知识主体的不同，这一类型的知识网络又可分为组织内部的知识网络和组织之间的知识网络。本书研究的即为这一类型中的组织之间的知识网络。

本书从知识链入手，研究基于知识链的知识网络，将知识网络界定为：由多条跨组织的知识链构成的，集知识共享与知识创造于一体的网络体系。其中，知识链，是指以企业为创新的核心主体，以实现知识共享和知识创造为目的，通过知识在参与创新活动的不同组织之间流动而形成的链式结构（顾新等，2003）。

2.2.2　知识网络的内涵

知识网络作为一个概括性和前瞻性的概念，可从以下方面理解其内涵（顾新，2008）。

（1）知识网络形成的基础是组织之间的知识流动

知识网络是围绕着知识网络成员之间的知识流动和知识创新活动而展开的。知识流动体现了共同参与创新活动的组织间的交互作用，实现了组织之间知识优势的互补与融合，知识流动的规模和效率直接影响着知识网络的结构和运行效率。如果知识网络成员相互联系中没有知识资源的流动，那么这个联系就会中断。

（2）知识网络是由多条知识链构成的网状结构

知识网络是由众多知识链交织而成的复杂的网状结构，知识网络中的任何一个组织均与其他众多组织之间发生知识流动，每个组织都是知识网络中的一个节点，每个节点都可以同时归属于不同的知识链。知识就是在这种复杂的网状结构中流动，并产生增值。组织之间的联系越广，知识流动的水平越高、时间越短，知识网络就越有效率。

（3）知识网络的最终目标是实现创新优势

知识网络成员之间通过交互学习，把原来各知识网络成员分散的知识转为由知识网络整体共享，实现知识网络成员之间的知识整合。在知识网络成员之间知识共享的基础上，各知识网络成员通力合作，共同创造出新的知识。同时，有效的知识流动和知识共享过程可以形成良好的知识网络互动学习机制，知识网络互动学习机制能加速知识网络知识创新，知识网络知识创新又能优化知识网络互动学习机制，它们彼此之间互相促进，协同发展，共同形成了知识网络的创新优势（图 2-1）。未来的竞争将是知识网络与知识网络之间的竞争，只有形成创新优势，进而将创新优势转化为竞争优势，才能在未来的竞争中立于不败之地。

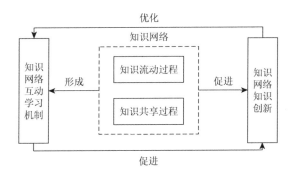

图 2-1　知识网络创新优势的形成

（4）知识网络成员之间的合作是一种战略合作伙伴关系

知识网络成员之间的合作是一种战略合作伙伴关系，各知识网络成员之间通过正式或非正式的合作协议协调各知识网络成员之间的合作关系。各知识网络成员之间既合作又竞争，共担创新风险，共享创新收益。

知识网络作为组织之间的一种合作模式，既不同于一般的科层组织，也不同于传统的市场交易。知识网络介于科层组织和市场交易之间，与科层组织和市场交易相比，知识网络与二者具有显著区别（表 2-1）。

表 2-1　知识网络与市场交易、科层组织的区别

比较角度	市场交易	科层组织	知识网络
组织间关系	松散	内部关系紧密	适中
灵活性	最高	低	中
信任方式	低	高	较高
沟通方式	价格	雇佣关系	优势互补关系

比较角度	市场交易	科层组织	知识网络
交易成本	最高	最低	中
成员间承诺	低	中	高
资产专用性	不常发生	经常发生	中
冲突解决模式	法律	管理命令	互惠的规范

资料来源：孙东川等（2002）

2.2.3　知识网络的特征

知识网络具有以下特征。

（1）社会性

知识网络在本质上是一种社会网络（Allee，2004），是一种基于知识的合作伙伴关系，是基于社会网络挖掘组织内外隐性知识资源的一种网络结构，是组织知识资源的一种有效配置形式。社会网络的社会性和知识的社会性共同决定了知识网络的社会性。首先，社会网络的社会性决定了知识网络的社会性，具有社会性的社会网络是人与人之间、组织与组织之间形成的社会关系结构，离开社会，社会网络就无法存在。其次，知识的社会性也决定了知识网络的社会性，知识具有牢固的社会性，离开社会，知识便失去了现实价值。正因为如此，社会性是知识网络的基本属性之一（马德辉和包昌火，2007）。

（2）开放性

知识网络跨越了不同的组织，并且由于信息技术的发展，还可能跨越时空而存在，因此知识网络具有开放性。同时，知识网络也必须是一个开放的系统，因为知识的流动、共享和创造不是在真空中完成的，而是在复杂的网络内部及外部环境中完成的，知识网络系统与其所处的环境有密切的依存关系。只有在开放的条件下，知识网络内的知识网络成员才可能从知识网络外部获取促进技术开发和知识创新的动力与能力，从而避免陷入锁定于过时的技术、知识和信息的困境。

（3）动态性

知识网络的开放性也意味着其具有动态性。知识网络中的各知识网络成员不断地与外部环境进行物质和能量的交换，知识网络成员之间也不断地进行知识流动与知识共享活动，因此知识网络是一个动态的组织，而不是一个静态的实体。同时，知识网络不是一成不变的，随着时空和环境的变化，知识网络也在不断地变化。知识网络成员所处环境中一旦出现对自己有益的能够提供互补性知识资源的另一组织，就可以考虑将其列为目标成员，在满足一定条件下可将其纳入所处的知识网络，以丰富自身和整个网络系统的知识体系。另外，当有知识网络成员不再适应整个知识网络环境的变化和需要，或者做出损害其他知识网络成员利益的行为，那么该知识网络成员将自动或被迫离开这个知识网络系统，使该知识网络继续保持活力和竞争性。

因此，静止不变的知识网络是不存在的，只有在不断变化中，知识网络才更具有价值和生命力。

（4）整体性

组织之间构建的知识网络是介于市场与组织科层制之间的一种组织结构，这种知识网络形式使不同组织作为一个整体来应对环境的变化和各方面的竞争，使组织之间的竞争变为网络之间的竞争。

（5）创新性

知识联盟的主要目标是学习及创造知识。知识网络的组建有助于知识流动与知识共享，通过对不同主体拥有的互补性知识资源进行重新整合，从而实现知识创造，推动知识创新。

（6）目的性

组织之间构建知识网络的目的，是基于知识资源获取和共享的需要。组织之间通过构建网络，可以实现来自不同组织的知识跨越和实践的整合，有效弥补组织自身知识的不足，实现知识网络中组织之间知识共享和知识创造，提高组织知识管理运作成效，使知识网络成员在知识网络联系中获益。

2.3　知识网络的构成要素与类型

2.3.1　知识网络的构成要素

按照 Hakansson 和 Johanson（1993）的观点，知识网络是指具有参与活动能力的行为主体，在主动或被动地参与活动过程中，通过资源的流动，在彼此之间形成的各种正式或非正式关系，它包括三个基本的组成要素：行为主体、活动的发生和资源。其中，行为主体不仅可以是个人，也可以是企业、政府、中介组织及教育或培训等组织；知识网络中的活动则主要包括知识网络主体间的交往活动；而资源则是行为主体借以实施活动的载体，包括物质资源、人力资源及金融资源等。知识网络是一种网络组织形式，具备一般意义上的网络结构特征，但知识网络有不同于其他网络组织形式的特性，因此，本书在 Hakansson 和 Johanson 三要素网络模型的基础上，提出了知识网络的体系结构，其认为知识网络由网络目标、网络节点、网络资源、网络活动（网络连接）、网络支撑环境五个要素构成，如图 2-2 所示。

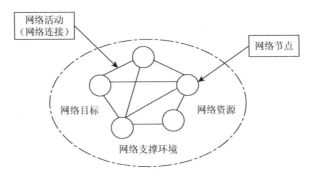

图 2-2 知识网络的体系结构

虚线代表这个知识网络是开放性的

1. 网络目标

任何网络体系、组织结构的存在应该具有其运作的动力，明确的网络目标能为网络的构建及运作提供导向，并协调各知识网络成员的合作行为，网络目标是知识网络成员的行动指南。组织之间构建知识网络的目标是充分实现组织间的知识共享，实现来自不同组织的知识跨越和实践的整合，最终实现知识创新，使知识网络成员在网络合作中受益。

2. 网络节点

网络节点，即 Hakansson 和 Johanson 提出的三要素网络模型中的行为主体，是构成知识网络的基本要件和建立知识网络的前提。网络节点包括了行为主体的性质、功能、能力、资源与知识水平。知识网络的网络节点是知识网络中所涉及的全部合作组织，是知识共享和知识创新的主体，除核心网络节点企业外，这些网络节点还可以是高校、科研院所，中介机构，供应商，客户（用户），政府，甚至是竞争对手等在内的各类形式的组织。

（1）核心网络节点：企业

企业是知识网络的核心部分，是最关键的核心网络节点。随着知识网络的逐步改善和日益完善，企业的角色也适当地发生了转变，即企业已经逐渐成为科研开发和投入的主体，这一转变有利于推进科技成果的转化，让科技服务于经济，既解决了经济建设中长期以来存在的"科研与生产脱节"的关键问题（邵云飞和欧阳青燕，2008），又使企业成为知识创新的主要源泉之一。

在市场中，企业处在生产第一线，和用户关系非常近，更了解用户的需要和自身的生产及技术状况，技术开发的思路更切近实际，更容易获取实效，这样更容易避免"科研与生产脱节"，并生产出满足市场需要的产品。企业通过与高校、科研院所的合作来实现科技和实践的结合，最终实现科研成果的产业化、商业化。

（2）作为知识创新主要源泉之一的网络节点：高校、科研院所

在知识网络中，高校和科研院所的作用大同小异，因此，本节将它们放在一起进行分析。高校和科研院所的优势如下：①信息资料丰富，利于实现合作；②高层次人才密集，研究与发展队伍宏大；③实验室数量较多，利于科研成果的转化。面对越来越宽泛、越来越细致的社会需求，高校和科研院所必须立足各方面优势，依托自身资源，提供各种综合服务，如政策咨询、知识传播、技术转移、人才开发等。高校和科研院所在知识网络组织间合作中的重要作用在发达国家和新兴工业国家知识网络组织间合作的历史中已得到了充分证明，在知识经济崭露头角的当今社会得到了集中体现，以著名高校和科研院所为依托发展起来的高科技产业基地与科学工业园区，如硅谷和武汉东湖新技术开发区（又称光谷），就是最好的证明。

（3）作为信息中转桥梁的网络节点：中介机构

中介机构是知识网络内各行为主体获取知识、信息的主要渠道。它本身并不从事实物性生产活动，知识和信息是其主要经营的对象。中介机构是知识网络内介于各企业及相关组织之间的，为知识网络中各行为主体提供沟通、协调、公正、咨询等服务活动的专业性机构，所以，中介机构能拓宽知识网络内行为主体的知识面，避免知识网络内长期专业化生产形成的缺乏活力、知识单一等，促进知识网络中知识的多样化。为了保证企业的持久发展，知识网络内各企业需要从四面八方获取本行业最前沿且最有效的知识和信息，中介机构则可以为它们提供该种信息。因此，企业就有必要与中介机构保持经常的联系、向它们咨询相关知识和信息，而中介机构则从提供知识咨询、信息服务中获利。

知识网络发展成熟的重要标志之一就是中介机构的完备水平（邵云飞和欧阳青燕，2008）。比较完备的中介机构同时兼具公共部门的权威性和市场的灵敏性，因此，它们能有效地对知识网络内的竞争行为进行规范化，协助各组织解决经营过程中的各种难题（邵云飞和欧阳青燕，2008）。

（4）前端网络节点：供应商

新产品开发早期，供应商的积极参与可以加速研发、改进质量（Culley，1999）。在实践中，供应商的角色也逐渐有所转变：从过去的仅仅提供零部件转变为提供信息、知识和经验等。现代企业更加依赖他们的信息、知识和经验，把供应商整合到新产品开发中大有好处：①增加了新的信息、知识和经验，便于挖掘潜在的问题并及时解决，供应商自己也能从溢出效益中获益。②将供应商关系内部化，加强了与供应商的关系。③协调了信息的沟通和信息的交换，减少延误；还有减少重复劳动等好处（Petersen et al.，2003；邵云飞和欧阳青燕，2008）。

（5）终端网络节点：客户（用户）

客户是知识网络中的一个非常重要的网络节点。埃里克·冯·希佩尔（von Hippel，1976）所归类为"第一类型"的 11 种主要新发明，全来自客户的构想；

66 种 "主要产品改良"，其中 85%是来自客户的构想。大部分构想，不只是来自客户，而且都是经过客户先测试、定型、符合、使用，这意味着主要客户发明一种新工具，先确定原型标准，接着开始先行使用，然后其他机智的客户才紧跟其后进行使用。

企业与客户之间建立知识网络合作伙伴关系主要是为了充分获取和挖掘客户知识资源，尤其是客户的隐性知识资源，并使之在知识网络内得以有效转移和共享。这些可供转移和共享的知识可以分为三类（Gibbert et al.，2002）：①客户需要的知识，即企业为满足客户的知识需要而必须准备的知识，包括企业的产品（如产品使用说明）、服务及市场情况等。现今时代，"客户是上帝"的理念深入人心，客户所需要的知识，就是企业必须准备的知识。②关于客户的知识，即客户的相关情况，如客户的统计信息、客户购买相关产品的历史情况及市场调查后的客户细分等。掌握客户的相关情况及其动态是企业能够赢得客户的前提。③来自客户的知识，即客户对于企业或者竞争对手的产品和服务使用情况的反馈信息。例如，客户对相关产品和服务的评价、反馈（包括抱怨和期望），与客户接触的第一线人员感受到的客户习惯、性格特点、心智模式、预见性，以及高价值客户（VIP 贵宾）关于产品和服务相关的想法与感受等。此类知识对企业进行产品和服务改进、产品创新、知识创新十分重要（王学东和赵文军，2008）。

（6）政策网络节点：政府

作为政策支撑的网络节点，政府在企业的知识网络中的作用有如下几方面（Branscomb and Keller，1999）。

第一，政府作为知识网络的一个重要网络节点之一，发挥着鼓励企业对创新活动的投资热情、刺激经济发展、提高生活水平、完成政府参与的科研计划等作用。除了 R&D 投资，政府还会采用一切可能的政策工具来鼓励企业的各项创新活动。在实践中，则是提供更多的激励手段，逐步消除各项创新活动的障碍。

第二，强调基础研究。一般来说，基础科技的开发活动是政府指导科技投资时的着重点，也就是政府注重长期的、用途广泛的研究。而这些投资活动产生的效果比较大，比企业界单独为各自利益而展开的科研创新产生的效果要大得多。

第三，建立摄取新、老技术知识桥梁。在推广企业利用和吸收科研技术、知识时，政策制定者或政府非常重视高校、地方政府、中介机构等构建的知识网络在这个过程中的作用（张方华和陈劲，2002）。

网络节点所拥有的能力、知识资源决定了其在知识网络中的地位和作用，而其在知识网络中所表现出来的信息处理能力、知识接收和整合能力、知识网络管理能力，以及为知识网络价值所贡献的知识资源的大小，又决定了其未来的地位和作用。因而，网络节点具有"活性"和"互动性"，从而决定了整个知识网络系统的动态性。这些网络节点拥有自己的优势知识资源，迫切需要与拥有其他互补性知识资源的组织进行知识共享，以弥补组织自身知识的不足，从而提升自己的竞争优势，也就是说，知识网络的网络节点有与其他知识网络成员进行知识共享以实现整个组织共赢的愿望，这是组织之间形成知识网络的动机之一。

3. 网络资源

知识网络的网络资源主要指知识资源、人力资源及实验器材等各种硬件资源，其中知识资源包括具有参考价值的信息、专有技术等在内的可共享的所有显性知识和隐性知识。

4. 网络活动（网络连接）

知识网络的网络连接是指知识网络内的网络节点与网络节点的联系，这种联系是建立在基于知识的合作伙伴关系基础之上的。以一种拓扑结构形式存在的网络结构是这种关联的表现形式。知识网络整体的联通性是知识网络的价值所在之处，其目的并不是以较低的成本反复多次运用自己的各种生产要素，而是借助企业与相关组织的联合，充分发挥异质知识、经验、信息及科技的互补和相乘的效果。所以，知识网络的核心问题并不在于如何界定企业经济活动的边界，也不在于如何选择企业内部合理科层组织形式及如何匹配内部生产与外部购买的最佳组合，企业内外能诱发各种交互作用的网络关系及其构造才是知识网络的核心问题所在。知识网络中网络节点间的关系既是合作又是竞争，这些网络节点除了具有果断的决策能力外，还具有强烈的获取"网络内知识资源和经济利益"的冲动。另外，知识网络成员有十分明确的目的：通过合作，谋取"网络利益"，增强自身竞争力。知识网络能够实现知识网络成员组织从内部结构的合理性转变为外部关系协调的互动性，并且在这种不断协调互动中，形成不断向各个方向扩张的网络合作伙伴关系。

知识网络成员间的合作伙伴关系具有如下三大功能。

（1）建立知识网络成员间行为连接

首先，各个网络节点的活动是由合作伙伴关系来连接的。在知识网络中，存在着许多网络节点的不同活动，需要不时协调，逐渐完成。一旦建立了合作伙伴关系，知识网络成员间的不同活动就都会密切联系起来，合作伙伴关系在完成活动的过程中不断进展。随着这种合作伙伴关系的不断进展，网络节点原有的结构就需要随时不断地进行调整。其次，各个网络节点的战略行为也是由合作伙伴来联系的。组织战略行为结构一有调整变化，在合作伙伴关系中各个网络节点的互动也需要不断地修正和调整（李焕荣和林健，2007）。

（2）促进知识资源整合

由于关系的嵌入性，知识网络成员间的合作伙伴关系可以将各个网络节点的资源进行有机整合。关系的持续性，可以让它们学习到怎样使用更好的方式进行知识资源整合。合作伙伴关系持续发展，整合的效率也会不断提高。同时，在知识网络中，合作伙伴关系组织可以获得资源的局部控制权，而这却是一种比较经济的控制方式（刘清华，2003）。

（3）形成知识联系纽带

在知识网络中，每个网络节点的每个行为的实现都有一定的知识嵌入的具体行为者（领导者、管理者、业务员等），因此，组织间合作伙伴关系既是各个网络节点的具体行为者联系的纽带，也同样是知识联系的纽带（邵云飞等，2008）。

知识网络在本质上是一种社会网络（Allee，1997），从社会网络的视角看，知识网络中的重点要素之一——网络节点关联，就是基于组织的合作伙伴关系来实现。在核心组织是企业的知识网络中，根据不同的网络节点类型，从合作的对象来看，合作伙伴关系主要有以下五种类型。

1）核心企业与其他企业的合作伙伴关系。一般来说，核心企业应该与整个产业链条上的企业，如各类供应商、服务机构等，都建立合作伙伴关系，以便顺利开展业务。它们之间的关系主要有两种，即正式的合作伙伴关系或非正式的合作伙伴关系。正式的合作伙伴关系是指为满足各自利益，企业网络节点间形成的业务上的合作、战略上的同盟。非正式的合作伙伴关系是指因为地理上的毗邻与接近，在知识网络间，存在着千丝万缕的血缘、地缘、学缘关系等。非正式的合作伙伴关系具有非常重要的作用，因为它可以对企业的知识创新活动注入外部的新知识和信息。van Aken 和 Weggeman（2000）认为正式的合作伙伴关系和非正式的合作伙伴关系没有严格的界限，时间的推移能改变正式的合作伙伴关系的程度，而且正式的合作伙伴关系有助于推动和促进非正式的合作伙伴关系的发展。

2）企业与高校、科研院所的合作伙伴关系。高校和科研院所既是知识传播和创造的中心，又是知识和创新扩散的源泉。世界上许多高科技产业集群都是依托高校而发展壮大的。例如，北京的中关村、武汉的光谷等。企业与它们的合作伙伴关系形式多样，如共同合作研发新产品；企业由高校、科研院所直接创办；高校、科研院所为企业提供新技术或专利；高校、科研院所替企业培养人才，或直接向企业输送优秀人才；等等。除此之外，它们之间的合作伙伴关系还应包括属于企业、高校和科研院所人员的私人交往，即非正式的合作伙伴关系（邵云飞等，2008）。

3）企业与中介机构的合作伙伴关系。知识网络中，中介机构能为企业提供知识、经验和信息等，是企业与外界沟通和交流的"桥梁"。中介机构的类型有多种，不同类型的中介机构对企业学习和创新的贡献程度也不同。在许多行业中，行业协会或商会对企业学习和创新等方面的作用日益突出。知识网络内的许多中介机构对知识网络内企业的学习和创新等方面也有突出的贡献。在企业与中介机构的联系中，正式的合作伙伴关系比较多见，而非正式的合作伙伴关系相对较少，毕竟营利是中介机构的宗旨。

4）企业与客户的合作伙伴关系。与客户建立友好的合作伙伴关系，根本目的是培养忠诚的产品客户，通过收集编码客户信息（客户偏好、客户细分、客户潜在需求、客户联系方式等），深入挖掘客户需求，充分利用客户发展变化的需求，不断进行产品创新和知识创新。

5）企业与政府部门的合作伙伴关系。目前，影响中国企业发展的一个关键因素就是处理好与政府部门的关系，政府对企业的信任度、扶持度在很大程度上影响着企业的发展，所以，企业收集政府各部门的信息，与它们建立密切相关网络，构建合作伙伴关系，很有必要（赵蓉英，2007）。企业网络节点可以从政府网络节点获得信息、资源等，更重要的是，企业的各种创新业绩都要受到政府一系列政策的影响。因此，对企业来说，与政府部门建立良好的合作伙伴关系在某种意义上也是一种创新（邵云飞等，2008）。

5. 网络支撑环境

本书认为，一个好的网络环境是网络组织得以成功运作的基础和保证。知识网络的网络支撑环境包括网络协议和网络信息技术及管理手段两个部分。

1）网络协议又可称作网络制度，是知识网络系统的调节器。网络制度是知识网络合作组织实现知识共享、知识创新必须共同遵守的规则，是网络组织正常、有序运作的基础，其中包括信任机制、惩罚机制、激励机制、学习机制、协调机制、约束机制、运行模式设计等有形或无形的网络运行约束。网络制度为各网络节点开展合作活动提供了行为规范，合理、有效的制度会对知识网络成员的行为起到有效的协调、约束和激励作用，从而保证知识网络的有效运作和不断进化；反之，网络节点的行为就会偏离目标、无序运行，形成不了有序的合力，知识网络的活动就会扭曲变形。

2）网络信息技术及管理手段是组织之间知识网络的运行基础，是知识网络系统有效运行的技术支撑和硬件保障，能确保知识共享活动的开展。电子信息技术的发展促成了跨组织跨时空的合作，其中涉及相关信息技术、网络管理技术、硬件、软件的开发与运用，同时辅以各种管理手段的有效配合，如项目管理、团队管理等。

以网络目标为核心，五大构成要素相互影响、相互作用和相互支持，共同构成一个统一的不断进化的知识网络系统。

2.3.2　知识网络的类型

如 2.2.1 小节所述，知识网络是指由多条跨组织的知识链构成的，集知识共享与知识创造于一体的网络体系，其中，企业是知识创新的核心主体。在顾新（2008）对知识链类型划分的基础之上，知识网络按不同的划分标准可划分为如下几种类型。

1）按合作的期限划分，知识网络可分为战术知识网络和战略知识网络。战术知识网络往往着眼于获得合作伙伴已具有的知识，使企业在有限的业务领域内迅速形成新的技能。战略知识网络往往着眼于与供应商、经销商、竞争对手、高校和科研院所或其他组织之间建立长期伙伴关系，实现优势互补，共同创造新知识。

2）按参与知识网络合作的主体划分，知识网络可分为企业与企业之间的知识网络、企业与高校或科研院所之间的知识网络。企业与企业之间的知识网络又可分为纵向知识网络、横向知识网络和混合知识网络。纵向知识网络是企业与供应商或客户之间建立的知识网络；横向知识网络是企业与竞争对手之间建立的知识网络；混合知识网络是同时存在纵向和横向两种关系的知识网络。企业与高校或科研院所之间的知识网络是指企业与高校、科研院所之间建立的合作，也被称作产学研合作。

3）按参与网络合作的主体之间的联系紧密程度，知识网络可分为松散型知识网络和紧密型知识网络（李琳和方先知，2005）。松散型知识网络通过各种有形或无形的契约关系而形成；紧密型知识网络通过股权而联系。组织间知识网络较少采用股权参与形式（也有少数采用交叉股权形式），各个主体依然保持着原有的独立性和完全自主的经营权。

4）按地域范围划分，知识网络可分为跨国知识网络、国内知识网络和本地知识网络。跨国知识网络是不同国家的企业、高校和科研院所之间建立的知识网络；国内知识网络是同一国家内的企业、高校和科研院所之间建立的知识网络；本地知识网络是本地企业、高校和科研院所之间建立的知识网络。

2.4　知识网络的合作原理

从社会网络的视角看，知识网络本质上就是基于知识的合作伙伴关系（耿先锋和何志哲，2007）。本书研究的知识网络蕴涵着什么样的合作原理呢？知识网络中的知识合作原理主要体现在：知识嵌入性原理、组织知识分工与积累原理、知识市场依赖原理与组织知识能力过剩原理等原理之中。换句话说，知识嵌入性原理、组织知识分工与积累原理、知识市场依赖原理、组织知识能力过剩原理等原理共同说明了一个道理：要想赢得竞争优势，就必须与其他组织进行知识合作（肖冬平和顾新，2009a）。

2.4.1　知识嵌入性原理

根据 Argote 和 Ingram 及 Granovetter（1985）等的说法，所有的知识，无论是显性知识还是隐性知识，都具有嵌入性。企业中的知识是嵌入在人员、工具和任务及其相互交织、相互作用构成的若干网络三个基本要素（或载体）之中的。

知识的嵌入方式主要有两种：简单嵌入和关系嵌入。

简单嵌入是指嵌入到一种载体，或以"人员-工具"为主的嵌入。人员、工具和任务等知识的嵌入就是属于简单嵌入，嵌入人员的知识转移比较简单，转移相关人员就能实现知识的转移。嵌入工具的知识，虽然是已经编码的知识，转移起来也比较容易。嵌入任务的知识，虽然对企业管理越来越重要，转移起来也不是很难（Kostova，1999）。

关系嵌入则是指嵌入网络里的嵌入。多数情况下，知识并不只是嵌入一种载体，而是同时嵌入多种载体中或嵌入相关网络中，它不仅可以嵌入人员、工具、任务中，也可以嵌入由三者交叉互动构成的网络中。它嵌入三者交叉互动网络中的程度越深，则越具有关系嵌入的特点。关系嵌入的知识具有复杂性，Dixon（2000）所称的"知识复杂性"、Håkanson 和 Nobel（2000）所称的"知识的不可观察性"，以及 Hamel（1991）所称的"知识的不透明性"，其实都是知识的关系嵌入。若运用知识所涉及的人力、规则、资源、关系网络的数量等来衡量，则可以从另一个角度来反映知识的全面嵌入性（张惠，2007；黄中伟和王宇露，2007）。

知识嵌入性原理表明，知识作为一种资源，不仅嵌入个体，嵌入个体的行动之中，还嵌入组织及组织的社会网络结构之中，它还意味着，要获得知识资源上的优势，只有进行组织间的合作，即构建组织间的知识网络，这样才能使嵌入个体、嵌入组织及组织间的社会网络结构之中的知识得以流动、得以共享。

2.4.2　组织知识分工与积累原理

知识分工模型由贝克尔和墨菲（Becker and Murphy，1992）于 1992 年提出，该模型很好地阐明了知识分工与积累原理。该模型认为，完成一项任务所花费的时间包括两部分：一是累计完成该任务所需的必要知识所花费的时间，即知识累积的时间；二是完成该任务本身花费的工作时间。生产性知识的累积有助于提高完成任务的效率，知识以一种特殊方式嵌入事先设计好的资本载体中，从而能节约消耗在生产单位产品上的活劳动，产生报酬递增效应。而提高知识累积的效率又依赖于以知识专门化为前提进行的有效分工。知识专门化使知识的分工越来越细密，对提高知识投资的收益很有好处，但同时也增加了知识投资的风险性及它在时间和空间上可能存在的差异性。所以，知识在特定的时间和空间里对实现组织目标的贡献决定着知识的效益和价值。也就是说，不同的专门知识在组织中的作用不同，而同一种知识对不同的组织或同一组织的不同目标而言，其作用也不同。实际上，对组织来说，只要能够实现其目标的知识就是有用的知识，只有能够满足市场及社会需要，知识的价值才能完全得以实现。

就企业来讲，获得市场利润和市场价值的重要条件是先期的持续性知识投资。相对而言，一个拥有专门知识较多的企业比一个专门知识贫乏的企业赢得市场的可能性更大。然而，企业所积累的知识在复杂多变的市场里很容易快速贬值，因此投资收益也就迅速下降，这是企业在进行知识生产时必须面对和设法控制的，即知识投资的报酬不确定性和风险性。市场环境的变化极有可能使企业核心能力转变为企业发展的核心阻碍，即核心能力刚性。因此，现代企业在知识生产与知识经营中制胜的关键之一就是有效降低知识投资的报酬不确定性和风险性。

通过构建以企业为核心组织的组织间知识网络，能够有效实现企业在知识投资上的专门化与规模化的统一，形成不同企业甚至不同组织的不同专门知识之间的协同。这样既可以降低市场环境的不确定性和知识投资的风险性，还可以相对提高知识的生产率，从而提高知识投资的报酬收益。所以，构建企业知识网络是克服经营环境不确定性和知识投资风险性的有效手段之一（陈菲琼，2003）。

2.4.3　知识市场依赖原理

路径依赖理论（path dependence theory）认为，路径依赖类似于物理学中的"惯性"，一旦进入某个路径，就可能对它产生依赖（David，1975；Arthur et al.，1987；Arthur，1989；North，1990；刘和旺，2006）。报酬递增和自我强化的机制同样存在于制度变迁，制度变迁一旦走上某个路径，其方向会在以后的发展中慢慢自我强化（徐强，2001）。"路径依赖，指今天的选择受历史因素的影响""人们过去做出的选择决定了其现在可能的选择"，制度变迁沿着既有的路径，既可能进入正确路径并迅速优化，又可能顺着错误路径继续下滑，这被称为"诺斯路径依赖原理"。就是由于路径依赖原理的存在，社会制度一经选择，不管它是否有效率，都很难摆脱（马玲玲和陈彤，2007）。

路径依赖原理同样存在于知识市场，这表明知识市场同样存在规模报酬递增。

在企业方面，实现与提高知识投资收益的关键是缩短知识创新、新产品或服务面市的时间，只要领先占据市场，快速锁定用户，其投资收益就会不断增高。依据规模报酬递增原理，市场变化越快，知识更新、知识贬值的速度就越快，企业就越需要加速产品开发，提高市场抢先能力。路径依赖原理的重要意义就在于市场领先。路径依赖原理的成功运用的一个典型是微软公司在软件市场上的成功及其知识霸权地位（陈菲琼，2003）。

2.4.4　组织知识能力过剩原理

在市场环境复杂多变、知识极易贬值的情况下，资产投资过剩、知识能力过剩也会不可避免地出现。而构建组织间的知识网络则是解决知识能力过剩的主要出路之一，构建知识网络，有助于协调专门性资产的投资，优化知识合作，克服市场不确定性，以及共担市场风险等作用。同时，通过构建知识网络，组织之间的过剩知识能力可以得到重组并充分利用。这样，可以有效地避免资产投资过剩、知识能力过剩。可以说，在一定程度上，知识网络同时具备了市场机制的弹性和公司制的计划性与协调性（徐强，2001），从而成为介于市场机制与公司制的一种积极有效的新型资源配置方式。

第3章 知识网络的结构特征

厘清知识网络的结构，是进一步深入研究知识网络的基础和前提。本章从社会网络的视角，对知识网络的结构体系、特征及其测度进行分析和探讨，应用具体案例和社会网络分析软件UCINET6.0，从网络密度、节点中心性、网络中心性、聚集系数、平均最短路径长度、派系或群落、结构洞等方面对知识网络的结构进行了具体刻画及演示。

3.1 基于社会网络视角的知识网络的结构体系分析

知识网络是一个立体的、动态的网络结构（文庭孝等，2009）。根据第2章的分析，一个简单的以企业为核心组织的知识网络中，主要网络节点包括企业（核心组织），高校、科研院所，上下游企业（供应商、分销商）、其他企业，用户，政府（包括各类权威认证机构）及中介机构等行为主体，它们之间的关系可用图3-1来表示。

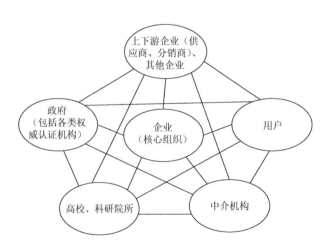

图3-1 一个简单的以企业为核心组织的知识网络示意图

上述各类组织经过互动会产生不同类型的知识流动。根据知识资源的不同来源，企业外部的主要知识流包括（Laursen and Salter，2006）以下内容。

1）市场类知识流。此类知识流是指通过与用户和经销商、竞争者、供应商或承包商、相关企业之间的交往而获取的相关知识、经验和信息等。

2）机构类知识流。此类知识流是指通过与高校等教育机构、其他研究机构、民间研究机构、社会公共部门等的交往而获取的相关知识、经验和信息等。

3）标准类知识流。此类知识流是指通过与标准制定部门、权威认证机构的交往而获取的关于安全标准和规范、技术鉴定标准、环境标准和规定、健康标准等标准类数据、知识与信息。

4）其他类知识流。此类知识流是指企业组织通过行业协会或商会、学术或专业论坛、学术会议、图书出版物和统计数据库、博览会等渠道而获取的相关数据、知识与信息（吴晓波等，2008）。

知识网络在本质上是一种社会网络（Allee，2004），因此可将上述几种知识流嵌入到企业的社会网络中，于是就构成了企业组织外部知识网络结构体系，其关系如图 3-2 所示（肖冬平和顾新，2009a）。

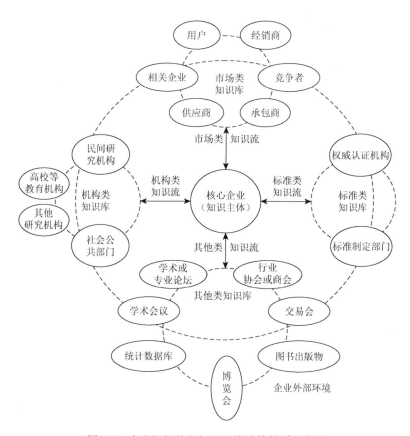

图 3-2　企业组织外部知识网络结构体系示意图

⟷　表示知识流及方向

从图 3-2 中可以看出，同生产网络、社会网络一样，在知识网络中，企业、中介机构、高校及科研院所和地方政府、权威认证机构等行为主体构成了知识网络的主要网络节点。然而，与生产网络和社会网络不同的是，知识网络是以知识为流动要素的开放式网络，它以生产网络和社会网络为基础，以知识的嵌入为前提，并以社会网络为流动渠道，以各个网络节点间的互动为主要方式得以最终实现。以知识嵌入为特征的知识网络是组织间网络发展的一种高级形式。

一个产品从企业生产到用户消费的整个过程中，以上各类知识在各个网络节点中间得以流动，形成了知识链，连续多个知识链就构成了知识网络。换句话说，一个简单的知识网络中，所要涉及的知识几乎可以涵盖以上各种类型。从知识网络的视角，一个产品从生产到消费的过程，实际上就是各类相关知识在知识网络中流动的过程。第一，企业根据市场调查得到用户的需求信息等知识（市场类知识），产生生产该产品的念头；第二，从高校、科研院所搜集生产产品相关知识（产品生产知识），从政府了解产品的相关政策（机构类知识），从银行等金融机构取得资金支持（金融知识），从权威认证机构获悉产品的相关标准（标准类知识），从供应商购得原材料或半成品（生产知识、产品知识），从而决定生产；第三，产品生产出来后，或参加博览会或交易会（其他类知识），与销售商进行接洽，商谈销售事宜（市场类知识、物流知识），或直接找到销售商商谈销售事宜（市场类知识、物流知识）；第四，销售商从企业得到产品后，仍要搜集产品市场信息与用户信息（市场类知识、产品说明书）；第五，产品使用说明（产品使用知识）到达用户手中，用户用过产品之后可能将产品信息反馈给企业，企业在此基础上改进产品，再进行新一轮生产与销售，如此循环往复，该过程及所涉及的知识及其类型如图 3-3 所示。

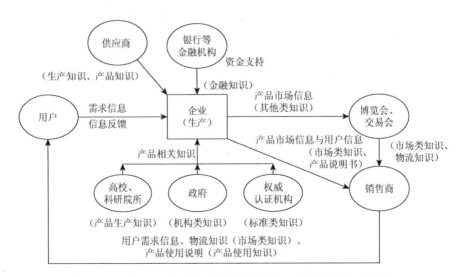

图 3-3　一个产品所在的知识网络中所涉及的相关知识及其类型

3.2　知识网络的结构特征及其测度

知识网络可视为嵌入知识流的社会网络，因此本节以社会网络为视角研究知识网络的结构特征。为研究需要，主要选取网络密度、节点中心性、网络中心性、聚集系数、平均最短路径长度、派系或群落和结构洞等作为知识网络的结构特征变量。

3.2.1　网络密度

网络密度是分析社会网络最基本的概念。网络密度是网络层次的关键特征，是指网络节点间相互连接的疏密程度。网络节点间连接得越紧密，网络密度就越大。换句话说，如果知识网络中的每个网络节点间的联系都很密集，那么该知识网络的网络密度就非常高。网络密度的提高影响知识网络的网络节点：一是高网络密度中的网络节点间形成丰富的联结，知识网络内各种资源将会更加快速地流动（Coleman，1990）；二是高网络密度中的知识网络具有和其他封闭系统相同的功能特点，网络节点间更易生成共同的行为模式，相互信任、共享准则；三是高网络密度中的知识网络会放大制裁的效果，其网络节点间作用力影响的途径相对要多，违规行为更易受到制裁（Granovetter，1985）。

计算一个网络密度常用完备网络（即任意两个网络节点之间都直接相连的网络）做参考。在无向网络中，网络密度（M）是指网络中实际的连接（tie 即关系）数量与最大可能存在的连接数量的比值，因此无向网络密度的计算公式为

$$M = \frac{2L}{n(n-1)} \tag{3-1}$$

式中，L 为无向网络中线的数量，即关系的数量；n 为网络节点的数量，其取值范围为[0, 1]，网络密度值越接近 1，则该无向网络越密集；相反，其网络密度值越接近 0，则该无向网络越稀疏。

在有向网络中，网络节点间的最大可能连接数恰好等于该有向网络所包含的网络节点总对数，因此，有向网络密度（M'）的计算公式为

$$M' = \frac{L}{n(n-1)} \tag{3-2}$$

研究知识网络内组织间关系密集性的一个重要指标是网络密度。组织间关系网络是密集网络和稀疏网络的集合（蔡宁和吴结兵，2006）。这一特殊的结构特征在知识网络的发展中发挥着特定的功能：密集结构具有资源配置优势，同时也对网络具有潜在的风险；而稀疏结构有利于知识资源的获取和创新能力的提高，同

时也使知识网络具有一定的鲁棒性和抗风险能力。因此，可以通过对知识网络关系密集性的分析，制定出更具针对性的知识网络治理对策，同时其也可以作为知识网络风险的防范依据（邵云飞等，2008）。

3.2.2　节点中心性

在社会网络分析中，网络中心性描述的是整个网络围绕某个点或某组点运行的程度，它表示整个网络的集权或集中程度。网络节点度数是指与该网络节点直接相连的网络节点数目。网络节点度数的数值也相当于网络节点的绝对点度中心性的数值。网络节点度数既是知识网络中一个重要的个体结构特征，同时也是描述整个知识网络结构的一个主要变量（Scott，2011）。网络中心性的计算必须依赖各个节点中心性，而节点中心性又是衡量知识网络中单个网络节点中心化趋势的重要概念之一。它有三种指标。

（1）点度中心性

该指标是用来测度某个网络节点和其他网络节点联系的多寡，它常用来衡量某个个体在自身所处网络群体中所处中心地位的程度高低。根据社会学的角度，如果某个个体的中心性高，那么它所处的社会地位也就越高，相对来说拥有的权力也就越大。点度中心性包括绝对中心性和相对中心性两种，在无向网络中，绝对中心性计算公式为

$$C_D(n_i) = d(n_i) = \sum_j X_{ij} \tag{3-3}$$

式中，$C_D(n_i)$ 为网络节点 n_i 的绝对中心性；$d(n_i)$ 为与网络节点 n_i 直接相连的网络节点数；其中，X_{ij} 表达式如下：

$$X_{ij} = \begin{cases} 0, & \text{如果网络节点} n_j \text{与网络节点} n_i \text{之间无连接} \\ 1, & \text{如果网络节点} n_j \text{与网络节点} n_i \text{之间有连接} \end{cases} \tag{3-4}$$

直观上看，绝对中心性是指与该网络节点直接相连接的网络节点数量，而相对中心性则是指这一绝对数与最大可能连接数量的比值。在 n 个网络节点的无向网络中，最大可能的连接数为（$n-1$），因此，其相对中心性为

$$C_D'(n_i) = \frac{d(n_i)}{n-1} \tag{3-5}$$

在有向网络中，点度中心性又分为入度（in-degree）和出度（out-degree）。入度为直接指向该网络节点的边的数量，而出度为由该网络节点出发的边的数量。因此有向网络的相对中心性计算公式为

$$C_{RD}'(n_i) = \frac{\text{网络节点} n_i \text{的入度} + \text{网络节点} n_i \text{的出度}}{2n-2} \tag{3-6}$$

（2）接近中心性

接近中心性，也称整体中心性，是衡量某一个体与其他个体接近性程度的指标。这里要用到点与点之间的距离，如果一个网络节点与网络中其他所有的网络节点的距离都很短，则称该网络节点是整体中心节点，这样的网络节点与其他网络节点都接近。其计算公式为

$$C_C^{-1}(n_i) = d(n_i) = \sum_j d(i, j) \qquad (3\text{-}7)$$

式中，$d(i, j)$ 为网络节点 n_i 与网络节点 n_j 之间的距离；$C_C^{-1}(n_i)$ 为网络节点 n_i 的接近中心性，即网络中其他所有网络节点到网络节点 n_i 的距离之和的倒数，该值越小则表明网络节点与其他网络节点的距离越大，这是接近中心性的绝对值。

要对不同网络的接近中心性相比较则需要计算其相对值——点的相对接近中心性，即其绝对中心性与最小可能接近中心性的比值。只有在星形网络中，这一绝对值才能取到最小可能值（$n-1$），因此点 n_i 的相对接近中心性为

$$C_{RC}^{-1}(n_i) = \frac{C_C^{-1}(n_i)}{n-1} \qquad (3\text{-}8)$$

在计算接近中心性时需要指出的是，首先该网络必须是连通的，如果存在孤立网络节点，则该网络节点与其他网络节点之间的距离不能确定，因而无法计算接近中心性；其次，在有向网络中，这一测度的要求非常高，计算也比较复杂，因此将其应用于无向网络的时候较多。

（3）中介中心性

该指标用来衡量一个人或个体（网络节点）作为中介者的能力，是指个体（网络节点）位于其他网络节点对（point pair）最短路径上的可能性。如果一个网络节点位于许多其他网络节点对的最短路径上，则称该网络节点具有较高的中介中心性。此时，该网络节点往往起着沟通其他网络节点的桥梁作用。对于无向网络中的网络节点 n_i，其中介中心性 $C_B(n_i)$ 的计算公式为

$$C_B(n_i) = \frac{\sum_{j<k} g_{jk}(i)}{g_{jk}} \qquad (3\text{-}9)$$

式中，g_{jk} 为网络节点对 n_j 和网络节点对 n_k 之间的最短路径的数量；$g_{jk}(i)$ 为这些最短路径中经过网络节点 n_i 的条数。只有在星形网络的情况下，网络节点的中介中心性才可能达到一个最大值 $C_{max} = \dfrac{n^2 - 3n + 2}{2}$，于是，网络节点 n_i 的相对中介中心性为

$$C_{RB}(n_i) = \frac{2C_B(n_i)}{n^2 - 3n + 2} \qquad (3\text{-}10)$$

其取值为[0, 1]。这一测度可用于比较不同网络中网络节点的中介中心性（邵云飞等，2008）。

3.2.3　网络中心性

与 3.2.2 小节的三类节点中心性相类似，网络中心性也包括三类：网络的点度中心性、网络的接近中心性及网络的中介中心性。

3.2.4　聚集系数

聚集系数反映的是网络的聚集程度，刻画的是整个网络的连接密度，同时也可以反映出网络的连通性与传递性（叶昕和丁烈云，2004）。一个聚集程度高的知识网络，意味着知识网络中参与主体的邻接边较多，被其他参与主体连接的概率较大，因而各个参与主体之间的联系紧密。同时意味着，人力、资金等有形资源及信息、技术、知识等无形资源在整个知识网络范围内的流通渠道更为丰富，资源整合的范围也随着网络节点之间连接的增多而得到更大范围的覆盖。这样，知识资源整合在多个网络节点之间进行，相对于聚集程度较低的知识网络结构具有更高的知识资源整合效率。一般情况下，网络密度高的知识网络结构，更有利于知识网络成员之间的知识交流和协调，能够使知识网络成员得到更大的社会支持。Coleman（1990）认为网络密集能够促进信任与合作，进而有利于知识网络成员获得更多精炼的、高质量的信息和默会的知识。尽管聚集系数高的知识网络有利于知识资源的流动整合，但这种高度内聚性，以强连接为主的网络特征造成知识网络内知识资源的同质性较高，而知识异质性相对较低。因为强连接往往连接着身份地位相近、拥有的资源相似的参与主体，所以聚集系数高的知识网络在丰富知识流通渠道、促进知识资源流动整合的同时，也使这种流动被限制在相对较狭窄的范围之内，而在这个范围内知识资源的差异化难以实现。因此，聚集系数并不完全是越高越好，当知识网络的聚集系数超过一定的阈值，知识网络资源整合的效率可能反而会降低。这就是 Coleman 最为著名的"结构封闭"论。

Barrat 和 Weigt（2000）、Newman（2003）把聚集系数定义为网络中存在三角形的个数。所谓三角形是指网络中包含三个顶点的集合，其中每个顶点与其他两个顶点都有边相连接。这种三角形的个数情况用聚集系数（C）来量化为

$$C = \frac{3N_\triangle}{N_3} \tag{3-11}$$

式中，$N_\triangle$ 为网络中三角形的个数；N_3 为网络中连通三点组的个数。这里连通三点组是指一个由三个网络节点构成的集合，此三个网络节点中的任意两个网络节点之间都存在使两个网络节点被直接或间接相连接的路径（杨波，2007）。Watts 和

Strogatz（1998）首先定义网络节点的局部聚集系数（C_i）为包含网络节点 i 在内的三角形的个数除以以网络节点 i 为中心网络节点的连通三点组的个数，计算公式为

$$C_i = \frac{2E_i}{k_i(k_i-1)} \tag{3-12}$$

式中，E_i 为网络节点 i 的 k_i 个相邻网络节点之间实际存在的边的条数。由网络节点的局部聚集系数定义网络的聚集系数为

$$C = \frac{1}{N}\sum_i C_i \tag{3-13}$$

式中，N 为网络中网络节点数量。

这个定义也被广泛应用。根据两个定义的特点，在实际运用中式（3-12）更适用于解析分析，式（3-13）更适用于计算机的数值计算。对于网络结构长度大于三的环的存在情况的刻画，Kim H J 和 Kim J M（2005）提出了局部环系数的网络环系数的相关定义。

3.2.5 平均最短路径长度

网络研究中，一般定义两个网络节点间的距离为连接两者的最短路径的边的数目，网络的直径为任意两个网络节点间的最大距离，网络的平均路径长度则是所有网络节点对之间距离的平均值，它描述了网络中网络节点间的分离程度，即网络有多小。例如，3.3.1 小节案例中从网络节点 A 到网络节点 Q 最短距离为 2，有 3 条路径可供选择：①$A\rightarrow B\rightarrow Q$；②$A\rightarrow E\rightarrow Q$；③$A\rightarrow N\rightarrow Q$。

平均最短路径是指网络中网络节点对之间最短路径的平均值。在一个包含 n 个网络节点的无向网络中，网络节点对之间的平均最短路径长度定义为

$$l = \frac{1}{\frac{1}{2}n(n+1)}\sum_{i\geqslant j}d_{ij} \tag{3-14}$$

式中，d_{ij} 为网络节点 i 到网络节点 j 的距离。需要引起注意的是，计算这一平均值时，每个网络节点到其自身的距离被认为 0，实际上，对于一个包含不止一个网络节点的网络，平均最短路径长度 l 的这一计算式（3-14）是存在问题的。对此，一般的解决方法是令此网络节点对之间的距离为无穷大，但如果这样处理的话，l 的值也就变为无穷了。为避免这一问题的出现，一个可供选择且更令人满意的方法是，使用所有网络节点对之间的"调和平均"最短路径长度，即倒数平均值的倒数，其公式如下：

$$l^{-1} = \frac{1}{\frac{1}{2}n(n+1)}\sum_{i\geqslant j}d_{ij}^{-1} \tag{3-15}$$

使用这一平均值，d_{xj} 的无穷值就对求和结果没有影响。

在知识网络中，"小世界"效应更是影响到各企业主体之间进行产品、技术、知识及其他各类资源流动所需经过的"路径"的长短。

3.2.6　派系或群落

从社会网络的文献中看，从网络中提取派系的方法有多种。刘军（2004）认为，主要有四个角度：①依据关系的互惠性划分派系；②依据派系成员之间的接近性或可达性划分派系；③依据派系成员的节点度数划分派系；④依据派系内部成员之间的关系相对于内外部成员之间的关系密度划分派系。其中，n-派系（n-clique）和 k-丛（k-plex）是两种最重要的计算方法。

（1）n-派系

派系指的是至少包含三个网络节点的最大完备子图。对于一个总图来说，如果其中一个子图满足如下条件，就称之为 n-派系：在该子图中，任何两个网络节点之间的最短距离最大不超过 n。从形式化角度来看，令 $d(i, j)$ 代表两个网络节点（n_i 和 n_j）在图中的距离，那么一个 n-派系的形式化定义就是：一个满足如下条件的拥有点集 N_s 的子图，即 $d(i, j) \leqslant n$。

（2）k-丛

派系的概念要求各网络节点之间都存在关联，而丛的概念是建立在网络节点的度的基础上，它要求子群的成员之间的距离不低于某个值，这是对派系概念的一个推广。k-丛是对子群中每个网络节点的邻接网络节点的个数进行限制而得到的。其定义如下：一个 k-丛就是满足下列条件的一个子群，即在这样的一个子群中，每个网络节点至少与除了 k 个网络节点以外的其他网络节点直接相连。也就是说，如果一个子群的规模为 n，那么只有当该派系中的任何网络节点的度数都不小于 $n-k$ 这个值的时候，才称之为 k-丛（邵云飞等，2008）。

3.2.7　结构洞

1992 年，Burt 首次提出结构洞概念。他认为，在较复杂的关系网络中，通过与分散的、非重复的一组组连接点联系占据中心位置的节点者拥有更多的网络资源，控制着与其他节点之间的资源流动，处于更有权力的位置。由于这些资源是非重复性的，更有利于行动者目标的实现，这样占据或接近更多的结构洞有利于工具性行为的成功。社会网络中的某个或某些个体和有些个体发生直接联系，但与其他个体不发生直接联系或关系间断的现象就是结构洞。结构洞既是整体网络结构特征之一，又是重要的个体网络结构特征。从网络整体看，好像网络结构中出现了洞穴；从个体看，它是两个联系之间的非冗余关系。简单地举例来说，甲、乙、丙三个网络节点，如果它们之间的联系如图 3-4（a）所示，则它们组成了一个封闭网络，彼此间形成了冗余关系；如果它们之间的联系如图 3-4（b）所示，则甲所处的位置就是一个结构洞，乙与丙要发生联系，必须通过甲。事实上，现实中，网络中的各个网络节点不可能两两都发生联系，也就是说结构洞是个人或组织人际网络中普遍存在的现象。在具有结构洞的网络中，占据中心位置的个体可以获得更多、更新的非重复信息，并具有保持信息和控制信息两大优势（盛亚和范栋梁，2009）。

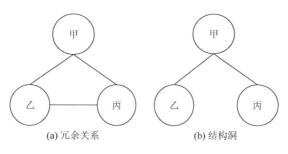

(a) 冗余关系　　　　　　　　　　(b) 结构洞

图 3-4　冗余关系与结构洞

测量结构洞有多种方式。在社会网络分析软件 UCINET6.0 自带的使用说明书中可以看到，该软件在进行网络节点的结构洞测度时，把网络中的所有网络节点作为自我中心节点分别计算几种不同的结构洞测度，即"有效尺寸"（effective size）测度、"效率"（efficiency）测度、"约束性"（constraint）测度和"层级"（hierarchy）测度。其中，"有效尺寸"测度最为常用。计算网络节点 n_i 的有效大小变量的方法是：与网络节点 n_i 有直接联系的网络节点总数减去网络节点 n_i 个体中心网中所有网络节点的平均连接数目（不包括网络节点 n_i 自身的连接）（邵云飞等，2008）。

3.3　案　例　模　型

社会学中典型的网络研究包括调查问卷发放，问卷要求被调查人详细描述与其他人的互动关系。利用问卷调查结果可以构建一个网络，其中顶点代表个人，线代表人与人之间的作用关系。典型的社会网络研究包括中心性研究（所谓中心性即存在与其他个体联系最为紧密的个体或存在具有最强影响力的个体），以及连通性研究（研究个体是否通过网络彼此发生联系，以及如何发生联系）。

整体知识网络的第一个前提条件是要有一个非常清楚的分析单位，以及调查的知识网络的网络边界（罗家德，2003）。它可能是一个群体、一个社群、一个组

织，也可能是一个更大的实体。本研究选取四川大学的特定 MBA 班为整体网络
分析案例。所选取的研究对象为该班所有成员 15 人，因为成员间具有普遍性的知
识交流与合作。这些成员之间的关系网络，既可以看作是一个相对封闭的知识网
络，也可以看作是一个相对开放的知识网络。把它看作是一个相对封闭的网络，
是为了有个清晰的边界，这样就可以运用社会网络分析整体网络的数据采集方法，
构建一个简单的 15 人规模的实证数据模型，用以说明企业知识网络结构的分析参
数和相关特征。把它看作是一个相对开放的网络，是因为这些成员仍可以与网络
之外的成员进行交流与合作，因为这些成员来自不同的组织，可以分别代表各个
组织，因而构成一个组织间的知识网络。本书综合考虑了要研究的目标——知识
网络的整体结构，设计了一个核心问题"你在遇到问题的时候最愿意去找该班哪
个人去商量对策"，然后，将这个班所有成员的姓名填在问卷的第一行，被调查者
在第二行空白处填写自己的姓名后就可以在第一行自己要找的人的名字下面画
"√"（表 3-1）。

表 3-1　知识网络整体结构调查问卷设计

被调查问题：你在遇到问题的时候最愿意去找该班哪个人去商量对策？

（请在表中自己要找的人的名字下面画"√"）

被调查者姓名	A	B	C	D	...
A（被调查者填写）		√		√	
...					

把所有的问卷搜集、合并就可以形成一个 15×15 阶的邻接矩阵。出于保护个
人隐私的考虑，分别用 A、B、C 等来代表知识网络成员。通过问卷调查可以直接
描绘出知识网络成员之间存在的知识交流与合作伙伴关系，根据实证数据构建的
知识网络为 15×15 阶的邻接矩阵（表 3-2）。

表 3-2　知识网络成员间的邻接矩阵

项目	A	B	C	D	E	F	G	H	I	J	K	L	M	N	Q
A	0	1	0	1	1	0	0	0	0	0	0	0	0	1	0
B	1	0	1	0	0	0	1	1	0	0	1	1	1	0	1
C	0	1	0	0	0	0	0	0	0	0	0	0	0	0	0
D	1	0	0	0	1	1	1	1	0	0	0	0	0	0	0
E	1	0	0	0	0	0	0	0	0	0	0	0	0	0	1
F	0	0	0	1	0	0	0	0	0	0	0	0	1	1	0
G	0	1	0	1	0	0	0	0	0	1	1	0	0	0	0

续表

项目	A	B	C	D	E	F	G	H	I	J	K	L	M	N	Q
H	0	1	0	1	0	1	0	0	1	0	0	1	0	0	1
I	0	0	0	0	0	1	0	1	0	0	0	0	0	0	0
J	0	0	0	1	0	0	1	0	0	0	1	0	1	1	0
K	0	1	0	0	0	0	1	0	0	1	0	0	1	1	0
L	0	1	0	0	0	0	0	1	0	0	0	0	1	0	1
M	0	1	0	0	0	1	0	0	0	1	1	1	0	0	0
N	1	0	0	0	0	1	0	0	0	1	1	0	0	0	1
Q	0	1	0	0	1	0	0	1	0	0	0	1	0	1	0

3.3.1 案例知识网络的拓扑结构

上述调查所得到的数据（邻接矩阵），借助社会网络分析软件 UCINET6.0 可以得到一个被调查对象的整体知识网络拓扑结构图（图 3-5）。

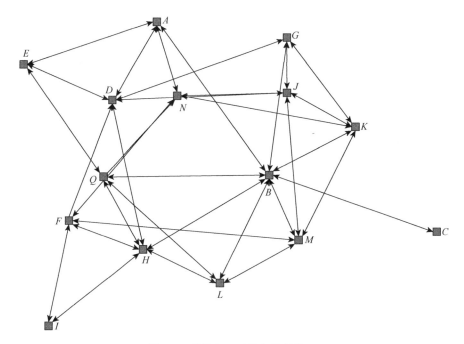

图 3-5 整体知识网络拓扑结构图

3.3.2 案例知识网络的结构特征测度

1）网络密度。借助社会网络分析软件 UCINET6.0，通过计算得出该知识网络的网络密度为 0.3238，总连接数为 68。这说明该网络的连接偏稀疏。

2）节点中心性。在本书的样本中，网络节点度数最大的是网络节点 *B*，其点度数为 8，是该知识网络的中心节点，即在该知识网络中具有很强的中心性。鉴于本书中的案例属于有向网络，这里选择网络节点 *B* 来计算其各种节点中心性，其结果见表 3-3。

表 3-3　网络节点 *B* 中心性测度值

网络节点 *B*	点度中心性	接近中心性	中介中心性
绝对值	8	$8\times1+2\times6=20$	24.150
相对值	$8/14=0.5714$	$20/14=1.4286$	$48.30/182=0.2654$

本案例的各网络节点的中心性，通过社会网络分析软件 UCINET6.0 计算得出，其结果见表 3-4～表 3-6。

表 3-4　知识网络的网络节点点度中心性

序号	网络节点	点度中心性	相对点度中心性	共享值
2	*B*	8.000	57.143	0.118
8	*H*	6.000	42.857	0.088
4	*D*	6.000	42.857	0.088
10	*J*	5.000	35.714	0.074
15	*Q*	5.000	35.714	0.074
6	*F*	5.000	35.714	0.074
14	*N*	5.000	35.714	0.074
11	*K*	5.000	35.714	0.074
13	*M*	5.000	35.714	0.074
1	*A*	4.000	28.571	0.059
12	*L*	4.000	28.571	0.059
7	*G*	4.000	28.571	0.059
5	*E*	3.000	21.429	0.044
9	*I*	2.000	14.286	0.029
3	*C*	1.000	7.143	0.015

表 3-5　知识网络的网络节点接近中心性

序号	网络节点	接近中心性	相对接近中心性
2	B	20.000	70.000
8	H	22.000	63.636
4	D	23.000	60.870
15	Q	23.000	60.870
6	F	24.000	58.333
14	N	24.000	58.333
12	L	24.000	58.333
13	M	24.000	58.333
10	J	25.000	56.000
1	A	25.000	56.000
11	K	25.000	56.000
7	G	25.000	56.000
5	E	29.000	48.276
9	I	32.000	43.750
3	C	33.000	42.424

表 3-6　知识网络的网络节点中介中心性

序号	网络节点	中介中心性	相对中介中心性
2	B	24.150	26.538
4	D	11.400	12.527
8	H	11.083	12.179
6	F	7.283	8.004
15	Q	6.233	6.850
14	N	5.833	6.410
13	M	5.083	5.586
1	A	3.700	4.066
10	J	2.867	3.150
11	K	2.500	2.747
7	G	2.000	2.198
12	L	1.033	1.136
5	E	0.833	0.916
3	C	0.000	0.000
9	I	0.000	0.000

3）聚集系数。本书该案例知识网络中整体网络聚集系数为 0.372，加权后的整体网络聚集系数为 0.300，各个网络节点的聚集系数见表 3-7。

表 3-7　知识网络的网络节点聚集系数

序号	网络节点	聚集系数	成对数
1	A	0.167	6.000
2	B	0.214	28.000
3	C	0.000	0.000
4	D	0.200	15.000
5	E	0.333	3.000
6	F	0.200	10.000
7	G	0.500	6.000
8	H	0.333	15.000
9	I	1.000	1.000
10	J	0.400	10.000
11	K	0.500	10.000
12	L	0.667	6.000
13	M	0.300	10.000
14	N	0.100	10.000
15	Q	0.300	10.000

4）派系或群落。用社会网络分析软件 UCINET6.0 得出的知识网络中的派系聚类分析总图，如图 3-6 所示。

5）n-派系。借用社会网络分析软件 UCINET6.0 可以找到四个 2-派系，即

1：$A\,B\,D\,F\,G\,H\,J\,K\,L\,M\,N\,Q$。

2：$A\,B\,D\,E\,F\,G\,H\,J\,L\,N\,Q$。

3：$B\,D\,F\,H\,I\,L\,M\,N\,Q$。

4：$A\,B\,C\,G\,H\,K\,L\,M\,Q$。

如图 3-7 所示。

借用社会网络分析软件 UCINET6.0 可以找到一个 3-派系，即

1：$A\,B\,C\,D\,E\,F\,G\,H\,I\,J\,K\,L\,M\,N\,Q$。

如图 3-8 所示。

6）k-丛。借用社会网络分析软件 UCINET6.0 从本节样本中可以找到 55 个 2-丛，362 个 3-丛。它们分别如图 3-9 和图 3-10 所示。

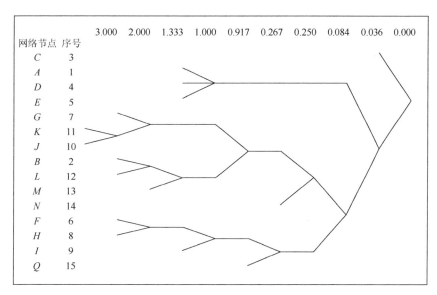

图 3-6　知识网络中的派系聚类分析总图

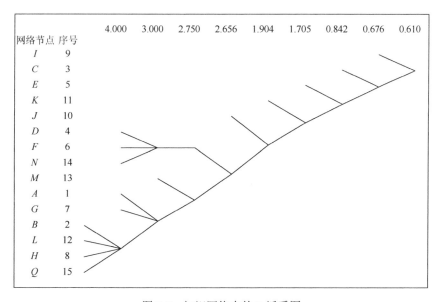

图 3-7　知识网络中的 2-派系图

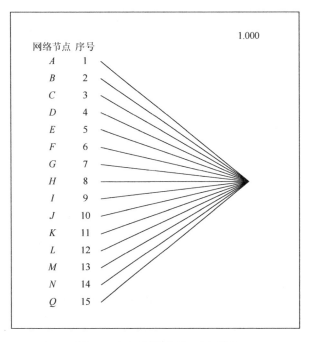

图 3-8　知识网络中的 3-派系图

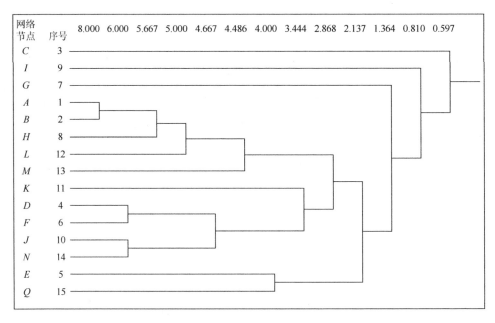

图 3-9　知识网络中的 2-丛

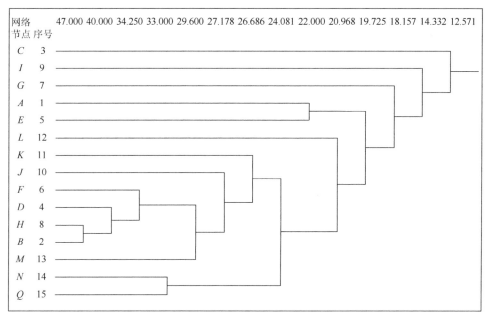

图 3-10　知识网络中的 3-丛

7）结构洞。本节样本的结构洞借用社会网络分析软件 UCINET6.0 测度的结果见表 3-8。

表 3-8　知识网络的结构洞测度

网络节点	度	自我网规模	自我系数	约束	约束调节	自我带	行数（约束）	间接	密度
A	5.000	3.000	0.600	0.588	0.135	5.000	−0.531	0.627	0.500
B	9.000	5.889	0.654	0.376	0.148	20.667	−0.978	0.706	0.389
C	2.000	1.000	0.500	1.125	0.000	0.000	0.118	0.500	1.000
D	7.000	4.429	0.633	0.451	0.107	12.000	−0.797	0.694	0.429
E	4.000	2.000	0.500	0.704	0.057	2.000	−0.350	0.646	0.667
F	6.000	3.667	0.611	0.517	0.146	7.667	−0.660	0.653	0.467
G	5.000	2.200	0.440	0.610	0.029	2.333	−0.494	0.727	0.700
H	7.000	3.857	0.551	0.456	0.057	9.667	−0.784	0.741	0.524
I	3.000	1.000	0.333	0.926	0.000	0.000	−0.007	0.667	1.000
J	6.000	3.000	0.500	0.527	0.061	4.667	−0.640	0.731	0.600
K	6.000	2.667	0.444	0.530	0.032	3.333	−0.635	0.758	0.667
L	5.000	1.800	0.360	0.627	0.024	1.333	−0.467	0.753	0.800
M	6.000	3.333	0.556	0.517	0.089	6.333	−0.660	0.694	0.533
N	6.000	4.000	0.667	0.517	0.209	9.000	−0.660	0.611	0.400
Q	6.000	3.333	0.556	0.517	0.107	7.000	−0.659	0.681	0.533

3.3.3 结果分析及管理启示

通过应用社会网络分析软件 UCINET6.0 对所选取的四川大学商学院特殊 MBA 班的整体知识网络案例的分析，从网络密度、节点中心性、网络中心性、聚集系数、平均最短路径长度、派系或群落、结构洞等方面对该知识网络的结构进行了具体刻画，不仅给人们展示了一个可视化的知识网络，还有助于诊断一个部门、一个企业甚至一个更大范围网络可能存在的问题。它还可以帮助网络节点掌握其所在知识网络的位置及其对知识资源的控制力，更好地掌握该知识网络结构的动态变化及其运作规律，以及针对网络节点所在知识网络的位置制定相应的知识管理决策，增强网络节点在知识网络中共享和传播知识资源的能力，进而提高知识网络的运作效率。这种刻画是理解知识网络内在机理的最佳手段，也是进一步研究知识网络的基础和前提。

通过上述各指标的测度可以发现：①该知识网络结构网络密度偏稀疏与聚集系数偏低，说明知识网络成员间联系不够紧密，交流不够频繁，知识流动和共享的效果不是很理想。②节点中心性测度结果显示，网络节点 B 的中心度最高，说明网络节点 B 是知识网络内部的关键知识节点，是知识与信息的集散中心，是知识网络内部的关键性人物。③网络节点 B 所处的结构洞位置最为明显，在知识网络内部最具有知识位置优势，享有信息优势和控制优势。④在这个仅有 15 人的小班级（部门）当中，竟有三四个小团体或派别。

针对上述结果，作为组织管理决策人员，要提高知识网络知识流动与共享的效果，应采取相应的对策：①要加强知识网络成员间的交流与合作，可以通过与其他组织联合举办集体活动来增强知识网络成员间的接触机会，促进知识网络成员间的非正式交流，从而促进信任的产生与增强，促进知识、信息和经验在知识网络成员间的传播与扩散，最终提高知识共享的效果。②要通过各种方法和手段留住关键网络节点 B，要充分发挥它的中坚作用，要公平、公正且互惠互利。③通过多方交流与合作，尽量消除知识网络成员之间的隔阂，从而消除派别的负面影响，增强彼此的信任，提高知识共享效果。

第4章　知识网络形成的动因

知识网络的形成源于多方面的原因，是内因和外因综合作用的结果。本章主要对知识网络的形成动因进行多角度深入剖析。

4.1　知识网络形成的根源：知识分工与专业化

4.1.1　专业化分工理论概述

分工与专业化是个古老的问题，早在古希腊时期，色诺芬、柏拉图与亚里士多德等思想家就对分工和交换问题进行过研究，并认识到分工对经济增长的巨大意义。

专业化分工研究的起点是以亚当·斯密为代表的古典经济学，亚当·斯密在 1776 年最先确立了分工在经济学中的首要地位，在其划时代的巨著《国民财富的性质和原因的研究》中，亚当·斯密以做扣针为例详细阐述了劳工分工对提高劳动生产率和增进国民财富的巨大作用。亚当·斯密认为，劳动分工的日益深化和不断演进是推动经济增长的最根本原因，而市场范围的扩大决定了新的劳动分工的深化。

其后，专业化分工理论经历了从偏离到回归再到复兴的三个阶段。目前影响最大的是以澳大利亚华人经济学家杨小凯为代表的一批新兴古典经济学家的相关研究。他们运用超边际分析的方法，用决策和均衡模型等数学形式展现了分工与专业化理论的经典思想。新兴古典经济学关于专业化分工及报酬递增的核心思想是：制度变迁和组织创新对分工的深化均具有决定性的影响，而能否实现高水平分工则与交易效率的高低有关；分工和专业化水平对人类获得技术性知识的能力与累积速度具有决定作用，进而实现报酬递增（杨小凯和张永生，2003）。

4.1.2　知识分工是知识网络形成的根源

分工思想和理论为知识分工范畴的出现提供了一个理论基础，知识分工范畴是根植于分工思想之中的。1936 年，哈耶克发表了经济学思想史上具有丰碑意义的《经济学与知识》，在这篇文章中，哈耶克第一次提出了知识分工思想。哈耶克

（von Hayek，1937）认为，虽然分工带来了劳动转换时间的节约，但人们劳动熟练程度的提高和专业化所导致的技术进步才是实现报酬递增的真正源泉，而无论是劳动熟练程度的提高还是技术进步，其来源都是人们在劳动过程中经验与知识的积累，因此，劳动分工的本质是知识分工。

知识生产之所以必须分工，这是因为，在真实世界里，每个人所拥有的知识只占全社会知识总量的微不足道的一部分，或者说行为者个人不可能掌握完全的信息，即使是一些伟大的专家，他们可能对某一领域或少数的几个领域知之甚多，但他们绝对不可能完全了解所有的知识，对于一个组织来说也是同样的。因此，人类社会只能在知识的生产、获取、储存等方面实行专业化分工。在哈耶克研究的基础上，诸多学者从不同的角度对知识分工理论进行了研究（Becker and Murphy，1992；汪丁丁，1995）。

在知识分工制度下，每个人或每个企业组织都能沿着一定的专业方向获取人类全部知识的一个片断，不同专业方向的人或企业因此在不同的生产活动上具有比较优势。对企业组织来说，企业组织参与知识分工可以实现知识投资上的专门化与规模化，从而带来知识积累效率的提高（Becker and Murphy，1992），增强企业组织获得知识的能力，实现收益递增。

然而，现代生产活动通常会涉及多个领域的知识，知识分工使一个企业组织对另一企业组织存在知识依赖，即自己不具备生产所需要的全部知识，只能依赖外部组织（Fine，1998）。所以，掌握不同知识片断的企业组织想要获得全面的知识就必须与对方分工合作。由于市场交易的低效率，企业组织更倾向于与对方结成战略伙伴关系来实现知识资源的互补。因此，本书认为知识分工是知识网络形成的根源。

4.2　知识网络形成的理论基础：社会网络理论

构建跨组织的知识网络可以较好地实现组织之间关于知识共享的合作伙伴关系，企业能够有效地从跨组织知识网络中获取所需要的知识资源。Granovetter（1973，1985）的强弱连接理论，以 Bourdieu（1985a）和 Coleman（1988）为代表的社会资本理论，以 Burt（1992）为代表的结构洞理论等社会网络理论分析方法为本书分析知识资源获取与共享的网络关系机理提供了丰富而有力的理论支持和解释。

4.2.1　社会网络理论概述

社会网络理论（social network theory）发端于 20 世纪 30 年代，成熟于 70 年代，是一种新的社会学研究范式，最初主要被用于社会学问题的研究，目前越来越多的学者将社会网络理论应用于新的研究领域，如利用社会网络理论解释和研究企业资源获取问题、供应链企业合作问题等，社会网络理论为研究个体与个体之间、组织与组织之间的关系和互动提供了新的视角。

社会网络的概念最早是由英国著名人类学家布朗在对结构进行研究时所提出来的，他所探讨的网络概念聚焦于文化是如何规定有界群体（如部落、乡村等）内部成员的行为（Wellman and Berkowitz，1988）。比较经典的社会网络的定义由 Wellman 于 1988 年提出，他认为，社会网络是由某些个体之间的社会关系所构成的相对稳定的系统。此外，还有一些学者也对社会网络的定义给出了自己的理解，如 Foss（1999）认为社会网络是指特定个人之间比较持久的、稳定的社会关系模式；Lanary 等（2002）认为社会网络是由提供诸如信息等资源的联系所组成。

尽管学者对社会网络的定义各不相同，但都具有一个共同特征，即强调特定时空范围内相对稳定的个体间的相互关系。社会网络涵盖了 Williamson 分析框架中从市场交易到科层组织的组织结构，同时还包括网络行为主体之间非贸易的相互依赖性（Storper，1995）。随着应用范围的不断拓展，社会网络的概念已经超越了人际关系的范畴，社会网络的行动者可以是个人、组织或是家庭，同时，社会网络与企业信息、知识等资源的获取密切相关。在社会网络中，各网络成员有差别地占有各种稀缺性资源，关系的方向、数量、力量、密度和行动者在社会网络中的位置等因素，影响着社会网络资源流动的方式和效率（王夏洁和刘红丽，2007）。

社会网络分析的精髓在于把复杂多样的关系形态表征为一定的社会网络构型，然后基于这些构型及其变动，阐述其对个体行为和社会结构的意义（邬爱其，2004）。因此，对结构特征的测量并不是社会网络分析的最终目的，更重要的是从结构-功能的交互作用入手，揭示社会网络结构对群体和各异功能的影响。

根据分析的着眼点不同，社会网络理论有两大分析要素：关系要素和结构要素。其中，关系要素主要关注网络成员之间的社会性黏着关系，而结构要素则关注网络成员在社会网络中所处的位置。这两类要素都对知识和信息的流动有着重要的影响。具体来说，强弱连接理论、社会资本理论和结构洞理论是社会网络理论的三大核心理论。

1. 强弱连接理论

社会网络的网络节点依赖连接产生联系，连接是网络分析的基本单位。所谓连接，是指联系（linkage）或相互连接（connection），是根据共同的目标将网络节点联系起来的桥梁与纽带（王玲和张金成，2007）。Granovetter（1973）在《美国社会学杂志》上发表的《弱关系的力量》一文中，最早提出了连接强度的概念。

他将连接分为强连接（strong tie）和弱连接（weak tie）两种，从互动频率、亲密程度、感情力量和互惠交换四个维度来对其进行区分，强连接和弱连接对知识与信息在社会网络中的传递起着不同的作用。

（1）强连接

强连接是指在职业、地位、收入水平等社会经济特征相似的个体之间发展起来的连接。相似性较高的个体所了解的事物、对问题的看法经常是相同的，所以通过强连接获得的资源常常是冗余的。但强连接往往是个人与外界发生联系的基础和出发点，社会网络中经常发生的知识的流动往往发生于强连接之间。彼此间经常性的交流和交易，使彼此之间容易生成信任感并传递影响力（罗家德，2003），因此，强连接有助于企业克服不确定性带来的风险和危机，能传递高质量的、复杂的或隐性的知识。但是，过于封闭的强连接将限制新知识的输入，禁止对已有网络外部新信息的搜索，使拥有相似知识和技能的行动者局限在自己的小圈子当中（王夏洁和刘红丽，2007）。

（2）弱连接

虽然强连接可以通过传递影响力和信任感为企业获取知识资源提供条件，但强连接往往会形成信息的循环，造成信息通路上的重叠和浪费（林润辉，2004）。弱连接是指在社会经济特征不同的个体之间发展起来的连接。Granovetter 认为弱连接在社会网络中比强连接更加重要，在传递资源过程中的作用上弱连接更具力量。由于跨越了不同的信息源，弱连接能够充当信息桥的作用，使两个知识领域不相关或关系疏远的局部组织网络联系起来，将不同局部组织的知识带给本不属于该群体的某个个体，传递新鲜和异质性的信息与知识，这有利于改善组织的知识结构，增强知识积累。因而 Hansen 在研究中指出，弱连接对显性知识的传递更为有效（王越，2004）。

2. 社会资本理论

社会资本理论是经济社会学研究中的新兴理论，对社会网络的研究促成了社会资本概念的产生。社会资本的概念由法国学者 Bourdieu（1985a）首次提出。20 世纪 90 年代以来，社会资本成为许多学科关注的重要概念和分析问题的逻辑起点，也逐渐成为一个包括社会学、政治学、经济学等各学科广泛使用的重要概念。到目前为止，学术界对社会资本的概念尚没有统一的定义，学者从不同角度对社会资本给予了不同的界定。Coleman（1990）认为，社会资本是指个人所拥有的表现为社会结构资源的资本财产，它们由构成社会结构的要素组成，主要存在于社会团体和社会关系网络中，只有通过网络成员资格和网络联系才能获得回报；Putnam（1993）则认为，社会资本是指社会组织的特征，如信任、规范和网络，它能够通过推动协调的行动来提高社会效率；Ports（1995）认为，社会资本是指处在网络或更广泛的社会结构中的个人动员和使用稀有资源的能力；等等。综合这些学者的观点，本节认为，社会资本是指个体或组织通过社会联系获取权力、地位、机会、资金等稀缺资源并由此获益的能力。这里的社会联系包括两类：一类是个体或组织作为社会团体或联盟组织的成员与这些团体和组织建立的联系，个体或组织可以借助这种比较稳定的联系从团体和组织中获取稀缺资源；另一类是仅仅由于人际间的日常接触、交流、交往等互动过程而发生和发展的人际间的社会网络，缺乏社会资源的人们可以通过这种网络形式获取嵌入于这种网络的权力、声望、财富等资源（Lin，1990）。

社会资本代表了一个组织或个体的社会关系，因此，在一个社会网络中，一个组织或个体的社会资本数量决定了其在社会网络结构中的地位。与强弱连接理论以某一特定关系作为分析单元的角度不同，社会资本理论运用了结构视角，从社会网络的规模、网络成员的地位差别等视角出发研究企业获取资源的能力。

3. 结构洞理论

受熊彼特的创新理论和 Granovetter 的弱连接理论等思想的启发，Burt（1992）采用结构视角提出了结构洞理论。无论是个人还是组织，其社会网络均表现为两种形式：一是"无洞"结构，即网络中的任何网络成员主体与其他网络成员主体都发生联系，不存在关系间断现象，但这种形式仅存在于在小群体中；二是"有洞"结构，即社会网络中的某个或某些网络成员主体仅与有些网络成员主体发生直接联系，但与其他网络成员主体不发生直接联系，不存在直接联系或关系中断的现象。"有洞"结构这种形式从网络整体来看就好像是网络结构中出现了洞穴，因此被称作"结构洞"。

结构洞是描述社会网络关系网络密度的重要指标，虽然结构洞中没有或很少有信息和资源的流动，但它为活动其间的企业提供了获取新的信息和资源的机会。根据 Burt 的观点，占据了结构洞位置的企业具有两个方面的优势：①信息（资源）优势，占据这个位置的企业能够获取来自多方面的非重复性信息，并成为信息的集散中心，也就是说，结构洞所带来的位置优势，使占据该位置的企业能获得更多有利的信息资源；②控制优势，从结构洞的位置来看，占据该位置的企业占据了关键路径，因此可以决定各种资源的流动方向，从而形成对资源的配置与收益权。正是这两种优势使占据结构洞位置的企业更加广泛地与其他相互之间无联系的个体或组织建立联系，以实现对资源的获取和控制。随着网络中的企业对结构洞的不断开拓，网络结构随着新的联系的出现而得以改变，企业也由此获得竞争优势。

在结构洞理论看来，行为者的特性及其与其他行为者之间的关系强弱都不重要，重要的是如何通过社会网络位置获得资源。该理论强调企业通过与其他无联系的企业建立连接来为企业成长不断地提供资源。所以，企业发展与成长的资源获取是与企业所处的社会网络结构演变相联系的。

4.2.2 社会网络理论对知识网络形成的理论解释

以上社会网络理论和分析方法为企业通过与其他企业建立知识网络获取知识资源和进行知识共享的有效性提供了理论依据与支持。总的来说，可以从关系维度和结构维度两个层次给予解释。

（1）关系维度方面

强连接和弱连接理论分别从社会网络连接的模式与传递的内容两个视角分析了社会网络结构中它们对于企业获取知识资源的影响。

强连接反映了强烈的、充满感情的、长期的和累积性的相互联系，长期的联系和交往使企业组织之间的信任与了解增强，增进了企业组织交换意见的意愿和达成共识的可能性，从而使网络成员之间建立起长期、稳定、互惠的知识协作和知识交流关系。隐性知识转移需要相关背景知识的累积，花费较长的时间，重复多次才能完成，强连接为这种"干中学"的学习方式提供了条件，因此，社会网络组织中网络成员之间的强连接能够有效地促进显性知识和隐性知识的传递与共享。

但是，由于强连接是在社会经济特征相似的个体企业之间发展起来的，相似度高的个体企业的社会经历及对其他事物的了解具有趋同性，因此在强连接维系的同质群体内部，个体企业难以获得新的知识。而弱连接能在知识结构不同的个体企业之间起到信息桥的作用，在获取新知识方面更有优势。弱连接有利于简单信息的传递，促进事实知识的分享（von Hippel，1994）。特别是当今社会信息技术的发展，使个体企业可能与其他个体企业建立更多的弱连接关系，于是弱连接在显性知识传递和扩散中的作用更加突出。弱连接的存在降低了获取知识的难度和成本，使企业可能将更多的时间和精力关注于核心业务。

（2）结构维度方面

社会资本理论将网络节点之间关系的存在形态、结构上升到价值，指出网络节点间关系是社会网络的一种资本，是网络节点共同拥有、共同维护、共同享有的社会资本（Wellman and Berkowitz，1988）。企业通过与高校、科研院所、供应商、客户甚至竞争对手建立网络，并与网络成员进行长期的交流与互动，信任、熟悉和共识在频繁互动中得以建立，这种社会资本给企业提供了获得大量外部知识的潜在机会，有助于企业从网络成员那里获得其他的知识资源，它增加了交换主体参与双向互动的意愿，并提高了知识交换的效率（Nahapiet and Ghoshal，1998）。

结构洞理论研究了社会网络结构对社会网络或网络节点发展机会的影响，社会网络组织中的结构洞为占据该位置的企业提供了竞争优势，它通过广泛地与其他相互之间无联系的企业或组织建立联系，实现对知识资源的获取和控制。随着这种新的联系的出现，社会网络的结构就得以改变。企业知识的获取就是依靠不断地开拓与其他企业建立的社会网络组织中的结构洞，从而不断地改变社会网络结构，以获得竞争优势。因此，社会网络作用的发挥是社会网络结构不断重构的过程。

在知识经济时代，知识成为企业成长与发展的关键资源。企业通过与高校、科研院所、供应商、客户甚至竞争对手建立知识网络，能较为有效地与其他组织进行知识共享、获取所需要的互补性知识。社会网络结构中的弱连接有利于新知识的获取，强连接更支持隐性知识的传递和共享；社会资本的培养和网络信任的成长则降低了风险与成本，增加了合作者之间的知识转移及协作意愿；知识获取与知识传递、知识共享在频繁互动中发生，从而推动知识创新。

4.3 知识网络形成的基本动力：经济利益驱动

知识分工与专业化是知识网络形成的根源，而一系列成熟的理论分析方法为组织之间建立知识网络奠定了理论基础。但是，知识网络的形成源于多方面的原因，在一系列内外动因的推动下，知识网络才得以形成。

利益是组织之间组建知识网络最基本的驱动力。作为知识共享与合作创新的活动主体，企业是以追求利润为核心的经济性组织，获取经济利益是企业的根本属性，这决定了企业参与知识网络合作是以获取经济利益为基本诉求的。利益驱动是以产学研联盟为主要形式的知识网络赖以形成、存在和发展的基本动力（谢薇和罗利，1997）。知识网络的形成将带来一系列的潜在经济利益，这些潜在经济利益的存在推动了知识网络的形成。

4.3.1 知识交易费用的节约

1. 交易费用及其相关理论概述

有交易就会有交易费用，交易稀缺性是交易费用产生的基本原因（万君和顾新，2008）。Williamson（1985）形象地将交易费用比喻为物理学中的摩擦力，意思是经济世界中的交易费用如同物理学中的摩擦力一样，是无处不在的。

交易费用的概念由科斯在《企业的性质》一文中首次提出（Coase，1937），科斯把交易费用定义为，为获得准确的市场信息所需要付出的费用及谈判和经常性契约的费用。交易费用的提出，促使包括交易成本理论、委托代理理论、不完全契约理论在内的新制度经济学的诞生。其后的经济学家们对交易费用的概念进行了进一步的发展和完善。其中，Williamson（1985）所进行的相关研究是最全面、具有综合性的，他系统研究了交易费用存在的原因和企业替代市场，即纵向一体化的理由。他认为，交易双方的有限理性和机会主义大大提高了交易费用，并将交易费用分为事前的和事后的两个部分：一是为签订契约、规定交易双方的权利、责任等所花费的费用；二是签订契约后，为解决契约本身所存在的问题，从改变条款到退出契约所花费的费用，包括度量、界定和保证产权（即提供交易条件）的费用，发现交易对象和交易价格的费用，讨价还价的费用，订立交易合约的费用，执行交易的费用，监督违约行为并对违约者进行制裁的费用，维护交易秩序的费用，等等（任志安，2004）。

2. 知识交易费用的内涵和构成

遵循科斯对交易费用的定义，知识交易费用是指为获得跟知识相关的市场信息或知识资源所需要付出的费用及谈判和经常性契约的费用。结合 Williamson 对交易费用的分析，知识交易费用主要由以下三个部分构成（任志安，2004）。

1）有限理性导致的知识交易费用。一般认为，有限理性的存在，将可能导致两类知识交易费用：一种是信息费用，另一种是表达费用和理解费用。信息费用是在知识搜寻的过程中产生的，由于不确定性的存在，有限理性使人们不可能完全知道自己所需要的知识，从而不得不进行知识搜寻或对知识交易对象的搜寻。由于有限理性的因素，知识的传递者可能不能完整地表达出自己的知识，当然，知识表达本身也是需要花费成本的。同样，知识的接受也需要花费时间和精力。更为主要的是知识接受方不能正确理解而将导致知识的误解和损失。这些就带来了知识交易的表达费用和理解费用。知识的默会性程度决定了表达费用和理解费用的高低，知识的默会性越高，其费用就越高。

2）机会主义引起的知识交易费用。机会主义行为而导致的知识交易费用主要是签约费用。交易双方在交易过程中，由于对方可能的机会主义行为而始终面临着高昂的谈判、签约、执行和监督的成本，有时因为这类成本太高而使知识交易无法通过市场进行。

3）特殊形式的知识交易费用。组织内部也会产生知识交易费用，即组织管理费用。例如，组织内部为防止出现机会主义行为而采取措施所花费的监督成本，因部门之间所掌握的知识的不同而引起的协调成本，减弱了下级成员的创新冲动而产生的委托代理成本，等等。

3. 知识网络对知识交易费用的节约

交易成本经济学认为，企业和市场是相互替代的制度安排，企业和市场的边界在于市场交易费用与组织交易费用相等的地方。Richardson（1972）在其《产业组织》一文中，拓展了制度安排的选择集合，同时也提出了除市场和企业以外的第三种组织生产方式——组织间协调。由于知识本身的特殊性质，其交易无论是通过市场进行，还是通过兼并或收购形成的一体化的科层组织的内部进行，都面临较高的知识交易费用。因此，知识网络这一特殊的组织形态在节约知识交易费用方面具有独特的优势。

（1）长期合作关系节约知识交易费用

1）知识网络成员之间的重复交易可以降低知识交易费用。原因如下：一是与市场交易方式相比，知识网络化组织的交易时间一般较长，知识网络成员选定合作者之后便很少变动，大大节约了搜寻成本和重复签约引起的知识交易费用；二是交易是重复进行的，因而违背契约或者机会主义行为的成本是非常高的，从而可以抑制机会主义行为；三是重复交易使双方在未来有更多的机会来矫正交易中的不平等现象，从而降低了讨价还价的成本。

2）知识网络成员之间形成的非正式契约能长时间发挥自我保护作用从而降低交易费用。知识网络成员从共同利益出发，通过长期的互动将会建立起信任机制。信任机制的建立，减少了契约实施和行为监督，从而降低了合作的履约成本及考核成本，并大大抑制了机会主义行为。

3）知识网络成员之间充分的知识交流大大减少了知识交易的表达费用和理解费用。因为长期的合作和互动，知识网络成员之间必然会产生共同知识和组织惯例，这使知识共享能够顺利进行。

（2）知识网络组织结构节约知识交易费用

1）知识网络成员通过避免一体化形成的官僚组织，大大降低了组织内部的机会主义行为，减少了监督成本。机会主义不仅会发生在组织外部之间的互动关系中，还会发生在科层组织内部。科层组织内部机会主义行为的减少主要通过强化监督与管理来实现，这需要投入大量的管理资源，进而形成高额的监督成本。而知识网络成员之间主要以契约为联系纽带，以共同利益为行为宗旨，从而不会形成官僚机制，也不会形成高额的监督成本。

2）知识网络成员通过相互协作，可以节约大量的资源闲置费用。在独立的企业科层组织中，如果缺乏与其他企业或组织所形成的协作关系，往往会在一个企业的边界内，缺乏与之配套、互补的资源，从而导致大量的闲置资源，占用巨额资金，形成相关费用。而在知识网络中，知识网络成员间的各种资源有机会互相匹配，如高校或科研院所的实验仪器的共享，这样不仅可以大大减少知识网络成员的资源闲置费用，而且能够产生良好的协同效应，形成价值增值。

科斯、Williamson 认为，正是节省知识交易费用的动力形成了现实中的组织结构。那么，可以认为，对知识交易费用的节约正是知识网络形成的动力。

4.3.2　规模经济与范围经济

规模经济（economies of scale）与范围经济（economies of scope）是相互联系的，因此放在本节中一起进行分析。

1. 规模经济

规模经济可用产品的生产或服务过程的特征来描述，规模经济是指在一个给定的技术水平上，平均成本（单位产出成本）随着规模的扩大、产出的增加而下降（贝赞可等，2003）。组织之间组建知识网络可获得规模经济，这种规模经济性包括以下两个方面。

（1）知识分工所带来的规模经济性

规模经济很大程度上源于分工、专业化带来的经济节约。中国学者盛洪（1994）认为，单位生产费用的节约是分工和专业化具有规模经济性的主要表现，实现这种节约的途径，可以简单地归结为分工和专业化所带来的规模经济性。在生产技术水平一定的前提下，从较长的时间角度看，分工所引起的劳动熟练程度的提高、间歇性时间的减少和物质资料的节约等都可以概括为规模经济性。而分工和专业化过程本身就是不断发现知识、使用知识、更新知识和扩散知识的市场过程。也就是说，专业化的实质就是生产者知识结构专业化，是生产者积累其专业知识的过程（汪丁丁，1997）。分工使每一种知识的掌握者将有限的时间集中于特定的知识和技术，能较快地提高熟练程度，减少学习时间和费用，从而在知识经验和学习经验的积累过程中实现规模报酬递增。

（2）知识网络之间知识共享所带来的规模经济性

知识网络之间的知识共享可以获得规模经济。Mahnke（1998）认为，在一个重复的过程中，或相同的活动中，随着知识共享次数的增加，平均每次的知识共享成本均会下降。对于知识网络这个整体来说，在知识网络成员之间知识共享的过程中，知识的编码成本、组织成本、机构成本、搜寻成本等共享成本是一定的，共享次数和共享知识网络成员的增加不会导致总共享成本的增加，而只会引起平均成本的下降。因此，知识网络的组建可以获得知识共享的规模经济。

2. 范围经济

范围经济与规模经济是相互联系的。如果在增加给定的活动水平的条件下，企业能够减少单位成本，则存在着规模经济。如果随着企业活动的多样化，如产品生产的多样化，企业能够减少成本，则存在着范围经济。一般用平均成本函数的下降来定义规模经济；用相对总成本函数的下降来定义范围经济。

如果用成本函数来表示，令 $TC(Q_x,0)$ 为企业单独生产 Q_x 单位的产品 X 的成本，$TC(0,Q_y)$ 为企业单独生产 Q_y 单位的产品 Y 的成本，而 $TC(Q_x,Q_y)$ 为企业联合生产 Q_x 单位的产品 X 和 Q_y 单位的产品 Y 的总成本，则范围经济可定义为（贝赞可等，2003）：

$$TC(Q_x,Q_y) < TC(Q_x,0) + TC(0,Q_y)$$

该公式的含义是，企业同时生产产品 X 和产品 Y 要比分别生产这两种产品的总成本要小。

知识网络产生的范围经济与规模经济相似，这也来源于知识分工所带来的生产效率的提高。知识网络之间的知识共享，同样也带来了范围经济性。知识共享的范围经济是指在不同用途的活动或过程中，或在不同的使用者之间，知识资源的重复使用而引起的平均共享成本分摊的下降（Mahnke，1998）。知识网络的范围经济优势是由于知识共享资源的扩大或知识共享资源使用范围的扩大而带来的经济优势。如果用成本函数 TC 来说明，其道理在于：对于一个知识网络来说，分别使用各知识网络成员的知识资源的成本必然大于联合使用各知识网络成员的知识资源的成本。例如，知识网络成员共同建立一个包含不同学科、类型的实验资源库，通过协调管理实现共享，这不仅带来了实验室资源使用范围的扩大，还显著降低了实验室资源的使用成本。知识网络成员使用实验室资源的总成本显著低于各自单独使用实验室资源的成本之和。

总之，随着知识使用用途的不断增大，知识使用者的不断扩大，知识被使用的次数不断增多，知识网络的规模经济、范围经济不断增大，由此将获得更高的潜在利益。

4.3.3　连接经济

知识网络中的各知识网络成员之间是一种新型的竞争协同关系，各知识网络成员的相互连接可获得不同于规模经济与范围经济的新的经济效应，即所谓的连接经济。连接经济是指，复数主体相互连接，通过共有要素的多重使用所创造的经济性（纪玉山，1998）。

连接经济有以下四个特性：第一，连接经济性包含两个方面，一是投入方面的共通生产要素转用的无成本或低成本，二是产出方面的复数个组织或主体相结合所创造的乘数效应。第二，从投入方面考察，各企业内部或各组织内部的资源，以及组织外部其他企业或其他组织的资源，即外部资源都可以通过信息网络来使用。对于知识经济来说，许多重要的资源，如知识、信息等，不只是共通要素，同时也是共有要素。第三，范围经济性的概念，主要是着眼于单一主体或单一组织的复合生产或联合生产。而连接经济是由复数主体间相互连接，通过技术、知识、信息等共有要素的多重使用所创造的经济性，这是范围经济性所无法涵盖的。第四，连接经济同企业集团、跨国经济合作组织、供应链等介于市场和企业组织之间的所谓"中间组织"有着较密切的联系。

连接经济产生于具有高度的相互依赖性的复数主体之间的互动活动中。知识网络可获得的连接经济同样产生于具有相互依赖性的多主体之间的交互活动中，具体来源于以下三个方面。

1）知识网络之间的知识流动和知识共享不仅会产生知识资源的复制与累加，而且会产生知识资源的结合。知识资源的结合会产生新的知识，实现知识创新。

2）知识网络的连接经济产生于拥有互补知识资源的组织之间。拥有互补知识资源的组织通过知识流动和知识共享会获得更大的利益，产生"1＋1＞2"的合作效应。事实上，这种连接经济是由于知识的外部性而产生的。

3）知识网络的连接经济产生于组织之间长期互动协调而带来的成本节约。知识网络是一个利益共同体，知识网络的各个知识网络成员作为一个整体来应对环境的变化和各方面的竞争。在长期合作中产生的共同的网络文化和组织管理，如团队精神、管理责任，以及信任感等有利于组织之间的协调，从而节省了大量的成本和费用。

4.4　知识网络形成的外部动力

所谓外部动力，是指存在于知识网络合作主体（企业、高校和科研院所等）之外的，能对知识网络的形成起推动作用的影响因素。这些外部动力能够诱导、唤起或转化为各合作主体的内在因素，从而实现组织之间的合作。而且，知识网络通过借助于外部动力的诱导和推动，能不断驱使各合作主体维持这种合作关系。外部动力因素主要包括以下三个方面。

4.4.1　知识经济的崛起和技术创新的复杂化

随着知识经济时代的到来，知识已成为企业生存和发展最重要的战略资源。知识在经济和社会发展中的地位、作用不断凸现，在各领域中的结构比例不断增加、层次不断升高。由于技术变革不断加速，许多技术的复杂度不断提高，企业创新活动面临的技术问题也越来越复杂。由于知识分工和专业化，单个企业即使是大型企业完全依靠自身能力取得创新优势已不是一件容易的事情。例如，美国福特汽车公司这样的巨型企业也难以在"技术孤岛"中生存下去，该公司在开发

"美洲虎 XK8"新车型时，也不得不考虑与日本公司合作开发发动机监控系统，同时也与德国某公司进行联动传输装置的合作开发（李宏贵和杜运周，2009）。随着技术创新的复杂化，为了尽量避免由此带来的巨大创新风险，越来越多的企业求助于组织外部，期望通过与其他组织的合作来分享创新资源，降低创新风险，从而推动技术创新并建立自己的竞争优势。因此，知识经济的崛起和技术创新的复杂化促进了知识网络的形成。

4.4.2　政府行为及政策

当前，我国的市场机制还有待于进一步完善，而组织之间构建知识网络所涉及的方面比较多，各种关系也比较复杂，所以还不能完全依靠市场机制来推动。因此，政府行为及政策对知识网络的建立和发展的作用非常重要。在我国，知识网络的重要形式——产学研联盟，基本上都是由政府牵头主导建立的，在推进过程中伴随着各种优惠政策的扶持。例如，由政府主导建立的四川省钒钛资源综合利用产业技术创新战略联盟、四川省数字媒体产业技术创新联盟、四川省奶业产业技术创新联盟等，在形成初期，由于政府一系列优惠措施的吸引，不断有新的企业加入，这一系列联盟也不断得到完善。一般来说，政府政策对知识网络形成初期及成长阶段起到的主导性作用，主要体现在投入和产出两个方面。在投入方面，政府主要通过直接和间接的财政资助政策、信贷和税收政策、人才交流与流动政策等，鼓励组织之间进行创新合作。在产出方面，政府主要通过知识产权制度保护下的利益分配制度、成果转让制度等，对组织之间进行合作创新进行鼓励与支持。这些有利于组织之间创新合作的政府行为及政策，推动了知识网络的形成。

4.4.3　信息技术的飞速发展

自 20 世纪 40 年代计算机问世以来，信息技术以惊人的速度发展。信息技术的发展使信息传递的快速化，促进了知识网络的形成。计算机信息系统的完善、集成制造技术的普及、电子商务的发展大大降低了市场交换中的信息搜寻成本和协作分工的成本，使企业组织内部的信息沟通、传播更为迅速及时，更使企业能够跨越时空界限在全球范围内寻找合作伙伴，以适应企业战略发展的需要。

现代信息技术的发展从根本上改变了企业管理的模式，扩张了企业的边界。信息技术、网络技术的发展有助于企业对知识网络的运行进行管理和监控，改善了组织之间合作的信息不对称情况，提高了知识网络形成的可能性，促进了知识网络的形成。

4.5　知识网络形成的内在动力：知识优势

知识网络形成的内在动力，是指存在于知识网络系统内部各合作主体对组建知识网络产生的驱动力。正如4.4节中已分析过的，外部动力因素具有诱导、唤起合作主体内在动力的功能，只有把外在动力转化成内在动力才能实现其动力效能，形成真正的合作动力。因此，这一节主要对组织间进行创新合作的内在动力——知识优势进行分析。

知识优势概念的提出源于知识经济条件下知识在企业竞争优势中的重要性研究。1996年，经济合作与发展组织在《以知识为基础的经济》报告中，正式使用了知识经济这一概念，认为知识经济是指建立在知识和信息的生产、分配与使用之上的经济，把知识作为经济增长与发展的源泉和动力。企业知识理论认为知识不仅是企业获取竞争优势的基础，而且是企业保持持续竞争优势的前提条件。在企业知识理论和竞争优势理论基础上，国内学者（徐勇，2004；黄本笑和张婷，2004；余世英，2006；顾新，2008）对企业知识优势进行了研究，虽然不同学者对知识优势的概念各有侧重，但对以下判断却持有一致意见：知识是企业一种独特的优势资源，在企业形成竞争优势中起到了关键作用，因此知识优势的获取已成为企业获取竞争优势的关键。

4.5.1　竞争优势概述

竞争优势是战略管理研究的核心问题。自20世纪80年代以来，美国哈佛大学商学院教授迈克尔·波特的著名"竞争三部曲"：《竞争战略》、《竞争优势》和《国家竞争优势》被奉为管理学界的圣经。在以全球化、信息化、网络化为主题的时代里，世界经济一体化正以不可阻挡的力量拓展着企业面临的竞争市场范围，剧烈技术变革和日趋复杂与激烈的竞争环境，使竞争优势成为企业求生存与发展的关键，获取持续竞争优势已成为企业管理领域广泛推崇与讨论的主题。

基于不同研究视角，竞争优势的概念有所不同（耿帅，2006）。如果把获取租金作为企业的根本目的，企业竞争本身就是一种寻求获取租金的理性行动。租金就是指企业的超过正常的利润水平。企业租金包括P租金、M租金、S租金、R租金。P租金，即帕累托租金，是指完全竞争状态下"市场出清"时的企业租金水平；M租金，即垄断租金，是指在完全垄断、寡头垄断和垄断竞争市场结构中，因改变消费者剩余需求曲线而增大的企业剩余形成的租金水平；S租金，即熊彼特租金，是指企业通过包括组织形式在内的五个"生产要素方面的重新组合"而得到的租金水平；R租金，即企业异质性资源形成的李嘉图租金。不同类型的租金映射出企业竞争优势来源的不同机理,但将租金作为企业竞争优势的源泉已被学术界所普遍接受。因此,企业竞争优势的获取也可以简单地等同为企业对经济租金的获取。

基于企业战略视角的研究从企业战略与竞争优势的关系出发,认为竞争优势往往是企业战略定位及实施的结果。竞争战略能够帮助企业获得和保持有利的市场位势,这种有利的市场位势往往可以转化成为高于竞争对手的经济利润。Porter(1998)强调战略和价值创造构成了企业竞争优势,"价值链将一个企业分解为战略性相关的许多活动,企业正是通过比竞争对手更廉价或更出色地开展这些重要战略活动来赢得竞争优势的"。竞争优势从企业能够为顾客创造的价值中产生,该价值超过了企业为创造此价值而付出的成本。价值是指买方所愿意付出的(商品或服务)价格,高额的价值来自以较低的价格向顾客提供竞争对手所能提供的相同利益,或者向顾客提供能够抵消其为获得(商品或服务)独特利益而付出的高价格。Bharadwaj 等(1993)指出,竞争优势可以由企业通过实施一项没有被当前或预期的竞争对手所同时实施的价值创造战略而产生,也可以通过比竞争对手更好地实施相同的战略而产生。将企业战略具体到竞争战略的层面,则竞争战略也可以用竞争优势来界定:竞争战略关注的是公司参与竞争的每个业务单元怎样获取竞争优势。

4.5.2 从竞争优势概念审视知识优势

知识优势是知识管理战略的核心问题,因为知识管理的目的是获取基于知识的竞争优势。知识网络本身可被看作是一种战略选择,而基于知识的竞争优势则体现了价值创造视角。因此,本书研究更倾向于战略和价值创造视角的竞争优势概念。根据 Barney(1991)的观点,当企业能够实施一项其他现有的和潜在的竞争对手没有采用过的价值创造战略时,通常就认为该企业具有了竞争优势,而当企业实施一项价值创造战略时,该价值创造战略在当时既未被其他竞争者所采用,也无法模仿,就称该企业具有持续竞争优势。基于上述分析,可以把知识优势看作在一定的知识管理战略选择下,通过价值创造而超越其他竞争对手的能力,主要表现为企业高于产业平均水平的业绩。但是即使企业具备了知识优势,不一定会形成企业整体的竞争优势,因为知识优势要转化为竞争优势还需具备一些条件。

因此,知识优势是一种基于知识创新和价值创造的竞争优势,知识是企业获取竞争优势的关键资源,企业的发展将更多地依赖于其所拥有的无形的知识资产。知识在价值创造过程中的重要作用越来越大,知识已成为企业最有价值的资产(Nonaka and Takeuchi,1995),企业生存的基础越来越依赖于其获取、利用知识和进行知识创新的速度与效果(吴金希,2005)。在知识经济时代,企业除了通过降低产品和服务的成本，通过产品和服务的差异来实现企业的竞争优势外，企业竞争优势还可以来自企业所拥有的专门知识，特别是那些很难传播和模仿的隐性知识。企业可以通过隐性知识的交流和共享，加速其转化过程，使这部分知识成为企业特有的、有价值的知识，进而转化成产品和服务，创造价值，形成知识优势。知识优势是竞争优势的必要条件，不同于基于产业结构和企业资源的竞争优势，知识优势强调知识是企业竞争优势的基础，知识创造是企业维持持续竞争优势的源泉，而知识价值的增值是知识优势的最终体现。

4.5.3　知识网络的知识优势的内涵

知识网络的知识优势是指，知识网络基于知识这一特殊资源，通过网络内的一系列知识活动，包括知识获取、知识共享、知识转化、知识应用、知识创新等过程，经知识价值增值而形成的竞争优势。从知识网络的定义可知，知识网络是一种介于企业和市场的组织形式，这种组织形式以知识共享、知识创造和知识价值增值为基本特征，知识网络是上述活动发生的场景，知识网络上的网络节点是知识生产、传播、共享等一系列活动的行为主体。

从对知识网络的知识优势的界定可以看出，知识网络的知识优势的实质是通过知识网络整合网络内的知识资源，实现基于知识创新和知识价值增值的过程。知识网络的知识优势强调以下几点。

第一，知识优势的主体是知识网络，知识网络特指由多条知识链构成，基于知识创造、知识共享和知识价值增值的网络结构体系。其中，知识链是以企业为创新的核心主体，以实现知识共享和知识创造为目的，通过知识在参与创新活动的不同组织之间流动而形成的链式结构。

第二，知识网络是企业在新经济形势下的战略选择，知识网络不同于并购网络、不同于其他组织联合体形式，其强调基于知识网络的知识共享、知识创造和知识价值增值等一系列活动而实现竞争优势。

第三，知识优势是企业构建知识网络的重要目标，通过知识优势使知识网络和企业进一步实现竞争优势成为可能。

第四，知识优势来源于知识和网络，但是知识只有经过一系列转化活动才能转化为知识优势。知识优势是知识网络的多种变量作用下的函数，知识优势的形成与网络内的知识和网络的特征有关，与知识共享、知识创造和知识价值增值的效果有关。

第5章　知识网络形成的内在机理及其过程

知识网络的形成是一个长期的、动态的过程，本章对知识网络形成的内在机理、形成条件和形成过程进行分析，以揭示其内在规律，为进一步挖掘知识网络的理论内涵提供思考路径和方法，这对于进一步制定科学有效的知识管理策略，加强知识网络组织之间的合作，提高知识网络的运行效率有重要影响。

5.1　知识网络的形成机理

5.1.1　知识网络形成机理分析工具——进化博弈

研究知识网络的形成过程必定存在对知识共享问题的研究，采用主流的合作或非合作的博弈方法来研究知识共享问题，已是目前学术理论界公认的"标准"方式。传统博弈论从假设博弈方的完全理性出发，在信息充分完全的前提下寻找博弈的均衡解。然而，知识网络的两个特性使其无法运用传统的博弈方法进行研究（万君和顾新，2009）。

（1）知识的复杂性特点导致人只具有有限理性

Fernie 等（2003）认为，知识是个深奥的概念，知识的"嵌入性"会增加它的复杂性。知识的复杂性还来源于它的默会性（严浩仁和贾生华，2002）。知识的复杂性和默会性，使知识在共享和交换过程中存在着不确定性和不稳定性，当事人根本无法准确判断出知识存在的种种状态，以及与该状态相关的利益和成本。另外，知识交易双方的信息也是不对称的。知识产权的出售者拥有知识的全部信息，而知识产权的购买者往往没有知识的全部信息，交易双方处于信息非对称的地位。然而，传统的博弈论在理性基础方面却采用的是一种完全理性的假设。它不仅要求行为主体始终具有在确定性和非确定性的环境中追求自身利益最大化的判断力与决策能力，还要求行为主体具有在存在交互作用的博弈环境中完美的判断力和预测力（谢识予，2002）。因此，用传统博弈论来研究知识共享问题是不恰当的。

（2）知识网络形成是一个动态调整过程

有限理性意味着博弈方往往不会一开始就找到最优策略，会在博弈过程中学习博弈，均衡是不断地调整和改进，而不是一次性选择的结果，而且即使达到了均衡也可能再次偏移（谢识予，2002）。在知识网络的形成过程中，对已有状况的模仿和改进就是学习和调整的过程。而传统的博弈理论将博弈规则简单化和抽象化，将每一次博弈看作一个孤立的行为，完全忽视了相似博弈间的交互影响作用。

由于以上两个方面的原因，传统的博弈理论在用于研究知识网络的形成问题时存在内在的缺陷。而进化博弈（evolutionary game）理论却极大地弥补了传统博弈理论的不足，特别适用于研究知识网络的形成过程。进化博弈理论是把博弈理论分析和动态演化过程分析结合起来的一种新理论，它从有限理性的个体出发，以群体行为为研究对象，合理解释了生物行为的进化过程。进化博弈理论强调的是，在有限理性的条件下，博弈方之间的策略均衡往往是学习调整的结果，而不是一次性选择的结果，通过长期的模仿和改进，所有的博弈方都会趋于某个稳定的策略，并且在大多数博弈方采用这种稳定策略时，个别博弈方策略的"突变"并不能使自己受益。这种稳定策略被称为进化稳定策略（谢识予，2002）。进化博弈理论的应用方法很多，本节将采用与知识网络形成过程相似的学习速度较慢的大群体反复博弈——复制动态进化博弈理论（replicator dynamics evolutionary game theory）对知识网络的形成过程进行研究。

5.1.2　知识网络形成的复制动态进化博弈模型

1. 假设条件与模型建立

假设主导企业（主导企业是首先产生知识网络构建需要与意图的组织，是知识网络的发起者）A 在运行过程中面临自身知识需求不足的问题，它期望寻求其他组织的合作，通过与其他组织构建知识网络来获取互补性知识。该企业外部存在一些潜在的合作伙伴，这些企业或其他类型的组织将做出与主导企业 A 结网或不结网的选择。

（1）博弈双方

博弈方一群体为潜在的合作者——主导企业外部组织群体中随机的某个企业或其他类型的组织；博弈方二群体为主导企业 A（当知识网络小规模结网之后，博弈方二群体为知识网络中随机的某个知识网络成员组织）。

（2）理性假设

由于博弈双方对知识共享的认识能力和预测能力有限，博弈双方理性满足有限理性的假设。

（3）策略选择

博弈方一群体的策略选择有两个，分别为加入和不加入博弈方一群体所期望结成的知识网络；博弈方二群体的策略选择有两个，分别为愿意或可能与博弈方一群体进行知识共享和不愿意或不可能与博弈方一群体进行知识共享。由此可见该博弈为两方非对称进化博弈（谢识予，2002）。

（4）博弈支付

博弈双方的支付矩阵见表 5-1。

表 5-1　博弈双方的支付矩阵

博弈方一群体	博弈方二群体	
	知识共享	知识不共享
加入	$\pi_1' + r_1 a_2 - l_1 a_1$，$\pi_2' + r_2 a_1 - l_2 a_2$	π_1'，π_2'
不加入	π_1，π_2	π_1，π_2

表 5-1 中，π_1、π_2 分别表示在博弈方一群体不加入知识网络时博弈双方的收益；π_1'、π_2' 分别表示在博弈方一群体加入知识网络后博弈双方的收益。这里有 $\pi_1' \leqslant \pi_1$，$\pi_1 - \pi_1'$ 表示博弈方一群体加入知识网络的成本；$\pi_2' \leqslant \pi_2$，$\pi_2 - \pi_2'$ 表示博弈方二群体的接纳成本；a_1、a_2 分别表示博弈双方拥有的知识水平；r_1、r_2 为收益系数，分别表示两个博弈方群体对另一博弈方的共享知识的吸收转化能力；$r_1 a_2$、$r_2 a_1$ 分别表示博弈方一群体加入知识网络后博弈双方选择知识共享策略所得到的超额收益；l_1、l_2 为风险系数，分别表示网络环境对博弈双方采取知识共享策略时带来的风险水平；$l_1 a_1$、$l_2 a_2$ 分别表示博弈双方为选择知识共享策略所付出的成本。

2. 进化博弈过程与进化博弈分析

（1）博弈双方的收益分析

假设在博弈方一群体中，采取加入策略的比例为 x，那么，采用不加入策略的比例则为 $1-x$；同时假设在博弈方二群体中，采用知识共享策略的比例为 y，那么，采用知识不共享策略的比例则为 $1-y$。

于是，博弈方一群体中选择加入策略和不加入策略的企业的期望收益 u_{1e}、u_{1n} 及群体的平均收益 $\bar{u}_1$ 分别为

$$u_{1e} = y \times (\pi_1' + r_1 a_2 - l_1 a_1) + (1-y) \times \pi_1' \tag{5-1}$$

$$u_{1n} = y \times \pi_1 + (1-y) \times \pi_1 \tag{5-2}$$

$$\bar{u}_1 = x \times u_{1e} + (1-x) \times u_{1n} = xy \times r_1 a_2 - xy \times l_1 a_1 + x\pi_1' - x\pi_1 + \pi_1 \tag{5-3}$$

同样，博弈方二群体中选择知识共享策略和知识不共享策略的企业的期望收益 u_{2s}、u_{2n} 及群体的平均收益 $\bar{u}_2$ 分别为

$$u_{2s} = x \times (\pi_2' + r_2 a_1 - l_2 a_2) + (1-x) \times \pi_2 \tag{5-4}$$

$$u_{2n} = x \times \pi_2' + (1-x) \times \pi_2 \qquad (5-5)$$

$$\overline{u}_2 = y \times u_{2s} + (1-y) \times u_{2n} = xy \times r_2 a_1 - xy \times l_2 a_2 + x\pi_2' - x\pi_2 + \pi_2 \qquad (5-6)$$

（2）博弈双方进化博弈的复制动态分析

复制动态是指博弈方向优势策略转变是一个渐进的过程，不是所有博弈方同时调整。策略调整的速度可用复制动态公式表示（谢识予，2002）。

1）博弈方一群体的复制动态分析。

博弈方一群体的复制动态方程为

$$\frac{\mathrm{d}x}{\mathrm{d}t} = x(u_{1e} - \overline{u}_1) = x(1-x)(y \times r_1 a_2 - y \times l_1 a_1 + \pi_1' - \pi_1) \qquad (5-7)$$

该动态微分方程的含义是，选择加入策略类型的博弈方比例随时间的变化率与该类型博弈方的比例成正比，与该类型博弈方的期望收益大于所有博弈方平均收益的幅度也成正比。根据该动态方程，能够得到如下结论。

如果 $y = \dfrac{\pi_1 - \pi_1'}{r_1 a_2 - l_1 a_1}$，那么 $\dfrac{\mathrm{d}x}{\mathrm{d}t}$ 始终等于 0，这意味着所有的 x 水平都是稳定状态。

如果 $y \neq \dfrac{\pi_1 - \pi_1'}{r_1 a_2 - l_1 a_1}$，那么 $x = 0$ 和 $x = 1$ 是两个稳定状态，根据微分方程的稳定性定理，当 $y > \dfrac{\pi_1 - \pi_1'}{r_1 a_2 - l_1 a_1}$ 时，$x^* = 1$ 是进化稳定策略，即所有类型的博弈方都趋向于这个策略，且该策略对微小扰动具有稳健性；当 $y < \dfrac{\pi_1 - \pi_1'}{r_1 a_2 - l_1 a_1}$ 时，$x^* = 0$ 是进化稳定策略。

其复制动态微分方程相位图如图 5-1 所示。

2）博弈方二群体的复制动态分析。

博弈方二群体的复制动态方程为

$$\frac{\mathrm{d}y}{\mathrm{d}x} = y(u_{2s} - \overline{u}_2) = y(1-y)(x \times r_2 a_1 - x \times l_2 a_2)$$

同样地，根据该动态方程，能够得到如下结论。

如果 $x = 0$，那么 $\dfrac{\mathrm{d}y}{\mathrm{d}t}$ 始终等于 0，即所有的 y 水平都是稳定状态。

如果 $x \neq 0$，那么 $x > 0$，则 $y = 0$ 和 $y = 1$ 是两个稳定状态，根据微分方程的稳定性定理（谢识予，2002），其中的 $y^* = 1$ 是进化稳定策略。

图 5-2 中的两个复制动态微分方程相位图给出了 y 的动态趋势及稳定性。

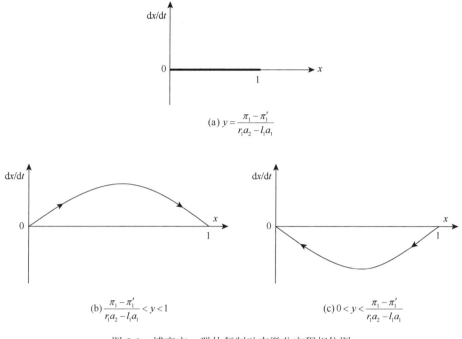

$$\text{(a)} \ y = \frac{\pi_1 - \pi_1'}{r_1 a_2 - l_1 a_1}$$

(b) $\dfrac{\pi_1 - \pi_1'}{r_1 a_2 - l_1 a_1} < y < 1$　　　　　(c) $0 < y < \dfrac{\pi_1 - \pi_1'}{r_1 a_2 - l_1 a_1}$

图 5-1　博弈方一群体复制动态微分方程相位图

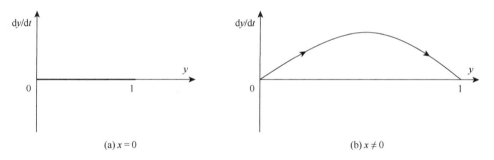

(a) $x = 0$　　　　　　　　　(b) $x \neq 0$

图 5-2　博弈方二群体复制动态微分方程相位图

3. 博弈结果分析

上述两个博弈方类型比例变化复制动态的关系，可以在以两个比例为坐标的坐标平面图上表示出来，如图 5-3 所示。

1）根据图 5-3 中反映的复制动态和稳定性，不难看出本博弈的进化稳定策略只有 $x^* = 1$ 和 $y^* = 1$ 唯一一点，其他所有点都不是复制动态中收敛和具有抗扰动的稳定状态。这意味着有限理性的博弈方通过长期反复博弈、学习和调整策略的结果是：潜在合作组织在 $0 < \dfrac{\pi_1 - \pi_1'}{r_1 a_2 - l_1 a_1} < 1$ 的条件下，即加入知识网络后知识共

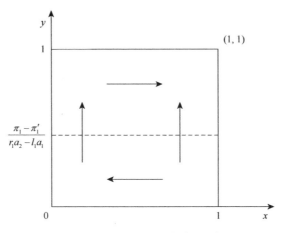

图 5-3　非对称进化博弈的稳定性

享带来的增益大于 0（$r_1a_2 - l_1a_1 > 0$）和知识共享的增益大于加入该知识网络的成本 $[(r_1a_2 - l_1a_1) > (\pi_1 - \pi_1')]$ 时，最终都会选择加入这个知识网络，与其他组织进行知识共享。于是，知识网络最终得以形成。

2）由图 5-3 可知，在企业拥有的知识水平 a_1 和 a_2 一定的情况下，收益系数 r_1 越大和风险系数 l_1 越小时，$\dfrac{\pi_1 - \pi_1'}{r_1a_2 - l_1a_1}$ 越小，整个系统收敛于 $(x^* = 1, y^* = 1)$ 的可能性就越大。

收益系数与企业对其他组织共享知识的吸收转化能力有关。在实践中，企业应提高员工素质，加强对员工专业知识和技能的培养，同时加强企业内部、外部的正式和非正式的交流，以提高其知识吸收转化的能力，从而保证知识网络的建立与维护。

风险系数主要由知识网络的内部环境所决定。在良好的网络环境中，各知识网络成员相互信任，彼此具有正式、非正式的合作或联盟关系，每个知识网络成员愿意交换知识、知识共享的意愿较强，容易寻找并评估愿意知识共享的合作伙伴，因而各组织之间进行创新合作所付出的成本就较小，其相应的风险系数就较低。由此可知，良好的网络环境是知识网络得以延续的重要保证。

5.2　知识网络形成的条件分析

知识网络的形成是建立在知识网络成员之间有效合作的基础之上的，如果知识网络成员之间不能建立合作关系，那么知识网络不可能形成；如果组织之间的合作缺乏稳定性且效率低下，知识网络的运行便会受到影响，甚至走向解体。本节从探讨知识网络的合作条件入手研究知识网络形成且能有效运行的条件。

5.2.1　知识网络合作博弈模型

知识网络的知识网络成员能够快速地实现知识流动、获得高协作效应的前提是知识网络能够有效地抑制机会主义，知识网络成员间能够进行稳定的持续互利的知识共享与合作，本节从经济理性人角度，对知识网络成员的合作关系进行分析，探讨知识网络成员能够进行稳定合作的原因和条件（万君和顾新，2009）。

1. 知识网络成员博弈的基本性质

知识网络的知识网络成员之间的博弈行为具有以下性质。

1）重复博弈。知识网络中各组织之间的合作往往是多次重复的，是一种伙伴关系，对弈双方的博弈行为不会改变其博弈的结构，彼此都可以看到对方过去的行为和以前的博弈结果，这种博弈是重复博弈（谢识予，2002）。此时，各合作组织不仅关心一次的合作收益，而且更关心其未来合作的收益。

2）个体理性，即个体组织的行为出发点是以最小的投入带来最大的利益，其博弈过程采取利益占优。当与其他组织进行合作有利时，它便会选择与其进行知识共享；当不合作能带来更多的好处时，它就不会与其进行知识共享，而"不合作"这一结果将给另一方带来一定的损失与风险。

3）非零和博弈。知识网络中组织之间的博弈是一种非零和博弈，可以实现双赢。

2. 假设条件与模型构建

为了构建模型和简化计算的需要，特作如下假设。

1）知识网络中两个企业 A、B 合作开发一项新技术，合作的总投入为 T，其中，A 企业的投入比例为 a，B 企业的投入比例为 b，$a+b=1$。

2）如果两个企业 A、B 相互信任，则采取合作行为，进行知识共享，两个企业的收益按投入比例进行分配，其收益大小与收益系数 r（$r>0$）正相关。若 A 企业和 B 企业都不互相信任，双方都不愿与对方进行知识共享，则认为没有任何合作，也不会产生任何收益，此时双方的收益都为 0；若 A 企业愿意合作，而 B 企业有自私行为，则可以认为 A 企业的投入完全被自私方 B 企业获得，并导致未来双方将不再合作。反之亦然。

3）设 A 企业、B 企业之间的合作效果与一种正向激励有关，用 k（$k>0$）来表示。正向激励与合作频率和信任度紧密相关，合作频率和信任度是影响合作双方关系强度的重要因素，在知识链内部，联盟伙伴的关系强度影响了联盟知识转移的难易程度（Szulanski，1996），即影响了各知识网络成员知识共享和合作的效率。合作的次数越多，合作越默契，每一次合作的成功都会在原来的基础上受到一次正向的激励（k），k 越大，合作创新效果越好，收益越大。

4）设 A 企业愿意进行知识共享的概率为 p，相应地，不进行知识共享的概率为 $1-p$；B 企业愿意进行知识共享的概率为 q，相应地，不进行知识共享的概率为 $1-q$。

根据以上假设，构造 A 企业、B 企业在第 n 次博弈时的得益矩阵，见表 5-2。

表 5-2　博弈双方的得益矩阵

A 企业	B 企业	
	知识共享（q）	知识不共享（$1-q$）
知识共享（p）	E_{1A}，E_{1B}	E_{2A}，E_{2B}
知识不共享（$1-p$）	E_{3A}，E_{3B}	E_{4A}，E_{4B}

A 企业、B 企业对进行知识共享与否策略的选择不仅是依靠当期的收益进行判断，而且将以持续收益作为判断依据。

第一种情况，当 A 企业与 B 企业均采取知识共享策略时，A 企业、B 企业的得益矩阵为 A 企业、B 企业按各自的投入比例所得到的收入份额，其公式如下：

$$E_{1A} = \sum_{i=1}^{n} pqraT(1+k)^{i-1} \tag{5-8}$$

$$E_{1B} = \sum_{i=1}^{n} pqrbT(1+k)^{i-1} \tag{5-9}$$

第二种情况，当 A 企业采取知识共享策略，而 B 企业选择不与其进行知识共享时，A 企业不但不能从合作中获益，反而将因 B 企业的自私行为而失去最初的投入，A 企业的得益矩阵为

$$E_{2A} = -p(1-q)aT \tag{5-10}$$

B 企业的得益矩阵为最后一期合作时 A 企业投入的损失及知识网络对 B 企业的惩罚，作为对 B 企业自私行为的惩罚，知识网络中的其他企业今后都将不与 B 企业合作，B 企业因受到惩罚而造成的损失为 $bTwp$，其中，w 为惩罚指数，知识网络的制度环境越好，w 越大；wp 为知识网络的集体惩罚力度；A 企业的合作性越强，对 B 企业的惩罚力度就越大，B 企业采取自私行为的代价就越大，其表达式如下：

$$E_{2B} = p(1-q)aT - bTwp \tag{5-11}$$

第三种情况，当 A 企业选择不与 B 企业进行知识共享、而 B 企业采取知识共享策略时，情况正好与第二种情况相反，A 企业、B 企业的得益矩阵分别为

$$E_{3A} = (1-p)qbT - aTwq \tag{5-12}$$

$$E_{3B} = -(1-p)qbT \tag{5-13}$$

第四种情况，当 A 企业、B 企业均选取不与对方进行知识共享的策略时，A 企业和 B 企业的得益分别为

$$E_{4A} = 0 \tag{5-14}$$

$$E_{4B} = 0 \tag{5-15}$$

3. 合作条件分析

由于在相同策略环境中，对局 B 企业的理性选择方式与 A 企业相同，在此只具体讨论 A 企业选择与对方进行知识共享的条件，同理可推出 B 企业选择与对方进行知识共享的条件。

由于对 B 企业不具有完全信息，A 企业选择知识共享与否的关键在于，它对选择知识共享策略时的期望支付（$p=1$）和选择不与对方进行知识共享时的期望支付（$p=0$）之差 ΔE_A 的大小。A 企业选择知识共享策略的条件是 $\Delta E_A \geqslant 0$。

$$\Delta E_A = \sum_{i=1}^{4} E_{iA}(p=1) - \sum_{i=1}^{4} E_{iA}(p=0) \geqslant 0 \tag{5-16}$$

将式（5-8）、式（5-10）、式（5-12）、式（5-14）代入式（5-16）得

$$\Delta E_A = \sum_{i=1}^{n} qraT(1+k)^{i-1} - (1-q)aT - qbT + aTwq \geqslant 0 \tag{5-17}$$

若 $qraT(1+k)^{n-1} - qbT + aTwq \geqslant 0$ ［因为 $\sum_{i=1}^{n} qraT(1+k)^{i-1} > qraT(1+k)^{n-1}$］，则式（5-17）必然成立。将 $b=1-a$ 代入式（5-17），可得

$$a > \dfrac{1}{r(1+k)^{n-1} + 2 + w - \dfrac{1}{q}}$$

此为 A 企业选择与对方进行知识共享的条件。

同样，可得出 B 企业选择与对方进行知识共享的条件为

$$b > \dfrac{1}{r(1+k)^{n-1} + 2 + w - \dfrac{1}{p}}$$

综合来看，两对局 A 企业与 B 企业同时愿意相互合作、进行知识共享的条件应该是

$$\begin{cases} a > \dfrac{1}{r(1+k)^{n-1} + 2 + w - \dfrac{1}{q}} \\[4mm] b > \dfrac{1}{r(1+k)^{n-1} + 2 + w - \dfrac{1}{p}} \end{cases}$$

由这个合作条件可推出以下结论。

1）当 n、k、w 等参数一定时，r 越大，A 企业与 B 企业越容易实现合作，进行知识共享。也就是说，当预期到合作将给双方带来较大收益时，A、B 两企业越容易采取合作行为，进行知识共享。

2）当 r、w 等参数一定时，n、k 越大，A 企业与 B 企业越容易实现合作，进行知识共享。也就是说，随着合作次数的增多，两企业之间的关系强度将得到加强，从而有利于提高合作效率、促进知识流动和共享。另外，当合作次数增多时，两企业之间将更容易建立起一种信任关系，从而对进一步合作产生较大的正向激励，两企业将在较长时间内保持稳定的合作关系。

3）当 r、n、k 等参数一定时，w 越大，A 企业与 B 企业越容易实现合作，进行知识共享。也就是说，若知识网络对具有自私行为的网络成员的惩罚力度越大，整个知识网络越有可能保持高效率的合作。

5.2.2　知识网络形成及有效运作的条件

通过对知识网络合作博弈模型的分析，并结合 5.1 节中的进化博弈模型及第 4 章中对知识网络形成的动因分析，本节认为知识网络的形成及实现有效运作必须满足以下条件。

（1）知识网络成员之间的知识创新能力彼此协调与互补

知识网络成员所拥有的知识资源的互补性是吸引彼此加入知识网络的重要原因，也为组织之间的知识共享奠定了基础。Hamel 等（1989）认为，如果每个知识网络成员能满足其他知识网络成员资源互补的需要，那么联盟的共同得益就可能实现。每个加入知识网络的知识网络成员都应该拥有自己的优势资源，即其他知识网络成员可能不具备的知识和能力。例如，高校和科研院所具有专业的知识与技术理论优势，但缺乏对市场的把握；而企业在专业理论知识方面明显不足，但把握市场动态并实现技术的商业化是其长处。企业与高校、科研院所之间知识网络的建立和形成有助于互补性知识的结合，从而创造出新的交叉性知识，以实现知识网络成员的共同受益。如果合作伙伴没有自己所需要的知识和能力，那么知识网络难以形成也不会长久。当然，各知识网络成员所拥有的知识资源和所在领域应具有一定的关联度，否则也难以实现知识的结合和创新。

（2）知识网络合作的成本应小于合作的收益

知识网络的形成能带来各种潜在利益，如知识交易费用的节约、规模经济、范围经济、连接经济，以及创新风险的降低等。同时，知识网络成员之间的合作也会带来各种成本。这些成本包括知识网络资源集成成本、知识网络的组织管理成本、知识网络合作失败的风险成本、知识网络成员间信息不对称造成的机会主义成本和导致的道德风险成本、知识网络连接的投资成本等。因此，组织之间在形成知识网络时，总要权衡各种利弊得失，通过比较成本和收益决定自己的行动与选择，当知识网络之间合作的成本大于从知识网络获得的收益时，企业和其他组织就不会加入知识网络，因而，知识网络就不会形成；只有当知识网络合作成本小于从知识网络获得的收益时，它们才会加入知识网络，这样，知识网络才能形成。

（3）网络机制保证知识网络成员之间知识流动与知识共享

知识网络的形成是为了促进知识网络成员之间的知识流动与知识共享，从而推动和实现知识创新。因此，知识流动与知识共享是实现知识网络目标的关键环节，只有通过知识在知识网络成员之间的流动和共享，才能实现各知识网络成员核心能力的连接与融合，在提高各自的创新能力的同时实现知识创新。但是知识网络成员之间的知识流动与知识共享并非自然而然地进行，由于知识网络成员之间彼此的利益冲突，各知识网络成员往往都会对知识外溢进行干涉。因此，合理、有效的网络机制对知识网络成员之间的知识流动与知识共享的顺利进行起着非常重要的作用。这些网络机制涉及知识网络的合作目标、惩罚机制、激励机制、利益机制等各个方面，对各知识网络成员的合作过程起着制度性保障作用。在知识网络正式组建之前，各知识网络成员必须就该知识网络的目标和宗旨、各知识网络成员的权利和义务等达成一致，做出明确的规定，并签订相关协议，以约束在合作中知识网络成员为了自身的利益而阻碍知识流动与知识共享的各种机会主义行为，从而保证知识网络成员之间知识流动与知识共享的顺利进行。

（4）知识网络的形成必须建立在各知识网络成员相互信任的基础上

能够维系知识网络合作关系的，除了各知识网络成员对外在知识的渴求外，最重要的是高度的相互信任（和金生和熊慧敏，2003）。在知识网络中，知识网络成员之间的知识流动与知识共享是实现知识网络目标的前提，但是知识的转移和共享是有条件的。知识固有的特性，知识的交流与共享是无形的活动，既不能监督也不能强制，因此，自愿合作是实现知识网络成员之间知识流动与共享的前提。只有在自愿合作的情况下，知识网络的知识网络成员才会尽其所能、高度主动、负责任和创造性地完成知识网络的任务。而自愿合作行为的产生又以知识网络成员的相互信任——这一基本态度作为前提。信任需要合作的参与者遵守诺言，履行职责。当信任存在时，知识网络成员表现出对他人的意图和行为的高度信心，并引致知识网络成员之间的自愿合作行为，知识网络成员会通过知识的交流与共享创造性地开展和执行自己的任务，实现知识网络的目标（徐和平等，2003）。另外，知识网络成员之间的相互信任还能减少各知识网络成员的投机行为，使各知识网络成员之间容易建立起良好的关系，从而减轻对知识外溢的防御，提高知识流动与知识共享的效率。因此，相互信任是知识网络形成的基础。

5.3 知识网络形成的耦合分析

知识网络的拓扑结构形成主体具有多层次特征（魏奇锋等，2013），可以从人际、组织内部和组织之间等角度来研究知识网络的构成与演化（Phelps et al.，2012）。知识网络作为一个复杂系统，与外部进行着物质和能量（表现为知识与信息）交换，同时知识网络的网络节点数量与网络节点之间的连接关系随着系统内部组织间及系统内外部的能量交换动态地变化发展，因此处于不断进化过程之中；此外，知识网络与其他类型的网络如社会网络、人际网络等，存在着复杂的嵌入关系。

耦合概念源自物理学，是指两个或更多系统或运动方式之间通过各种相互作用而彼此影响以至联合起来的现象。其是通过各个子系统之间的良性互动形成的相互依赖、相互协调并相互促进的动态关联关系。

知识链是在知识经济时代背景下组织之间的竞合新形式，是以企业作为创新的核心主体，以实现知识共享与创造为目的，通过知识在参与创新活动的不同组织之间流动形成的链式结构（顾新等，2003）。多个知识节点通过耦合形成知识链，多条知识链通过耦合形成知识网络，此时，知识链之间形成了一种非线性的结构联系，包括协同、冲突等连接关系，最终使知识网络成为集知识共享与创造功能于一体的网络体系（图5-4）。在该结构中，知识是其核心资源，对知识的概念界定与从知识链视角进行的研究一致，即知识是一种可转移的生产要素，是企业等经营主体获得持续竞争优势的源泉。知识网络的核心活动包括知识的获取、传递、交换、学习、创造与应用等，知识节点的表现形式多样，既可以是企业组织，也可以是高校、科研院所、中介机构等组织主体。

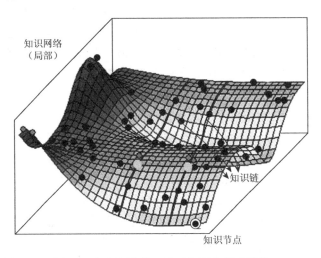

图 5-4 知识网络的"点-链-网"组成结构

5.3.1　知识网络中的耦合主体

知识网络由知识节点、知识链与知识耦合关系构成。首先，不同的知识节点表现出不同的知识需求，为弥补各自的知识缺口，知识节点根据一定的合作伙伴选择指标，包括对资源储备、学习能力、社会资本、知识互补性、文化异质性、预期成长及战略目标一致程度等因素的考量，选择最优伙伴，通过正式与非正式的合作关系，在彼此之间逐渐建立耦合关系，促成组织之间的知识流动，形成知识链。知识链则以知识节点作为纽带产生耦合，形成了知识节点在不同知识链中的"复用"，从而使多条知识链构成纵横交织的知识网络。不同类型的知识在这种复杂知识网络中转移与扩散，促进知识链之间的知识协同学习与进化发展。

5.3.2　知识节点之间的耦合

企业、高校、科研院所及知识服务型中介机构是知识节点的实体化形式，知识节点之间根据彼此认知水平、社会联系、组织结构相似性及协同性内在逻辑，耦合形成一个具有特殊功能的链型知识富集组织，即知识链，这是形成知识网络的第一个阶段。不同知识要素之间的自组织聚合与离散构成了知识节点之间复杂的知识联系，由此形成一个复杂系统，知识链正是该复杂系统的涌现模式，其反映了整体知识特征的行为模式。

（1）交互学习

知识节点之间耦合关系的形成前提与维持动力是一定水平的交互学习，这种跨组织的交互学习，是一个包含组织层面与行为主体的复杂过程，目的在于减少知识节点的习惯性防御（Fulmer and Keys，1998），通过交互学习，知识节点的知识存量不断变化，并因此提高自身的行为能力水平。伴随着知识流动的持续进行，知识链上知识节点之间知识传递渠道与形式不断完善，知识流速和规模逐渐扩大，知识节点之间耦合关系的健壮性也随之提升。

（2）相互信任

知识节点之间信任机制的建立，是强耦合关系形成的保障。信任的产生基于知识节点之间强联系及持续互惠规范的建立，强联系随着各知识节点对彼此行为的了解和观察逐渐形成。在该过程中，信任的产生得益于知识节点在结构维度与社会维度两个方面的关系互补和强化，其中，结构维度意味着各自的制度规范、声誉传递与投入变化，社会维度则主要表征双方关系的质量。根据知识链上知识节点之间的相互信任关系的建立与发展过程（顾新，2008），相互信任可以划分为尝试性信任、维持性信任到延续性信任三个时序变化阶段。

（3）合作博弈

知识链上知识节点之间耦合关系的形成是知识节点之间合作博弈的结果。知识节点之间的利益分配对知识链稳定性及持续性存在直接影响。不同的知识节点产生耦合连接的基础是共同的利益追求，同时基于该获利动机求同存异，通过行为协同、制度协同及知识协同，依靠系统自组织过程形成知识节点之间资源共享、优势互补的串行结构知识链，达到集体理性合作下的帕累托最优。

5.3.3　知识链之间的耦合

异质知识之间的复杂相关性是知识链形成纵横交错的知识网络的本质原因，与此同时，知识网络的复杂系统特征涌现也来源于各条知识链所属的不同知识节点之间的分布式复杂知识关联（Wei and Gu，2013）。因此，在知识链之间的耦合过程中，实质发生作用的是处于不同知识链上的知识节点。多个知识节点基于知识互补需求等原因形成耦合，表现为两条或多条不同知识链的链间耦合，即两条或多条异质知识链在分属于各自的知识节点的"桥接"作用下发生耦合。作为一个多知识节点耦合形成的复杂系统，知识链的链间知识势差是知识链之间发生耦合的主要原因。知识链之间的耦合是知识网络形成的直接原因。

（1）知识相似性主导原则

异质性知识的存在为不同知识链提供了潜在合作机会，却也在一定程度上构筑了阻止合作形成的壁垒。但是，若知识链之间的知识过于相似，知识链间知识流动就趋于停止，原因是基于知识互补需求的耦合价值已经丧失。既然知识链寻求知识的互补，则不同知识链之间所拥有的知识必然具有相似性，即知识相似性主导了知识链之间耦合的发生。

（2）耦合关系的多元性原则

知识链之间的耦合关系呈现多元性，源于知识链合作的多元知识类型及知识主体本身的组织属性差异。首先，知识链的核心主体是知识型企业，具有在特定产业领域中的知识优势，其余组成单元也都是具有同质知识构成的知识主体，如高校、科研院所及供应链的上下游各个组织等。这些处于同一条知识链上的不同知识主体基于相类似的知识特质形成合作，如针对某种高新技术产品进行合作研发，则多方必须预先具备同质化的知识储备，才可能产生知识合作。其次，知识主体各自所具有的特殊知识细节属性和能力分属于不同的行动领域，因此，分属于不同知识链的知识主体之间的联系是立体的、多元化的，从而以复杂的耦合方式形成知识互动。最后，知识主体本身所具有的结构属性、功能属性、文化属性、目标属性、地理属性、社会属性也促成了耦合关系的多元性，多条知识链系统通过多个知识主体成员子系统之间的协同作用，而使知识网络功能最优，负效应最小。耦合关系的多元性如图 5-5 所示。

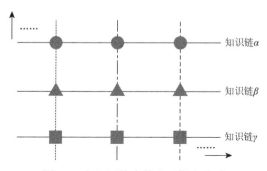

图 5-5　知识网络中的多元耦合关系

●▲■ 分别表示三类异质性知识主体；实线表示知识链；不同虚线表示不同链间耦合关系

（3）耦合类型多样化原则

知识网络中纵横交错着不同的知识链，知识链间形成耦合基于整体知识势差，因此对于整体知识势能几乎均等的两条知识链而言，其发生耦合的可能性微乎其微。同时，对存在知识势差的不同知识链而言，构成知识节点的知识属性和能力差异造成了异质知识链之间耦合连接的差异性。根据现实知识网络中不同的链间耦合所表现出来的连接情况看，知识链之间的耦合类型一般包括无耦合、简单耦合与复杂耦合三种，如图 5-6 所示。下面对知识网络中的知识节点、知识链的耦合过程进行数理分析。

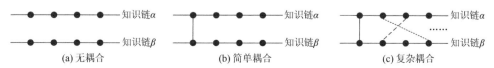

图 5-6　知识网络中的三类知识链耦合类型

实线表示知识链；不同虚线表示不同链间耦合关系

5.3.4　知识网络的耦合机理分析

在知识网络中，知识链之间基于整体知识势差形成耦合，在多目标选择条件下，不同知识链中知识节点之间耦合的条件为：耦合平均成本最小的路径搜寻和匹配，其中，耦合平均成本指单位知识增量的成本。

1. 耦合知识节点描述

（1）知识节点知识状态

${}^{S}_{\alpha}V^{t}_{ik}$：知识链 α 上有知识需求的知识节点 i 在时刻 t 拥有第 k 类知识的存量 S。

$_\alpha^D V_{ik}^t$：知识链 α 上有知识需求的知识节点 i 在 t 时刻对第 k 类知识的需求量 D。

δ_{ik}^t：t 时刻知识节点 i 的 k 类知识内生增长率。

μ_{ik}^t：t 时刻知识节点 i 的 k 类知识贬值率。

λ_{ik}：知识节点 i 对 k 类知识的吸收率，由第 k 类知识和知识节点 i 的学习能力决定。

$_\alpha^{IS} NV_{ik}^t$：IS 表示存量增长，整体表示知识链子在 t 时刻知识节点 i 的 k 类知识的内生知识增长量，其表达式如下：

$$_\alpha^{IS} NV_{ik}^t = _\alpha^S V_{ik}^{t+1} - _\alpha^S V_{ik}^t = _\alpha^S V_{ik}^t (\delta_{ik}^t - \mu_{ik}^t) \tag{5-18}$$

$_\alpha^{NS} GV_{ik}^t$：NS 表示同一条知识链内部可能获取的知识量，整体表示知识链子在 t 时刻内生知识缺口，表示知识节点 i 的第 k 类知识存量和知识需求的差距，其表达式如下：

$$_\alpha^{NS} GV_{ik}^t = _\alpha^D V_{ik}^t - _\alpha^S V_{ik}^t \tag{5-19}$$

$_{\alpha\beta}^S GV_{imk}^t$：知识链 α 上知识节点 i 和知识链 β 上的知识节点 m 之间第 k 类知识存量的差距，其表达式如下：

$$_{\alpha\beta}^S GV_{imk}^t = _\beta^S V_{mk}^t - _\alpha^S V_{ik}^t \tag{5-20}$$

（2）知识节点吸收的知识量

当 $|_{\alpha\beta}^S GV_{imk}^t| = |_\beta^S V_{mk}^t - _\alpha^S V_{ik}^t| > _\alpha^{NS} GV_{ik}^t$ 时，知识节点 i 和知识节点 m 具有知识扩散的可能性，t 时刻知识节点 i 从知识节点 m 处吸收的知识量（$_\alpha^{IS} WV_{imk}^t$），其表达式如下：

$$
\begin{aligned}
_\alpha^{IS} WV_{imk}^t &= \lambda_{ik} |_{\alpha\beta}^S GV_{imk}^t| \\
&= \lambda_{ik} |_\beta^S V_{mk}^t - _\alpha^S V_{ik}^t| \\
&= \lambda_{ik} |[_\beta^S V_{mk}^{t-1}(1 + \delta_{mk}^t - \mu_{mk}^t) - _\alpha^S V_{ik}^{t-1}(1 + \delta_{ik}^t - \mu_{ik}^t)]|
\end{aligned}
\tag{5-21}
$$

（3）知识吸收的成本

知识节点 i 与知识节点 m 之间知识转移的总成本（$_\alpha TCV_{ik}^t$），其表达式如下：

$$_\alpha TCV_{ik}^t = _{\alpha\beta} FV_{imk}^t + _{\alpha\beta} rV_{imk}^t \tag{5-22}$$

式中，$_{\alpha\beta} FV_{imk}^t$ 为知识节点 i 和知识节点 m 之间的知识交易直接成本；$_{\alpha\beta} rV_{imk}^t$ 为知识节点 i 和知识节点 m 之间的知识交易的风险成本。

知识节点 i 与知识节点 m 之间知识转移的平均成本（$_\alpha AV_{ik}^t$），其表达式如下：

$$_\alpha AV_{ik}^t = \frac{_\alpha TCV_{ik}^t}{_\alpha^{IS} WV_{imk}^t} \tag{5-23}$$

2. 知识链知识节点的耦合

知识网络的形成过程是知识节点基于知识需求基础上的搜寻合作对象，与知识吸收平均成本最小合作对象进行匹配的活动。

对于知识节点 i，可能与之发生直接知识转移的知识节点集合为 S，对于 $m_j \in S$，匹配的条件是知识节点 i 和知识节点 m_j 之间的知识转移平均成本（$_\alpha \mathrm{AV}_{ik}^t$），其表达式如下：

$$_\alpha \mathrm{AV}_{ik}^t(i, m_j) = \min_{m_n \in S}[_\alpha \mathrm{AV}_{ik}^t(i, m_n)] \tag{5-24}$$

对于知识链上的知识转移总平均成本有

$$_\alpha \mathrm{TAV}_k^t = \sum_{i \in \alpha} \min_{m_n \in S}[_\alpha \mathrm{AV}_{ik}^t(i, m_n)] \tag{5-25}$$

两条知识链进行耦合，耦合知识节点为 i、n，耦合之后的总平均成本为

$$
\begin{aligned}
_{uv}\mathrm{TAV}_k^t &= {_\alpha}\mathrm{TAV}_k^t + {_\beta}\mathrm{TAV}_p^t + {_\alpha}\mathrm{AV}_{ik}^t(i, m_n) \\
&= \sum_{u \in \alpha} \min_{m_j \in S}[_\alpha \mathrm{AV}_{uk}^t(u, m_j)] + \sum_{v \in \beta} \min_{n_j \in T}[_\beta \mathrm{AV}_{ik}^t(v, n_j)] + \min_{v_j \in V} {_\alpha}\mathrm{AV}_{ul}^t(u, v_j) \quad (5\text{-}26) \\
&= \min\left\{ \sum_{u \in \alpha}[_\alpha \mathrm{AV}_{uk}^t(u, m_j)] + \sum_{v \in \beta}[_\beta \mathrm{AV}_{ik}^t(v, n_j)] + {_\alpha}\mathrm{AV}_{ul}^t(u, v_j) \right\}
\end{aligned}
$$

式中，u 为知识链 α 上的耦合知识节点；v 为知识链 β 上的耦合知识节点。经分析，此仍然是最小平均成本。

5.4　知识网络形成的四阶段过程

知识网络的形成不是一蹴而就的，其形成与构建是一项庞大的系统工程，它涉及多个企业及其他形式的组织，需要集成多方面的信息并涉及企业的多次决策。知识网络的形成与构建过程大致分为四个阶段：概念阶段、调查阶段、谈判阶段与执行阶段，其过程模型如图 5-7 所示，虚线框内代表每个阶段的主要工作步骤。本节将知识网络组建的战略层次、阶段过程和操作步骤三者结合起来考虑，希望能为管理者进行知识网络合作的过程管理提供较为具体的指导，并带来更多的启示（Wan and Gu，2010）。

5.4.1　知识网络形成的概念阶段

正如 Bennis（1987）所说的那样，任何的变革最初都始于对难题的觉察或是有某种需要产生。随着知识经济时代产业竞争的加剧，一些关键性影响因素的急剧变

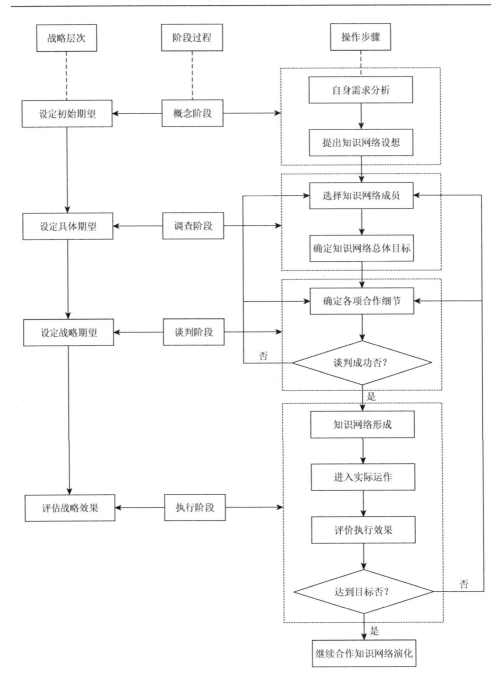

图 5-7　知识网络形成的过程模型

化会使企业的经营和发展面临极大的风险，如生产技术的落后、知识创新的缺乏或滞后等。自身知识结构、组织资源或精力的限制，绝大部分企业或组织缺乏在短时间内实现技术创新、产品研发所应具备的技术条件和知识体系，从而导致知识缺口的产生。企业的知识缺口（Zack，1999），是指企业组织的现有知识与实现其战略目标所应具备的知识之间存在的差异。知识缺口的形成会阻碍知识链中知识的循环和创新，进而影响企业组织战略目标的实现。解决这一问题的最佳方法便是扩展企业组织知识流动与知识共享的范围，寻求企业组织之间的合作。这时，企业组织便产生了形成知识网络的需要与意图，即处于概念阶段。在完成需要识别之后，企业组织根据需求认知将其上升到战略层面，继而确定企业的初始期望，即期望通过建立知识网络能够达到的目的和实现的目标，并以此为基础修订企业战略。

这一阶段的主要活动为：在市场机遇中识别符合企业自身的知识需求，对其知识缺口进行分析，提出建立知识网络的设想，并确定初始期望。在确定最初的期望后，企业组织往往会确立实现这些期望的搜索标准与知识网络成员必要的特征要求，从而进入知识网络形成的下一个阶段。

5.4.2　知识网络形成的调查阶段

在这一阶段，企业开始对有需求意识的企业或其他形式的组织，如高校、科研院所等进行调查，以确定知识网络的知识网络成员。选择正确的合作伙伴是知识网络获得成功的关键因素，也是构建知识网络的重点和难点问题之一。

（1）选择知识网络成员的重要原则

Faulkner（1992）认为，合作伙伴之间的战略协同、文化融合对于联盟来讲至关重要，保持高度的战略协同并维持联盟持久性，是联盟发展的重要基础。Rackham和 de Vincentis（1998）指出，贡献、亲密和愿景三个共同要素组成合作框架，其中贡献表示每个知识网络成员能够为联盟创造的利益；亲密意味着双方超越市场交易的信赖关系；愿景则是对联盟目标与依赖路径所产生的生动想象（阎海峰，2003）。陈磊和张永宁（2008）认为，优势的互补性、战略的协同性和文化的相容性，是创新平台选择合作伙伴的重要原则，三者构成了选择合作伙伴的三维模型。本节借用林向义等（2008）的研究成果，认为创新战略的同一性、创新知识的互补性、知识共享与学习能力、创新文化的一致性及可信任性是知识网络成员的选择原则。选择原则的确定实际上规定了知识网络成员所应该具有的特征。

（2）知识网络成员选择的方法

根据知识网络成员的选择原则，可对知识网络成员进行初选，并对符合条件的潜在合作伙伴进行进一步筛选，其方法主要有定性分析、定量分析、定性分析与定量分析相结合的方法。相对于定性分析的人为主观性，以及定量分析的脱离实际，一般采用定性分析和定量分析相结合的研究方法，如多目标规划法和层次分析法等，对潜在伙伴进行选择，得到一个最优的合作伙伴集。

通过对知识网络成员的搜索和选择，企业在战略层面上将对第一阶段所建立的预期目标进行回顾和再检验，从而做出调整，设定更为具体的期望。具体期望是对初始期望的提炼及对取得成功的可能程度的识别。

这一阶段的主要活动为：根据知识网络成员的选择原则，用合适的方法对合作伙伴进行选择，对初始期望进行调整，并确定知识网络总体目标。

5.4.3　知识网络形成的谈判阶段

对具有潜在合作关系的企业或其他类型的组织进行评价与选择是知识网络主导企业单方面进行的必要行为，仍然需要在组织之间通过一系列的沟通与协商谈判，最终确立各知识网络成员之间的合作关系。因此，谈判阶段是知识网络形成过程中的一个重要环节，这一阶段的战略与标准的设立恰当与否将直接影响知识网络最终是否能够形成。

知识网络形成的谈判阶段是一个非常复杂的过程，涉及知识网络成员合作的方方面面。在这个谈判阶段，将制定必要的契约性条约及知识网络的运作细则，主要涉及三方面的内容。

1）各知识网络成员之间的合作形式、合作范围、决策权力和分配策略。各知识网络成员之间的合作形式是多种多样的，按照合作对象的不同，进行了以下归纳，见表5-3。

表5-3　各知识网络成员之间的合作内容或形式

合作对象	合作内容或形式
与供应商、客户合作	以生产资料、半成品或产品知识的引进和学习为主
与竞争对手合作	合作分享技术、市场，通过学习、模仿，来掌握和吸纳所需知识
与高校、科研院所合作	联合研究开发，技术攻关，论文合作，利用专利技术，信息共享等
与其他企业合作	技术、专利的引进，寻求互补技术，联合攻关，信息共享等

分配策略包括任务分配和利益分配。任务分配所涉及的固定资产的投入、资金投入、人员投入等，以及利益分配都应结合知识网络成员之间的合作形式进行约定。

2）设立有效的冲突解决机制、惩罚机制和激励机制。任何类型的组织在运行过程中不可避免地会发生各种冲突，涉及多个组织的知识网络更是如此。冲突解决的满意程度会影响合作关系的发展，良好的冲突解决机制会增强合作关系，反之会削弱合作关系。另外，良好的网络机制（惩罚机制和激励机制）会约束与激励各知识网络成员的行为，有助于知识网络的顺利运行。

3）签署有效的合同。经过谈判与沟通，谈判双方在合作的各个方面达成一致的意愿后，就需要签订知识网络合作合同了。合同的签订标志着知识网络的合作关系已经成功构建，合作各方开始进行合作，从而进入知识网络形成的下一个阶段——执行阶段。

经过长时间的沟通和谈判，就各方面的意向达成共识需要双方的不断磨合，谈判双方应本着长期合作、共同发展的宗旨，摒弃偏见，求大同、存小异，在诚心合作的基础上增强对彼此的信任。然而，合作伙伴也有自己的谈判目标，以及做出让步的范围，当双方不能在让步上取得一致性与协调性时，合作关系的建立会因谈判不成功而宣告失败。通过谈判和沟通，主导企业如果找不到"志同道合"的合作伙伴，将回到调查阶段，进行合作伙伴的重新选择。

这一阶段的主要活动为：与调查阶段选出的备选合作伙伴进行谈判和沟通，确定各项合作细节，确定最终的合作伙伴，并与合作伙伴一起设定整个知识网络的战略目标。

5.4.4　知识网络形成的执行阶段

谈判阶段中有效合同的签订标志着组织之间合作的建立，知识网络正式形成，从而进入知识网络的执行阶段。知识网络的知识网络成员将依据上一阶段设置的标准来对知识网络的运营进行管理与评价，并依据评价的情况来判断知识网络是否已经实现了战略目标。在这一阶段，知识网络的执行与评估结合在一起，形成一个反馈机制，不断监督管理组织之间的合作关系。

如果评估结果达到了之前所设置的战略目标时，知识网络成员会继续维持合作关系，使知识网络继续运行，并可能增大对知识网络成员之间合作关系的投资，知识网络开始动态演化。当知识网络的业绩评价没有达到预期目标时，知识网络成员应在规定期限内对合作关系进行整改和协调，进行再评估。如果评估结果依然是消极的，知识网络成员会考虑知识网络关系的解体。为了形成新的知识网络，主导企业会重新选择合作伙伴，并对知识网络的网络期望与各项标准进行重新设定，重复进行上述各个阶段的过程。

这一阶段的主要活动为：知识网络成员正式确立合作关系，对知识网络运行过程进行管理和监控，并在实施过程中通过反馈机制及时进行评估。知识网络成员依据评估结果对合作关系的继续、调整或终止做出判断，从而进入合作的下一个生命周期。

知识网络的形成过程是一个系统的过程，以上四个阶段紧密相扣，前一个阶段的结果直接为下一个阶段服务，并且前一阶段的执行结果直接影响下一个阶段的顺利开展。但是，各阶段之间并没有明显的分界线，不能依据上述模型对知识网络形成的各个阶段进行明确、具体的划分。

第 6 章　知识网络的演化机理及其结构演化

知识网络作为一个网络组织，为了提高环境适应性和组织的生存能力，其结构、特性、状态、功能等必然随着时间的推移不断发生变化。本章基于自组织理论，对知识网络的演化特点、演化机制和动态演化过程进行分析，以揭示其演化的内在机理。

6.1　自组织理论概述

自组织理论是 20 世纪 60 年代末期开始建立并发展起来的一种理论体系。它的研究对象主要是复杂自组织系统的形成与发展机制问题。目前，自组织理论涉及自然方面和社会方面的多个领域，生物系统、社会系统及高级经济系统都被证明有自组织性（Corning，1995；Krugman，1996）。

所谓的自组织系统是和他组织系统相区别的，其是指在获得空间的、时间的或功能的结构过程中，没有外界的特定干涉的体系（吴彤和曾国屏，2000）。迄今为止，自组织理论还没有形成统一的理论，而是一组理论群。它包括普利高津（I. Prigogine）创立的耗散结构理论、哈肯（H. Haken）创立的协同学理论、托姆（R. Thom）创立的突变理论、艾根（M. Eigen）创立的超循环理论、曼德布罗特（B. B. Mandelbrot）创立的分形理论，以及以洛仑兹（H. A. Lorentz）为代表的科学家创立的混沌理论等。本章将以自组织理论中的耗散结构理论、协同学理论和超循环理论为基础，对知识网络的演化机理和演化过程进行分析。

6.1.1　耗散结构理论

耗散结构理论的创始人是比利时布鲁塞尔自由大学教授普利高津。他在将热力学和统计物理学研究从平衡态到近平衡态再向远离平衡态推进时发现，一个开放系统（无论是物理学、生物学，还是社会经济系统），在到达远离平衡态的非线性区域时，一旦系统的某个参数达到一定的阈值，系统便有可能从稳定变为不稳定，通过涨落发生突变，即非平衡相变。于是，由原来无序的混乱状态转变为一种新的有序状态。系统需要不断地与外界环境交换物质和能量，才能维持这种有序状态，并保持一定的稳定性，且不会因为外界的微小扰动而消失（尼科利斯和普里戈京，1986）。这种建立在与环境发生物质和能量交换关系基础之上的结构，即为耗散结构。耗散结构理论主要研究系统与环境之间的物质和能量交换关系及其对自组织系统的影响等问题。

6.1.2　协同学理论

协同学理论由联邦德国物理学家哈肯创立。哈肯于 1973 年首次提出了协同的概念，用以反映复杂系统的子系统之间的协调合作关系，并于 1975 年建立了协同学的基本理论框架。

协同学理论最显著的特点是通过各子系统之间的相互作用，能够实现单个系统所无法实现的新的结果或目标。协同学理论不仅仅强调合作，更强调在竞争基础上进行合作的系统行为。协同学理论主要研究系统内部各子系统之间的协同机制，认为各子系统之间的协同是自组织过程的基础，多组分系统通过各子系统的协同行动而导致系统结构的有序演化（哈肯，1989）。其三大基本原理是，不稳定性原理、支配原理和序参量原理。协同学理论借助于包含系统状态变量、时间参量和随机涨落力的非线性动力学方程来研究系统的演化行为，其是一门以定量化方法研究系统结构或行为演化的现代科学。

6.1.3　超循环理论

超循环理论于 20 世纪 70 年代由联邦德国生物物理化学家艾根创立，是从生物进化演变机理中研究得出的一种具有普适性的自组织理论，用于研究非平衡复杂系统。

艾根观察到，生命现象里包含许多由酶的催化作用所推动的各种循环，他将其定义为超循环。艾根吸收了进化论、分子生物学、博弈论及现代数学的有关成果，把生命起源作为自组织现象来描述，建立了超循环理论。

艾根和舒斯特尔（1990）指出，在生命的起源和发展过程中的化学进化阶段和生物学进化之间，有一个分子的自组织过程。分子在自组织进化过程中，为了一方面能产生、保持和积累信息，另一方面能选择、复制和进化，从而形成统一的细胞结构，而只有采取超循环的组织形式。经过互为因果的多重循环、自我复制和选择，信息不断积累，从而向高度有序的宏观组织进化。超循环理论解释了生物自复制、自催化和自繁殖的概况。

6.2　知识网络演化的自组织特性

自组织理论对自组织现象的定义是：系统在形成空间的、时间的或功能的结构的过程中，如果不存在外界的特定干扰，而仅依靠该系统内部的相互作用来达到的，就说这个系统是自组织的。按照该定义，显然知识网络系统是自组织的系统。知识网络这个网络系统在动态演化过程中，显现出一系列自组织的特性。

6.2.1　开放性

一个网络如果处于封闭的状态，与外界环境完全没有任何的交换，那么这个网络就会自然而然地走向混乱和无序，最终走向"死亡"（吴彤，2001）。事实上，任何客观存在的系统都不可能是绝对封闭的系统。知识网络作为一个社会网络系统，与外界环境有着密切的联系。知识网络在动态演化过程中，不断地与外界进行物质、能量和信息的交换，将人员、资金、信息、技术、资源、设备等输入转化为新技术、新知识、新产品等输出。输入和输出的存在使知识网络系统具有开放性。

知识网络演化过程中显现出的开放性不仅包括知识网络系统作为一个整体对其他网络系统和外界环境的开放，同时还包括网络节点之间的相互开放。知识网络各网络节点之间也不断地进行物质和信息的交换，通过知识网络的网状结构获取创新要素，并在创新过程中根据资源的互补性原则寻求新的合作者。新合作者的加入扩大了知识网络的网络界限，当知识网络成员组织间的互补性不再存在时，一个或多个网络节点组织便会脱离网络，网络边界便自动收缩。

知识网络系统只有是开放性的，才能实现其有序发展。因此可以说，开放性是知识网络形成和演化的重要前提。

6.2.2　远离平衡态（非平衡性）

系统平衡态是指系统状态变量不随时间而变化，系统与外界没有任何形式的信息和物质交换的定态（尼科利斯和普里戈京，1986）。假设系统的状态可以用一组变量 $X_i(i=1,2,\cdots,n)$ 来描述，其不随时间变化的状态为系统的定态，即

$$dX_i / dt = 0(i=1,2,\cdots,n)$$

式中，t 为时间。传统经济学中所指的均衡态就是以上所定义的定态。

在平衡态时，整个系统呈现出单一、均匀的特点，系统与外界没有任何交流，因而是惰性而缺乏活力的。只有在远离平衡态时，才能使系统保持活力，并促使系统由低级向高级不断演化。

知识网络是不同主体之间为了实现知识共享和知识创新而结成的利益共同体。这些知识网络成员之间存在资源、信息和技术上的不平衡，各个知识网络成

员都拥有自己的特定优势，并根据自己的优势在知识网络中确定其相应的地位。例如，企业与企业之间的知识创新合作，一般是建立在知识优势互补的基础之上；企业与大学和科研院所的合作，一般是以大学和科研院所作为科研成果与创新的源头，企业由此获得先进的科研成果，并转化为新技术和新产品。知识网络在演化过程中，各网络节点之间的非平衡性促使互补性知识资源及其他资源在网络节点之间流动，从而使知识网络向有序结构不断演化。

另外，在知识网络演化过程中，知识网络内部始终存在着组织之间的竞争与协作，各知识网络成员为应对竞争与协作对自己的资源及创新能力进行不断调整，在调整过程中促成了网络节点的进化与退化，引起了知识网络内部网络节点的分解、流动和重新整合，从而对原有的稳定态产生偏离，知识网络系统为了达到有序结构不断演化。

因此，知识网络的常态是内部结构的不均衡，知识网络内部的非平衡性促使知识网络系统不断由非均衡向均衡演化，并显现出较高的活力。远离平衡态不仅是形成新的知识网络结构的重要原因，也是知识网络演化路径多样性的原因。由此演绎，远离平衡态（非平衡性）是知识网络系统有序演化的诱因和源泉，并且也是对知识网络系统开放性的进一步说明。

6.2.3　非线性相互作用

非线性相互作用是指当状态变量值增加时，系统状态 $(X_1, X_2, \cdots, X_n)$ 不能由这些增加值的线性累加来判定，其变化将是复杂的。例如，一个生产系统连续增加劳动和资本这两种生产要素的投入，生产系统的产出率可能并不会连续的递增，相反，在投入超过一定阈值后，有可能出现产出率递减的情况。

知识网络内部性质各异的知识网络成员之间相互联系、相互制约，存在不断的相互作用，这些作用既有相互不断促进、放大的正反馈作用，又有维持稳定、制约偏离的负反馈作用。例如，知识网络成员之间进行知识共享提高了各知识网络成员及整个知识网络的创新水平，这就是正反馈作用；如果知识网络成员之间彼此缺乏信任，就可能产生"逆向选择"和机会主义行为，从而不利于知识网络的进一步演化和发展，这就是负反馈作用。这些正负反馈机制的作用使知识网络成员之间的关系成为复杂的非线性关系。这种非线性作用表现为各知识网络成员的相互联系与相互作用的空间网状关系（罗炜，2003）。知识网络各网络节点之间的非线性作用引致了知识网络各网络节点之间的竞争与合作，从而共同产生整体行为，而整体行为又反作用于各网络节点，使各网络节点之间产生协同效应，促进知识网络不断由低级向高级演化。

因此，非线性相互作用是知识网络演化形成有序结构的内在原因。

6.2.4　涨落

自组织理论认为，系统从无序走向有序的演变是通过随机涨落而实现的。涨落是指系统中的某个变量或行为对其平均值的偏离（湛垦华和沈小峰，1982），它是对原有系统均衡态的破坏因素，可以类比于熊彼特所提出的"创造性的破坏"。涨落是随机性的，可以由系统的内部因素和环境的随机变化引起。有学者将这些导致网络演化的重大涨落因素称为关键性事件（Halinen et al.，1999），如经济衰退、技术变革、顾客需求变化、强大竞争对手的出现等。

知识网络系统也存在涨落，其可分为内部涨落和外部涨落。其中，内部涨落对知识网络的形成及其演化起着决定性作用，但同时也不能忽略能起到"催化剂"作用的外部涨落。知识网络的内部涨落有：网络节点的退出或新网络节点的进入；网络节点之间的知识、人才等资源的流动；网络节点之间的知识合作所实现的知识创新；网络节点目标的改变；等等。外部涨落则侧重于知识网络的外部环境，如政府行为的变动、社会政策的变动、经济规律的作用等。这些涨落现象在知识网络的整个演化过程中频繁发生，对知识网络进行"创造性的破坏"，带来知识网络结构和功能的演化与发展。

事实上，涨落代表了系统一种随机探索新结构的趋势。知识网络组织之间的非线性相互作用，如组织之间的知识流动、知识共享、知识整合及知识创新的过程，必然引起知识网络系统内部的涨落，从而促使知识网络系统改变原有结构，向新的有序结构进行探索。因此，涨落是知识网络系统演化达到有序状态的直接诱因。

6.3　知识网络的演化机制

知识网络的演化机制是指在知识网络的动态演化过程中，知识网络各知识网络成员及各要素之间的相互作用和相互影响的机理。知识网络的演化机制主要有动力机制和反馈调节机制。

6.3.1　动力机制

知识网络系统演化的动力可能来自系统内部和系统外部。其中，系统外部的动力是指环境的变化，以及环境与知识网络系统相互联系和作用方式的变化，这些外部动力会在不同程度上影响系统内部，最终导致知识网络系统整体特性和功能的改变。但是，知识网络系统演化的动力主要来自系统内部。协同学理论创始人哈肯认为，系统内部的各个子系统通过竞争与合作而协同，从而促使竞争中的趋势优势化，最终形成序参量，从而支配系统从无序到有序，实现自组织。不同子系统之间的竞争与合作，一方面使系统达到了远离平衡态的自组织演化的条件，另一方面推动了系统从无序到有序的演化（哈肯，2005）。因此，知识网络演化的根本动力是知识网络成员之间的相互作用——竞争与合作。组织之间的竞争与合作紧密联系在一起，共同推动了知识网络的协同演化。

1. 竞争

竞争是指个体对有限资源的共同需要所引起的相互作用。竞争导致个体组织改变其形态、功能等特征，进而提高其适应环境的能力。知识网络内部组织之间通过竞争，淘汰一些不能有效利用资源的组织，保留下一些具有较强竞争能力的组织，通过市场选择使环境适应性最强、生存潜力最大、资源利用最充分的组织得以延续，并促进了有限知识资源的重新分配，推动知识网络结构和功能的不断演化。可以用一个数学模型来说明竞争对知识网络演化的意义。

（1）模型设计

为了使模型易于刻画，假设知识网络中只有两个组织 A 和 B，它们的网络位置和在网络中所起的功能作用相同，并忽略知识的外溢性。由于网络内创新资源是有限的，两个组织不可避免地产生争夺创新资源的竞争。

基于以上假设，构建 A 组织和 B 组织的竞争模型如下：

$$\frac{\mathrm{d}y_1}{\mathrm{d}t} = r_1 y_1 \frac{N_1 - y_1 - \alpha y_2}{N_1} \quad (6\text{-}1)$$

$$\frac{\mathrm{d}y_2}{\mathrm{d}t} = r_2 y_2 \frac{N_2 - y_2 - \beta y_1}{N_2} \quad (6\text{-}2)$$

式中，$\mathrm{d}y_1 / \mathrm{d}t$ 和 $\mathrm{d}y_2 / \mathrm{d}t$ 分别为两个组织的创新产出增长率；y_1 和 y_2 分别为两个组织的创新产出；r_1 和 r_2 分别为两个组织的创新效率；N_1 和 N_2 分别为由资源禀赋所决定的两个组织各自的最大创新产出水平，最大创新产出水平反映了其利用创新资源的能力，N_1 或 N_2 越大，说明该组织利用创新资源的能力越强，在竞争中拥有更大的优势；α 和 β 分别为两个组织的竞争系数，其中 α 为在知识网络内部，B 组织对 A 组织产生的影响效应，同样地，β 为知识网络内部，A 组织对 B 组织产生的影响效应。竞争系数 α 和 β 可以理解为竞争对手的竞争能力可以互相转化的转换系数，从而可以将相互竞争的两个组织放在同一体系中进行对比分析。

式（6-1）和式（6-2）表示了知识网络内部两个组织的相互影响，一个组织的最大创新产出会因另一个组织的存在而减少。

（2）模型分析

用直观的图解法来分析不同条件下组织之间的竞争可能产生的结果。具体结果如下。

在图 6-1（a）中，横坐标表示 A 组织的创新产出；纵坐标表示 B 组织的创新产出折算为与 A 组织等价的创新产出，即 y_1/α。同理在图 6-1（b）中，纵坐标表示 B 组织的创新产出；横坐标表示 A 组织的创新产出折算为与 B 组织等价的创新产出，即 y_2/β。图 6-1 中的斜线分别表示了 A 组织和 B 组织平衡时的条件，即 $dy_1/dt=0$ 和 $dy_2/dt=0$。

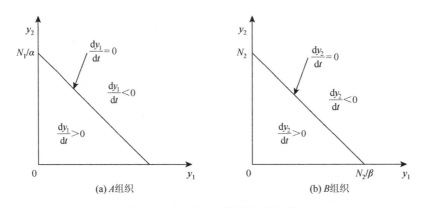

图 6-1　竞争组织创新资源等值线

就 A 组织而言，最极端的两种情况是：①知识网络的创新资源全部被 A 组织所利用，即 $y_1=N_1$，$y_2=0$；②知识网络的创新资源全部被 B 组织所利用，即 $y_1=0$，$y_2=N_1/\alpha$。

这两种极端的情况正如图 6-1（a）中斜线的两个端点所示。连接这两个端点的斜线代表了平衡条件。对于 B 组织，可应用图 6-1（b）作同样的分析。

模型中各参数值的不同，导致两个组织竞争的结局将取决于 N_1、N_2、N_1/α 和 N_2/β 数值的大小。为了较直观地表示出以上参数对竞争格局的影响情况，将图 6-1（a）和图 6-1（b）重叠起来，将出现图 6-2 所示的四种可能的情况。

第一种情况：$N_1 > \dfrac{N_2}{\beta}$，$N_2 < \dfrac{N_1}{\alpha}$，即 $N_1 > \alpha N_2$，$N_2 < \beta N_1$。

N_1 为 A 组织与 B 组织竞争系统的平衡点。对于 A 组织来说，在与 B 组织竞争的过程中，其创新资源利用能力强于竞争对手可比较的竞争能力；而对于 B 组织来说，在与 A 组织竞争的过程中，其创新资源利用能力弱于竞争对手可比较的竞争能力。因此，A 组织在竞争中取胜，并达到了最大创新产出水平 N_1。B 组织在竞争中被淘汰，或通过调整与改进自己的创新能力和在网络所处的位置来实现自身的延续及发展。

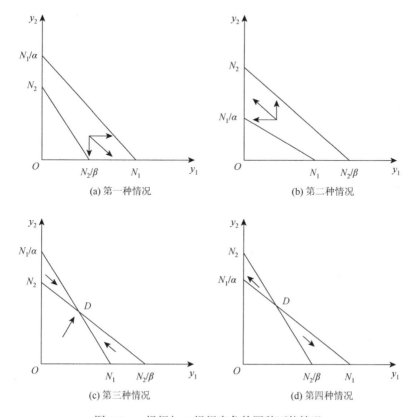

图 6-2 A 组织与 B 组织竞争的四种可能情况

第二种情况：$N_1 < \dfrac{N_2}{\beta}$，$N_2 > \dfrac{N_1}{\alpha}$，即 $N_1 < \alpha N_2$，$N_2 > \beta N_1$。

第二种情况与第一种情况正好相反。N_2 为 A 组织与 B 组织竞争系统的平衡点。B 组织的创新资源利用能力强于 A 组织的可比较的竞争能力；A 组织的创新资源利用能力弱于 B 组织的可比较的竞争能力。竞争的结果是 B 组织在竞争中获胜，并且达到了最大的创新产出水平 N_2。A 组织在竞争中被淘汰，或者通过调整和改进自己的创新能力及其在网络所处的位置来实现自身的延续和发展。

第三种情况：$N_1 < \dfrac{N_2}{\beta}$，$N_2 < \dfrac{N_1}{\alpha}$，即 $N_1 > \alpha N_2$，$N_2 > \beta N_1$。

D 点为 A 组织与 B 组织竞争系统的平衡点。对 A 组织而言，在与 B 组织竞争的过程中，其创新资源利用能力强于 B 组织的可比较的竞争能力；对 B 组织来说，在与 A 组织的竞争过程中，其创新资源利用能力也强于 A 组织的可比较的竞争能力。因此，在这种情况下，两个组织各自拥有一定的竞争优势，因此竞争结果将出现稳定的两个组织共存的局面。

第四种情况：$N_1 > \dfrac{N_2}{\beta}$，$N_2 > \dfrac{N_1}{\alpha}$，即 $N_1 < \alpha N_2$，$N_2 < \beta N_1$。

在这种情况下，A 组织与 B 组织的竞争系统有两个可能的平衡点，即 N_1 或 N_2。由于两个组织对知识网络内部创新资源的利用能力都弱于竞争对手可比较的竞争能力，没有比较竞争优势。因此，两个组织竞争的结果将取决于创新资源的初始状态对哪一方更有利。

通过以上四种情况的分析可以看出，知识网络内部两个组织的竞争结果与 N_1、N_2、α 和 β 四个参数有关。组织之间的竞争结果不仅取决于每个组织自身利用创新资源能力的大小，还与竞争对手对自身影响的大小有关。组织之间的竞争带来了两个方面的作用：一方面有利于知识网络整体创新产出率的提高和创新资源的充分利用，促使知识网络不断地由低级向高级演化，体现了知识网络进化的意义；另一方面促使组织不断改变自己的网络位置和功能作用，推动了知识网络的结构演化。

2. 合作

知识网络组织之间既相互竞争、相互制约，又相互协调、相互受益。它们通过竞争获取资源，求得自身的生存和发展；又通过合作共同进化，从而提高资源的利用效率，求得和谐与发展。知识网络成员之间正式与非正式的合作和互动关系是知识转移及知识共享的最直接、最重要的形式。知识网络成员之间通过合作，不仅可以分担某些领域内巨额的研发费用和巨大的研发风险，还可以达到知识共享、优势互补的作用，促进单个知识网络成员和知识网络整体目标——知识创新的实现。各知识网络成员在合作过程中，知识网络内部的创新资源，特别是知识、技术等高级要素能够合理流动，并实现最优组合，有利于知识网络系统整体创新能力的提高，从而推动其协同演化。

仍以本节中的模型进行分析。由于 A、B 两个组织之间的相互合作促进了知识网络内部创新资源利用效率的提高，方程中的最大创新产出 N 将因为另一个组织的存在而增加。此时，两个组织的竞争模型可表示为

$$\dfrac{\mathrm{d}y_1}{\mathrm{d}t} = r_1 y_1 \dfrac{N_1 - y_1 - \lambda y_2}{N_1 + \lambda y_2} \tag{6-3}$$

$$\dfrac{\mathrm{d}y_2}{\mathrm{d}t} = r_2 y_2 \dfrac{N_2 - y_2 - \mu y_1}{N_2 + \mu y_1} \tag{6-4}$$

式中，λ 为 B 组织对 A 组织创新产出的贡献系数；μ 为 A 组织对 B 组织创新产出的贡献系数。由于在现实中，知识网络成员的创新产出不可能被无限制地增大，知识网络成员之间仅存在一定程度上的依赖（何继善和戴卫明，2005），因此式（6-3）

和式（6-4）中的 λ 和 μ 均为大于 0 且小于 1 的数值。当两个组织具有相等的创新效率时，两个组织竞争的均衡解为

$$y_1 = (N_1 + \lambda N_2)/(1 - \mu\lambda) > N_1 \qquad (6\text{-}5)$$

$$y_2 = (N_2 + \mu N_1)/(1 - \mu\lambda) > N_2 \qquad (6\text{-}6)$$

由此可见，知识网络成员之间的相互合作使平衡时各知识网络成员的创新产出都大于原有的最大可能的创新产出水平，从而推动了知识网络整体的创新能力的提高。

面对环境的变化和压力，各知识网络成员通过彼此间的竞争与合作谋求自身的生存与发展，从而推动了知识网络的协同演化。竞争使知识网络对环境的适应能力得以提高，并促进了知识网络的结构演化；合作使知识网络成员之间通过相互协调和影响实现了在一定条件下的生存平衡与持续发展，两者是推动知识网络演化的根本动力。

6.3.2 反馈调节机制

在研究知识网络的演化过程中，反馈调节机制是一种重要的机制，对知识网络的发展和演进产生着重要的影响。所谓反馈是指系统输出的全部或部分通过一定的通道反送到其输入端，从而对该系统的输入和输出施加影响作用的过程（秦书生，2004）。反馈调节机制是系统的复杂性演化机制，具体是指用反馈的方法使被控量的值和其目标值进行比较，然后根据比较结果对输入端的值进行修正，以达到被控量的值和目标值一致的目的（秦书生，2004）。该机制所表示出的环状结构关系如图 6-3 所示。由于知识网络演化过程中存在着高度的不确定性，通过反馈调节机制能够优化知识网络运行效果，实现知识网络的协调发展与演化。

图 6-3　反馈调节机制环状结构关系

非线性系统存在的反馈分为正反馈和负反馈两种，因此相应地，对于知识网络这一非线性系统来说，反馈调节机制也有正反馈机制和负反馈机制两种。

1. 正反馈机制

正反馈是指以现在的行为结果（输出）去加强未来的行为（输入）。在非线性系统中，正反馈机制一般是一种激励机制，同时也是信息的放大机制（许国志，

2000）。也就是说，正反馈机制起的是一种正向加强的作用，简单地说，就是"好的更好，坏的更坏"。

例如，在知识网络系统中，各知识网络成员通过谈判和沟通，建立起较好的网络机制，如信任机制、激励机制、利益分配机制等，那么知识网络成员之间的合作会随着合作频率的增加而越来越有效率，良好的知识网络运行效果会对各知识网络成员的行为起到激励作用，知识网络成员之间的相互信任会得到加强，知识网络成员之间的知识流动和知识共享等合作也会越来越默契，这有助于知识网络的顺利运行和进一步发展。这时，正反馈机制对知识网络内部各成员组织的行为起到的是"正效应"。如果知识网络系统中的某个成员组织，因为信息不对称及追求自身利益最大化而产生了机会主义行为，而知识网络内的其他成员组织对此没有反应，或者纵容了这样的行为，那么，该成员组织的机会主义行为会因为正反馈得到"激励"，它会在以后与其他成员组织的合作中继续这样的行为。这时，正反馈机制对知识网络成员组织的行为起到的是"负效应"。由此可见，当知识网络系统由于某种原因偏离平衡点后，正反馈机制会使系统进一步偏离平衡点，使系统趋于不稳定，甚至出现崩溃。

2. 负反馈机制

负反馈是指以现在的行为结果（输出）去削弱未来的行为（输入）。负反馈机制是非线性系统的抑制机制、稳定机制和信息的衰减机制（许国志，2000）。

负反馈机制是非线性系统中大量存在和被使用的一种调节机制。延续本节中所提到的知识网络某成员组织产生的机会主义行为的例子。当这种行为发生之后，其他成员组织做出的反应是减少与该成员组织的知识合作，或不再与该成员进行合作，而知识网络建立之初成员组织所共同设立的约束机制或惩罚机制对该成员组织的行为也进行了相应的惩罚，那么，该成员组织会意识到自己的不当行为将带来一系列不良后果，从而尽量减少或停止这样的行为。这时，负反馈机制所起到的调节作用会使偏离平衡点的系统再次回到平衡点，使系统趋于稳定。因此，负反馈机制一般表现为一种约束机制，负反馈机制的恰当运用可以促进有利的正反馈机制，克服正反馈机制的破坏作用。

知识网络系统内部各子系统及各要素的相互作用，可以形成自反馈调节机制。在这种机制的作用下，知识网络系统内部的熵增趋势会趋于衰减。而正是通过这种正负反馈的反复循环，知识网络系统才能不断发展和演化。

6.4 知识网络的结构演化过程

知识网络的形成与演化过程伴随着合作和竞争，这与生物进化论的精髓思想相契合。著名生物学家托马斯（L. Tomas）认为，自然界的"适者"并不是最强壮、最精明的物种，而是最能与其他生物和睦共处的物种（吴敏锦和刘刚，2004）。事实上，对于知识网络系统来说，为适应社会环境的变化而进行的组织和结构的变化都是一种超循环进化行为。因此，本节从生命形成的超循环理论的视角，对知识网络的结构演化过程进行研究。

6.4.1　超循环理论内涵

超循环理论的创立者艾根认为，生命信息的起源是一个采取超循环形式的分子自组织过程，他将生物化学中的循环现象分为由低到高三个不同的等级。

1）转化反应循环，在整体上它是个自我再生的过程。

2）催化反应循环，在整体上它是个自我复制的过程，催化反应循环是比转化反应循环更高级的循环组织形式，只要在某一反应循环中存在一种中间物，能够对反应本身进行催化，这个反应循环就成了催化反应循环。

3）催化超循环，是催化反应循环在功能上循环耦合联系起来的循环，是一种更高级的循环，或者说是循环的循环，其显著性质是有整合性，允许相互竞争的子系统之间形成协同作用。

简单地说，就是简单的反应循环构成催化循环，而若干催化循环构成更为高级的催化超循环。催化超循环系统是有等级性的循环发展系统，这个系统中的每个元素既能自我复制，又能对下一元素的产生提供催化作用，超循环系统通过组织内各个单元间的相互作用形成自组织机制，从而使系统向更高的有序状态进化（艾根和舒斯特尔，1990）。

艾根通过研究后发现，除了生物系统，包括自然系统和社会经济系统在内的所有系统，都是依赖超循环结构向前进化和发展的（李建华和傅立，1996）。

6.4.2　知识网络的超循环特征

知识网络是企业与高校、科研院所、供应商、客户甚至竞争对手等合作伙伴为了进行知识共享和知识创造而形成的一种网络组织，是一种长期的、有目的的组织安排，也是具有开放性的无边界组织，这与大分子向具有细胞结构的原始生命进化中的中间组织形态——超循环体之间具有极大的相似性。因此，可将知识网络视为一个生命系统，系统内部包括相互独立又相互关联的企业、供应商、高校、科研院所等网络节点，系统外部包括与之相关的社会经济环境、资源等。知识网络系统内的知识共享与知识创造活动，以及在网络形成演化过程中进行的组织、结构变化是一种超循环进化行为。在知识网络的演化过程中，各节点组织既竞争又合作、协同进化，知识网络系统具有自组织超循环的本质特征，其内容如下。

（1）新陈代谢性

一个系统能够不断进化，必须通过新陈代谢来维持自身结构和功能的发展、变化。新陈代谢与系统的开放性是相联系的，知识网络系统可以与外界进行完全的物质和能量的交换，在创新及其合作创新过程中不断从外部环境获得技术、资金、设备等资源，经过系统内部的整合，消化吸收为知识网络的内部资源，实现知识创新，通过新陈代谢来维持系统的自身组织及其结构的存在。这样的动态调整能使整个知识网络系统以最佳状态面对外界环境的变化。

（2）自稳定性

为了克服熵增，系统必须在内部形成一种自稳定机制。自稳定机制包括负反馈机制和自复制机制。

所谓负反馈机制，如 6.3.2 小节所述，是指通过比较输出值与目标值的偏差，对偏差进行修正和控制，从而实现系统预定目标的过程。负反馈机制是系统内部各子系统之间通过相互作用形成的一种动态自稳定机制。任何一个开放系统要不断发展和演化，都离不开负反馈的调节作用。

自复制机制是更为复杂的系统稳定机制。进化系统之所以能够维持自身的存在和种族的原有特征，是因为它们具有遗传或自复制的能力。如果没有自复制，进化就失去了基础。

知识网络的组织结构具有自稳定性，当外界环境发生变化，系统内原有的平衡被打破时，系统可以通过自我调节与外界环境进行物质能量交换达到新的平衡。知识网络的各子系统（各网络节点）在创新过程中，通过自我积累经验、技术，使本身的技术水平、研发人员的素质不断提高，研发规模不断扩大、研发能力不断增强，从而实现了自我的不断复制。

（3）突变性

在知识网络中，突变表现为系统内外诸如政治、经济环境的变化，不连续技术创新，市场需求的改变等的出现对知识网络组织之间合作作用的影响。知识网络系统内的各子系统（各网络节点）具有优势互补协作关系，它们在合作中彼此信任、共同发展。当系统面临突变时，各子系统可以迅速识别突变，并接受突变。知识网络进化过程中的突变是引导合作不断进化和趋于稳定的推动力，充分利用有利的各种突变因素，可以使知识网络以更快的速度、更大的规模进行螺旋式升级。

（4）选择自评价性

选择自评价是指系统在内部各子系统的相互作用及与环境的相互作用中，形成的关于系统好坏与否、演化与否的自评价作用和如何演化的选择作用。

在知识网络中，因为各子系统是相对独立的，各子系统通过合作而结合，所以知识网络系统内的自评价机制是"竞争"，通过竞争，超循环对知识网络系统内部各部分进行选择，竞争的结果是优胜劣汰。知识网络系统内竞争与合作、协同并存，从而推动知识网络系统不断进化。

6.4.3　知识网络演化的超循环模型

知识网络系统由企业、高校、科研院所、供应商等子系统构成，知识在各子系统之间流动，实现知识共享和知识创造。知识网络的动态演化过程是一种超循环进化行为，超循环增强了知识网络的稳定性，促进了各子系统的共同发展和进化。在知识网络系统中存在反应循环、催化循环、催化超循环三种循环。

1. 知识网络的反应循环

反应循环是最低级的组织形式，知识网络的各个子系统中均存在反应循环。例如，在企业这个子系统中，其研发、生产、营销等部门分别存在研发循环、生产循环、营销循环；在高校子系统中，不同的课题小组也存在着相应的研发循环。这些反应循环有序进行，保证各单元功能的实现。以知识创新的一个研发项目的反应循环为例，如图 6-4 所示。

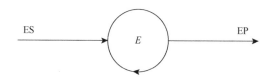

图 6-4　知识网络子系统的一个研发项目的反应循环

图 6-4 为某企业的研发部门或某高校的课题小组所进行的知识网络子系统的一个研发项目的反应循环。其中，ES 为企业的研发部门或高校的课题小组输入的研发目标和信息，E 为投入的设备、人力、费用等各种资源，EP 为得到的新知识、新技术。与艾根和舒斯特尔（1990）给出的反应循环的定义相对应，ES 为反应循环中的反应物，E 为反应所需的催化剂，EP 为反应的产物。

2. 知识网络的催化循环

催化循环是多个互相催化的反应循环的组合，相当于具有新陈代谢作用和自复制的机制。以知识网络的高校子系统为例，高校内的若干个课题小组在进行课题或项目研究时有两种方式：一种是两个或多个课题小组合作研究一类课题，另一种是一个课题小组研究多类课题。

　　无论哪一种课题研究方式，一次良好的研究结果对下一次的课题开展均具有良好的催化作用，可以为下一次研究提供更多的思路、经验，促成更多的课题完成。换句话说，一个课题的成果 EP 是另一个课题的输入 ES，各课题小组既竞争又协同，形成相互联系、彼此依赖的关系，构成一个互为因果的催化循环，如图 6-5 所示。

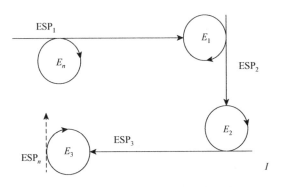

图 6-5　知识网络高校子系统的催化循环
虚线箭头表示无限多个

　　在图 6-5 中，I 为知识网络中高校子系统的催化循环，其中 $ESP_1, ESP_2, \cdots, ESP_n$ 为一个个研究课题，$E_1, E_2, \cdots, E_n$ 为人员、设备、经费等投入。高校内的催化循环是比反应循环更为高级的循环，它由多个相互联系的反应循环构成，具有更强的自稳定性、自我信息保持和自我复制能力。正是由于催化循环，各课题小组的知识传递和知识创新速度呈非线性增加。如果高校内只有孤立的课题小组存在，其研究工作将缺乏外部的激励和催化支持，因而缺乏活力（桂萍和陈剑峰，2002）。而一系列的课题小组构成的催化循环内充满了相互合作和相互支持的氛围，有利于系统的进化，当外界环境发生变化时，系统有着更强的自稳定性和抗风险能力，这使其竞争优势不断增强。

3. 知识网络的催化超循环

　　企业、高校等子系统内存在的反应循环和催化循环增强了这些子系统的稳定性，提升了其竞争力。但随着经济的发展和分工的细化，孤立的企业或高校等子系统不可能拥有所有的资源和能力，仅仅依靠自身资源自给自足变得越来越困难。因此，它们通过建立知识网络来获取外部的知识资源、提升自己创造价值的能力。

　　催化超循环是若干个催化循环联合构成的循环，是更为高级的循环。企业、高校等子系统的各催化循环在功能上耦合起来，相互提供催化支持，便形成了知识网络这样一个催化超循环系统，如图 6-6 所示。图 6-6 中的 ESP_1, ESP_2, …, ESP_n 是超循环产生的知识成果；I_1, I_2, …, I_n 是各知识网络子系统的催化循环。通过知识网络这样的催化超循环系统，知识在各知识网络子系统间流动、共享，同时加速了知识的创新，各知识网络子系统既竞争又协同，从而选择和进化，促使知识网络系统不断演化升级。

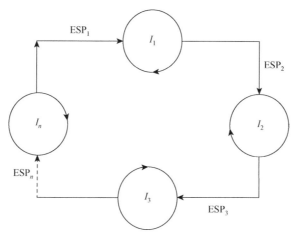

图 6-6　知识网络的催化超循环系统

虚线箭头表示无限多个

6.4.4　基于超循环理论的知识网络演化过程分析

1. 超循环演化原理

根据艾根的论证，生命系统的演化是以超循环结构的形式，通过个体的复制、突变和选择机制实现的（徐向宏等，2002）。艾根和舒斯特尔（1990）引入"拟种"的概念揭示超循环组织的形成演化方式，具体过程如图 6-7 所示。

在图 6-7 中，I_1、I_2 表示两个密切相关的基因突变体，I_1 编码复制酶为 E_1，I_2 编码复制酶为 E_2。由于 I_1、I_2 这两个基因突变体关系密切，它们的编码复制酶可以识别两种有细微差别的核酸序列，同时，由于编码复制酶与核酸序列结合的紧密程度不同，编码复制酶可以表现为有利于本身复制的自我增进，或有利于对方复制的交互增进两种方式。如果编码复制酶 E_1 有助于 I_2 的自复制，而编码复制酶 E_2 有助于 I_1 的自复制，那么 I_1 和 I_2 的自复制都离不开对方的支持，两个主体从而产生一种自我增进和相互增进的耦合作用，形成一个以超循环方式稳定存在的二元系统，如图 6-7（a）所示。

在二元系统形成后，由于随机涨落和突变等原因，可能出现一个不稳定的 I_2 的基因突变体 I_2'（即"拟种"），I_2' 编码复制酶为 E_2'，如图 6-7（b）所示。I_2' 或者

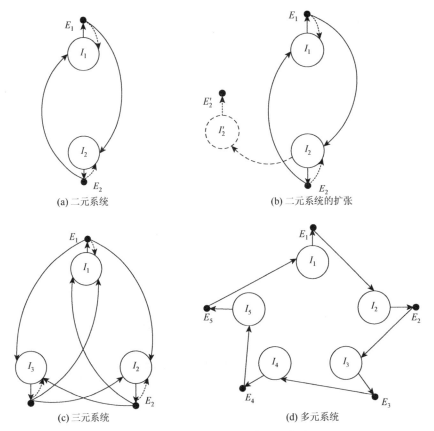

图 6-7　超循环组织的形成演化方式过程

虚线箭头表示无限多个

取代 I_2，或者消亡，或者并入到此超循环中。如果 I_2' 是有意义的变异，同时变异体 I_2' 的编码复制酶 E_2' 比 E_2 更有助于 I_2 的复制，并且 I_1 的编码复制酶 E_1 也有利于 I_2' 的复制时，就会形成新的耦合，变异体 I_2' 会加入到超循环中，原来由两个实体组成的超循环将进化为由三个实体组成的超循环，如图 6-7（c）所示。随着个体不断地产生变异和自然选择，越来越多的新个体和编码复制酶整合到循环中，自组织形成多元复杂超循环组织，推动系统向更高层次演化，如图 6-7（d）所示。

2. 知识网络演化过程分析

知识网络是由多条知识链构成的网络体系，企业参与的双边知识共享与合作关系是最简单的知识链，也是知识网络架构最基本的组成部分。双边二元关系网络的建立是知识网络形成的起点，因此，要分析和理解知识网络的整个动态形成演化过程，就要从双边合作关系的形成开始。

如图 6-7（a）所示，企业 I_1（基因突变体）与其他组织 I_2 可能形成知识共享与合作关系,当 I_1、I_2 所拥有的知识创新能力、知识资源及合作意向 E_1、E_2(即编码复制酶)对对方有利时,它们将形成互相增进的耦合关系,继而形成超循环组织。这样的超循环组织将表现出群体优势,双方在合作中优势互补、互惠互利,知识通过在两个组织之间的流动实现知识共享和知识创新。企业的竞争优势在与其他组织的合作过程中得到加强,企业自身与合作伙伴及它们的协作创新模式得到共同进化。

当二元系统形成之后,知识网络超循环组织周围会出现"拟种",即潜在的有合作意向和能力的其他组织,如图 6-7(b)所示。如果"拟种" I_2' 所拥有的知识资源和知识创新能力是 I_2 所需要的,而且更利于与 I_1 的合作时,I_2' 将加入该超循环,成为 I_3,从而形成三元系统,如图 6-7(c)所示,否则可能被排除在该超循环组织之外。

经过不断变异和选择,知识网络由最初的二元系统逐渐演化成多元系统,如图 6-7(d)所示,整个网络组织的结构和功能随之不断升级。知识通过在整个网络组织之间的流动而实现知识共享和知识创新。

6.4.5　案例浅析

硅谷位于美国加利福尼亚州的北部,旧金山的南部,是由邻近的多所高校与微软、谷歌等众多的高科技企业、风险投资机构、综合服务机构等聚集而形成的巨大的知识网络体系。从 20 世纪 60 年代起,硅谷知识网络体系不断演化,成为世界高科技工业的中心,创造了巨大的物质财富和知识财富,取得了举世瞩目的成就。不仅如此,这个知识网络体系中的网络节点——众多的高科技企业也得到了快速发展,创造出了一个个"硅谷奇迹",如思科系统、雅虎等公司,其在短短若干年内就从名不见经传的小公司迅速成长为世界 500 强企业。

硅谷创造的一切奇迹的重要原因在于,硅谷知识网络体系是一个超循环系统,在不断演化过程中,知识网络的各个网络节点能不断地自我互动循环,保持着硅谷知识网络整体的持续发展及其网络节点的快速成长。

首先,硅谷知识网络通过自评价机制进行自我选择和自我优化。硅谷知识网络内部存在着广泛的知识合作,但并不意味着缺乏竞争。知识网络内的各网络节点之间,如企业之间甚至高校与企业之间均存在着激烈的竞争,通过这种合作与竞争,硅谷知识网络的网络节点优胜劣汰,使整个知识网络体系不断演化,并向着更高级别和功能进化,并在与全球其他知识网络系统的竞争中保持全球技术领先者的地位。

其次,硅谷知识网络体系具有更强的自稳定性和抗风险的能力。在这个巨大的生态系统中,以斯坦福大学为首的高校不断为该知识网络内其他网络节点输入高科技技术和高科技人才，给该知识网络不断补充新鲜血液；同时众多高科技企业也不断投资于各个高校，加速技术开发和人才培养。各个网络节点在相互合作与竞争过程中，不断积累经验，使科研水平和研发人员素质不断提高，从而促进知识网络整体的不断演化和发展壮大。

第 7 章　知识网络的生命周期

知识网络在形成与演化的过程中显现出一定的周期性和规律性，本章对知识网络的生命周期进行研究，构建了知识网络的生命周期模型，并对知识网络生命周期的阶段判定进行了研究。

7.1　生命周期理论回顾

生命周期原本是一个生物学领域的概念，是指生物有机体包括出生、成长、成熟、衰老直至死亡在内的整个过程。20 世纪 50 年代开始，有学者将生命周期理论引入到经济管理领域，用于研究产品、企业、产业、产业集群等的产生、发展和消亡的全过程，借以描述其演化过程的动态性。

（1）产品生命周期理论回顾

产品生命周期的概念最早由 Dean（1950）和 Levirt（1965）提出，其目的是用于研究产品的市场战略。当时，按照产品在市场中的演化过程，学者将产品的生命周期划分为推广、成长、成熟和衰亡阶段（Rinkd and Swan，1979）。此后的 50 多年，产品生命周期的概念和内涵不断发展变化。Verson（1966）、Greiner（1972）、Sanderson 和 Uzumeri（1995）相继提出了自己的观点并完善了产品生命周期理论，用于解释国际贸易中比较优势的来源和演化过程。

（2）企业生命周期理论回顾

Davis 和 Landis（1951）开启了组织生命周期研究的先河。Haire（1950）最早提出了企业生命周期的概念，他指出可以借鉴生物学理论，将企业看作一种生命现象，用生物体生命的发展演化规律来比拟企业的成长和扩张过程（魏光兴，2005）。美国哈佛大学的 L. Greiner 在 1972 年发表的《组织成长中的演变与变革》一文中再次定义了企业生命周期的概念，并围绕该概念进行了较为深入的探讨，他把企业生命周期划分为创业阶段、指导阶段、分权阶段、协调阶段和合作阶段五个阶段，Greiner 关于企业生命周期理论的研究被看作这一理论的开端。

自从企业生命周期理论问世以来，不少学者对此进行了深入研究，在 Greiner 的研究基础上进一步丰富和发展了企业生命周期理论，提出了不同见解。其中，最为著名的是美国管理学者伊查克·艾迪思（Ichak Adizes），他于 1989 年出版的《企业生命周期》被看作企业生命周期理论研究的经典之作，他从分析企业成长的阶段性特征入手，将企业生命周期细化为三个阶段 10 个时期，即：①成长阶段，包括孕育期、婴儿期、学步期；②再生与成熟阶段，包括青春期、盛年期、稳定期；③老化阶段，包括贵族期、官僚初期、官僚期及死亡期。

（3）产业生命周期理论回顾

产业生命周期的研究始于 20 世纪 80 年代，是由产品生命周期的研究演变而来。产业生命周期理论存在多个流派，较早提出产业生命周期这一概念的是 Gort 和 Klepper（1982），其研究对象是某一产品集合的整体形成的产业的发展规律，研究目的是考察单一产业的演化规律及应用。产业部门是以产品的生产和销售作为基础，因此，产品生命的周期性运动客观上决定了产业部门生命周期的变化规律。只是在持续时间的长度上，产业生命周期长于产品生命周期。通过研究，Gort 和 Klepper 将产业生命周期划分为探索期、成长期和成熟期三个阶段。

其后的一些学者，如 Utterback（1996）、Geroski（1995）、Agarwal（1997）等，在经验性研究中发现，许多产业在演进过程中都会经历"淘汰"这一过程，因此，衰落期也是产业演化过程不可缺少的一个阶段。

（4）产业集群生命周期理论回顾

与产品或产业生命周期类似，产业集群也存在一个发生、发展和衰落的形成与演化过程。Porter（1998）通过对产业集群的成长过程进行研究，认为产业集群的形成和演化存在生命周期形态，并把产业集群的生命周期划分为萌芽、演进和衰落三个阶段，同时分析了产业集群解体的原因及产业集群生命周期与集群竞争力的关系。Tichy（1998）借鉴了 Vernon 的产品生命周期理论，从时间维度考察了产业集群的形成和演化，将产业集群生命周期划分为诞生阶段、成长阶段、成熟阶段和衰退阶段。

中国学者也提出了自己的看法。魏守华（2002a，2002b）将产业集群划分为发生期、成长期和成熟期三个阶段，并比较分析了每个阶段的特征，进而提出了集群进行动态划分的依据。而盖文启（2002）则通过对区域创新网络演进过程的研究，将集群演进划分为网络形成阶段、网络成长和巩固阶段、网络逐渐移植的高级阶段三个阶段。

7.2 知识网络生命周期的各个阶段

知识网络作为一种网络组织形式，与其他组织系统一样，也具有从产生、发展到终止的生命周期。也就是说，知识网络形成与演化的动态过程具有周期性和规律性。知识网络的形成、发展源于外界环境对组织之间知识共享和合作创新的需求，当组织之间的知识共享的实现得到满足或合作的机会消失时，知识网络就会失去运作、发展的前提和基础，因此知识网络将逐渐衰退或解体。本节依据 Tichy

（1998）提出的产业集群的生命周期模型，将知识网络的生命周期依次划分为四个阶段：孕育形成期、成长发展期、成熟期、衰退期或解体期，如图 7-1 所示。

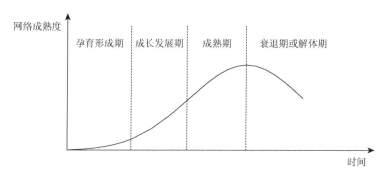

图 7-1　知识网络的生命周期

　　对知识网络的生命周期的研究，将有助于把握知识网络形成与演化的规律，从而针对其生命周期各个阶段的特征制定相应的知识管理策略和措施，以提高知识网络运行效率和知识网络整体的创新能力与水平。

　　理解知识网络的生命周期需要注意以下两个方面。

　　第一，知识网络是一个复杂的社会系统，本节提出的知识网络形成与演化的生命周期只是一般性的规律总结，并不一定适用于所有的知识网络。不同的知识网络由于所处的环境、地域、行业等因素的不同，其生命周期各阶段的特点也不尽相同，但大致都会经历从产生、发展到终止的过程。

　　第二，知识网络处在复杂的社会环境当中，影响其形成与演化的生命周期的因素有很多。因此，知识网络的生命周期并不是一个简单的时间序列，本节只是人为地将知识网络的形成与演化过程划分为几个阶段，并不是说所有的知识网络都一定按照理论模式发展演化。

7.2.1　孕育形成期

　　知识网络生命周期的第一阶段是孕育形成期，这一阶段的最大标志是知识网络的初步形成。知识网络初步建立，因此此时的知识网络只是一个雏形，处于摸索发展和反复调整的阶段。

　　在孕育形成期，知识网络从孕育到形成将经历如 5.4 节所述的四个子阶段，即概念阶段、调查阶段、谈判阶段和执行阶段。在概念阶段，核心企业（盟主）通过对市场机遇的识别明确其自身的知识需求，从而提出构建知识网络的设想，并确定初始期望，从而进入下一个阶段。在调查阶段，企业将对有需求意识的企业或其他形式的组织，如高校、科研院所等进行调查，从而确定潜在的合作伙伴。在谈判阶段，企业与备选合作伙伴进行谈判和沟通，敲定各项合作细节，确定最终的合作伙伴，并与合作伙伴一起设定整个知识网络的战略目标。在执行阶段，知识网络初步形成，知识网络的各知识网络成员正式开展合作关系，并在实施过程中通过反馈调节机制对知识网络的实际运行进行调控。

由于还是处于探索阶段，从网络形态来看，处于这一阶段的知识网络还不够完善，知识网络成员之间，即网络节点之间的合作还不是很多，各网络节点间的互动也比较少，网络节点间的连接不够紧密。因此，政府的行为及政策在知识网络形成初期起到了非常重要的作用。政府制定优惠政策、营造创新环境，以及利用相关政策对知识网络的组建进行引导和扶持，有助于加强组织之间的知识共享和知识流动，推动组织之间的合作创新。

孕育形成期最大的特点是成长出根植于知识网络系统的创新氛围。随着知识网络各知识网络成员之间合作关系的逐步发展，合作创新的氛围也日益浓厚。谈判阶段所制定的各项契约性条约及知识网络的运作细则在知识网络形成初期得到不断调整和完善。另外，知识网络创新主体之间合作的加强也促进了创新基础的发展。例如，为了促进组织之间的知识共享和知识流动，各创新主体开始加紧进行创新平台和知识数据库的建设，以提高合作创新的运行效率。

尽管知识网络在孕育形成期的创新能力并不是很强，但却是逐步缓慢提升的。随着知识网络成员之间的合作频率的增多、合作关系的加强，创新氛围不断优化，创新基础和网络制度逐步完善，知识网络逐步迎来了高速发展的时期。

7.2.2　成长发展期

知识网络生命周期的第二个阶段是成长发展期。随着组织之间合作关系的加强，以及知识网络内部软硬件条件的逐步完备，知识网络快速发展，网络创新能力得到突飞猛进的提升。这一阶段是知识网络成长最快的阶段。

第一，随着知识网络创新环境和网络制度的发展完善，知识网络内部知识网络成员之间，即网络节点间的关系日益密切。这一时期，各知识网络成员之间的合作关系走上正轨，知识网络成员之间的合作频率不断增加、合作范围不断扩展、合作内容不断深入。知识网络成员之间合作关系的增强不仅加强了显性知识的传播和扩散，而且加强了隐性知识的传播和扩散，并通过隐性知识进一步推动显性知识的扩散，各种新知识、新技术、新创意等得到传播和共享，各种创新资源得到快速流动。同时，知识网络成员之间合作关系的发展也提升了组织之间的信任度，知识网络成员之间的相互信任能减少各知识网络成员的投机行为，从而提高知识交流与共享的效率。知识网络中知识网络成员之间合作关系的加强、相互信任程度的提高、创新资源的快速流动形成了一个良性循环，进而促使知识网络不断发展壮大，其创新能力得到不断提升。

第二，随着知识网络的不断发展，知识网络成员之间相互联系、相互制约，不断地发生非线性作用。知识网络各知识网络成员之间的非线性作用引致了知识网络各知识网络成员之间的竞争与合作，从而共同产生整体行为，而整体行为又反作用于各知识网络成员，使各知识网络成员之间产生协同效应，促进知识网络的整体功能和网络结构不断演化。一方面，知识网络成员之间通过竞争，淘汰掉一些不能有效利用资源的知识网络成员，使知识网络的环境适应性得到提高，并促进有限资源的重新分配；另一方面，知识网络成员之间通过合作实现有限资源的最优组合，提高资源利用效率，推动知识网络成员及知识网络整体的创新能力的提升。

第三，知识网络创新能力的提升使合作创新的收益开始显现，再加上合作创新氛围的不断加强和网络制度的不断完善，更多的企业、高校、科研院所等组织被吸引进来。随着知识网络创新主体数量的不断增多，以及它们之间互动关系的更加密切，知识网络的规模不断扩大，知识网络整体的创新能力也得到同步的提升。

7.2.3　成熟期

在经过成长发展期的快速发展以后，知识网络迎来了它生命周期中的成熟期。成熟期是知识网络生命周期的第三个阶段，此时的知识网络处于发展的鼎盛阶段。之所以被称作成熟期，是因为知识网络的各个组成部分包括网络内部的软硬件条件都已发展完善，而整个网络的创新能力提升速度开始变慢，并趋于稳定。这一时期，知识网络主要呈现以下特点。

第一，在成熟期，企业、高校、科研院所等创新主体已组成一个符合所处环境的、不易外移的知识网络，且知识网络整体已具备竞争优势。经过前期的磨合，知识网络各创新主体之间的交流、学习与创新合作已形成一套切实有效的机制，基本实现了创新资源的最优组合。知识网络成员之间的合作更加有序，方向也更加明确。知识网络内部具有良好且成熟的创新与合作的氛围，各种网络机制，如惩罚机制、激励机制、信任机制、利益机制等，以及支撑知识网络运行的创新基础均发展完善，这些因素为知识网络持续、平稳地运行提供了基本保障。知识网络的核心竞争力和知识优势已经形成，具备与其他知识网络进行竞争与抗衡的能力。

第二，从网络形态看，知识网络各网络节点要素已经非常完备，网络节点数量平稳增长。通过知识网络成员之间的相互学习与合作，知识网络各创新主体的创新能力不断增强，不管是在垂直供应链上的合作分工还是水平企业之间的竞争合作，都能够实现与其他组织协调发展，协同创新。同时，知识网络各创新主体之间的合作也更加频繁，合作关系更加紧密且稳定。在企业与高校、科研院所等组织之间联系加强的同时，政府与知识网络的联系逐步弱化。在良好的创新环境下，知识网络的规模持续增长，但网络节点进入与退出的数量基本相当，因此知识网络的规模增长趋于平稳。

7.2.4　衰退期或解体期

衰退期或解体期是知识网络生命周期的最后一个阶段。所谓盛极必衰，知识网络在经历了长时间的发展以后，开始走向衰落。但并不是所有的知识网络在形成后都会经历前两个阶段才进入衰退期，衰退期可能会提前到来。

在这一阶段，知识网络的创新能力开始下降，创新绩效减弱甚至出现负增长，知识网络的规模不再增长甚至急剧萎缩。知识网络走向衰退或解体的原因是多方面的，主要有以下几个原因。

第一，在经历了成熟期以后，知识网络内部知识网络成员之间的相互依赖与共享严重抑制了创新。一方面，知识网络成员之间稳定强大的合作关系和技术联系将会固化各创新主体的创新活动范围，知识网络的灵活性和创新活力随之进一步降低。另一方面，流转于密集网络内部各知识网络成员之间的各类创新资源重复程度较高，由于新的非冗余信息更适合通过弱关系而不是强关系进行流动，关系紧密的高密度网络将会屏蔽掉外界的新信息。因此，各创新主体知识创新活动的僵化导致知识网络创新能力减弱，知识网络的学习能力和应变能力逐步丧失，导致知识创新数量不断递减。

第二，知识网络的合作模式和成功经验被同产业或同区域的其他知识网络模仿、学习，导致知识网络的竞争优势逐渐下降，创新绩效也相应减弱。同时，也有可能是同区域或同行业内出现了新的知识网络，新知识网络即竞争对手的竞争优势强于该知识网络。如果知识网络找不到新的发展机遇，不能在困境中迎难而上，知识网络将逐渐衰退。

第三，知识网络节点因为各种原因的陆续退出，将会使知识网络的规模急剧萎缩甚至解体。

1）知识网络创新主体因为实现了预期目标，或者知识网络内部的创新资源不能满足创新主体需要时，该创新主体会自动退出知识网络，寻找新的发展机遇。

2）随着知识网络的发展，创新合作带来了持续增长的收益，知识网络成员之间的竞争更加激烈，或者在合作过程中，知识网络成员之间出现了难以协调的冲突或矛盾，合作关系难以维持，因此合作各方解除合作关系，退出知识网络。

第四，知识网络是一个复杂的系统，任何一个构成要素出现问题都会影响整个网络的发展。创新环境、创新基础、创新资源、创新氛围等重要因素中任何一个遇到发展的瓶颈，都会引起整个知识网络运行效率的降低及创新能力的减弱。

知识网络周期性的衰退虽然是其本身的发展规律，但并不意味着所有的知识网络都会必定走向衰落直至解体或消失。如果知识网络能适时采取相应的策略应对危机，如进行重新定位或重新组织，那么就能使原本面临衰退或解体的知识网络突破各种瓶颈的限制，重新获取竞争优势，从而获得新的活力。

7.3 知识网络生命周期的阶段判定研究

由于自身发展演化规律的作用，知识网络面临逐渐走向衰退或解体的风险，但这并不意味着衰退是不能避免或无法防范的。我们可以针对知识网络形成与演化的生命周期不同阶段的特征和任务，做出恰当的反应，制定相应的战略与措施来规避或减弱周期性风险，尽量延长知识网络的成长发展期和成熟期，延缓衰退期或解体期的到来。这样有助于有效地实施知识管理，从而逐步完善知识网络，实现可持续发展。

为了使知识网络的管理者能够较为科学、准确地判断知识网络的发展状况，从而对知识网络进行有效治理，先要对知识网络所处的阶段进行准确的判定。由于知识网络特殊的复杂性和不确定性，本书研究采用模糊决策的方法对其生命周期进行判定。首先，在分析知识网络形成与演化的生命周期的基础上，提取各阶段的特征。其次，针对各阶段特征本身的模糊性，将专家对各阶段特征的评价进行模糊化处理。最后，通过基于模糊贴近度的多目标综合评判方法进行知识网络所处的演化阶段的判定，从而对实施的相应管理策略提供依据。

7.3.1 各阶段特征分析

为了准确判断知识网络所处的阶段，必须要提取知识网络在各个阶段所表现出来的不同特征。综合 7.2 节中对知识网络形成与演化的生命周期的分析，本书提取了八个特征因素以反映知识网络生命周期各阶段的特征模式，并归纳为表 7-1。

表 7-1　知识网络生命周期各阶段的特征模式

特征因素	各阶段的特征模式			
	孕育形成期	成长发展期	成熟期	衰退期或解体期
知识网络规模	比较低	比较高	非常高	一般
创新基础完善程度	一般	比较高	非常高	比较低
网络机制完善程度	一般	比较高	非常高	非常高
创新氛围的浓厚程度	比较高	非常高	比较高	非常低

特征因素	各阶段的特征模式			
	孕育形成期	成长发展期	成熟期	衰退期或解体期
创新资源的流动性	一般	非常高	非常高	一般
合作效率	比较低	比较高	非常高	比较低
创新能力	一般	非常高	一般	比较低
创新成果产出率	比较低	非常高	比较高	非常低

7.3.2　各阶段特征的模糊集合描述

考虑到特征评价中出现的"非常高""比较高""一般""比较低""非常低"是没有明确外延的模糊性的概念，用普通集合将难以对其进行描述，因此本书用模糊集合对语言评价进行描述。具体做法是，首先进行专家打分，通过与其他知识网络的比较，用 10 分制来表示该知识网络各种特征的具备程度，其中用 10 分表示完全具备某一特征，0 分表示完全不具备这一特征。其次用隶属度的概念将"非常高""比较高""一般""比较低""非常低"的语言描述与 10 分制的分值联系起来。

本书研究选取柯西型隶属函数，即 $A(x) = \dfrac{1}{1+\alpha(x-\alpha)^{\beta}}$（$\alpha > 0$，$\beta$ 为偶数，α 为实数）来表述分值 x 对评价语言描述"比较低""一般"和"比较高"的隶属程度，并用半柯西型隶属函数，即

$$A(x) = \begin{cases} 1 & (x \geqslant \alpha) \\ \dfrac{1}{1+\alpha(x-\alpha)^{\beta}} & (x < \alpha) \end{cases} \quad (\alpha > 0, \ \beta \text{ 为偶数, } \alpha \text{ 为实数})$$

来表述分值 x 对评价语言描述"非常低"和"非常高"的隶属程度（赵晓东和赵静一，1998）。

根据实际情况，模糊语言集的具体定义如式（7-1）～式（7-5）所示，每个定义的图示如图 7-2 所示（徐晓燕和张斌，2004）。

$$\mu_{\text{非常低}}(x) = \begin{cases} 1 & (x \leqslant 2) \\ \{1+[(x-2)/2]^2\}^{-1} & (x > 2) \end{cases} \tag{7-1}$$

$$\mu_{\text{比较低}}(x) = \{1+[(x-3.5)/2]^2\}^{-1} \tag{7-2}$$

$$\mu_{\text{一般}}(x) = \{1+[(x-5)/2]^2\}^{-1} \tag{7-3}$$

$$\mu_{\text{比较高}}(x) = \{1+[(x-6.5)/2]^2\}^{-1} \tag{7-4}$$

$$\mu_{非常高}(x) = \begin{cases} 1 & (x \geqslant 8) \\ \{1 + [(x-8)/2]^2\}^{-1} & (x < 8) \end{cases} \qquad (7\text{-}5)$$

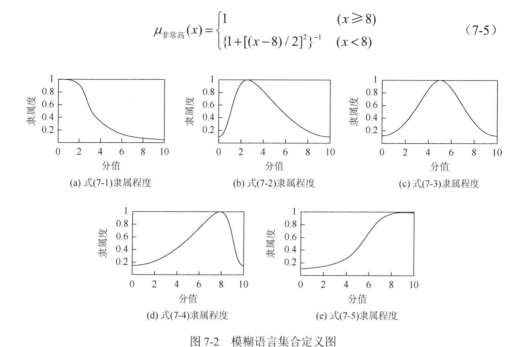

(a) 式(7-1)隶属程度　　　　(b) 式(7-2)隶属程度　　　　(c) 式(7-3)隶属程度

(d) 式(7-4)隶属程度　　　　(e) 式(7-5)隶属程度

图 7-2　模糊语言集合定义图

通过式（7-1）～式（7-5）的定义，可以用隶属度的形式将专家对知识网络各特征指标的评分与语言描述相联系起来。

7.3.3　基于模糊贴近度的阶段判定模型

1. 确定模糊集

1）设对应知识网络八个特征指标的目标集合为 U，记为 $U = \{u_1, u_2, \cdots, u_8\}$。

2）设对应知识网络生命周期阶段的语言变量集合为 V，记为 $V = \{v_1, v_2, \cdots, v_5\}$，即 $V = \{$非常低，比较低，一般，比较高，非常高$\}$。

3）设知识网络生命周期的四个阶段集合为 W，记为 $W = \{w_1, w_2, w_3, w_4\}$，即 $W = \{$孕育形成期，成长发展期，成熟期，衰退期或解体期$\}$。

2. 确定模糊关系矩阵

为了进行知识网络所处阶段的判定，需要将专家对知识网络八个特征指标的评分与知识网络生命周期的四个阶段联系起来，即找到 $U \rightarrow W$ 的关系。

首先，可以通过式（7-1）～式（7-5），求出专家评分与评价语言变量之间的关系，即先求出 $U \rightarrow V$ 的关系，这可以由决策对象的单个目标 $u_i \in U$ 评价为集

合 V 上的一个模糊子集 $\tilde{s}_i = (s_{1i}, s_{2i}, \cdots, s_{5i})^{\mathrm{T}}$，得到一个 $U \times V$ 上的模糊关系矩阵 $\tilde{S}$ 来表示。

$$\tilde{S} = \begin{bmatrix} s_{11} & s_{12} & s_{13} & s_{14} & s_{15} & s_{16} & s_{17} & s_{18} \\ s_{21} & s_{22} & s_{23} & s_{24} & s_{25} & s_{26} & s_{27} & s_{28} \\ s_{31} & s_{32} & s_{33} & s_{34} & s_{35} & s_{36} & s_{37} & s_{38} \\ s_{41} & s_{42} & s_{43} & s_{44} & s_{45} & s_{46} & s_{47} & s_{48} \\ s_{51} & s_{52} & s_{53} & s_{54} & s_{55} & s_{56} & s_{57} & s_{58} \end{bmatrix}$$

其次，通过表 7-1 所表示的评价语言变量与知识网络生命周期之间的关系，即 $V \to W$，来确定 $U \to W$ 的关系，即由决策对象的单个目标 $u_i \in U$ 评价为集合 W 上的一个模糊子集 $\tilde{r}_i = (r_{1i}, r_{2i}, r_{3i}, r_{4i})^{\mathrm{T}}$，从而确定一个 $U \times W$ 上的模糊关系矩阵 $\tilde{R}$。

$$\tilde{R} = \begin{bmatrix} r_{11} & r_{12} & r_{13} & r_{14} & r_{15} & r_{16} & r_{17} & r_{18} \\ r_{21} & r_{22} & r_{23} & r_{24} & r_{25} & r_{26} & r_{27} & r_{28} \\ r_{31} & r_{32} & r_{33} & r_{34} & r_{35} & r_{36} & r_{37} & r_{38} \\ r_{41} & r_{42} & r_{43} & r_{44} & r_{45} & r_{46} & r_{47} & r_{48} \end{bmatrix}$$

3. 阶段判定模型的构建

在得到模糊判断矩阵 $\tilde{R}$ 后，采用基于模糊贴近度的多目标分类算法来进行知识网络生命周期的阶段判定。

首先，引入一个特征模糊子集 $\tilde{D}_i$，即

$$\tilde{D}_i = (0, 0, \cdots, 0, 1, 0, \cdots, 0) \tag{7-6}$$

式中，第 i 个分量为 1，其余分量为 0。

华中生和梁樑（1994）已经证明，通过 $\tilde{D}_i$ 采用非对称贴近度的方法进行多目标决策是有效的，非对称贴近度的定义为

$$N(\tilde{A}, \tilde{B}) = 1 - \frac{2}{n(n+1)} \sum_{k=1}^{n} |\mu_A(V_k) - \mu_B(V_k)| \cdot k \tag{7-7}$$

其次，计算决策对象的单目标评价 $\tilde{r}_i (i = 1, 2, \cdots, 8)$ 与特征模糊子集 $\tilde{D}_j (j = 1, 2, 3, 4)$ 之间的非对称贴近度 $N(\tilde{r}_i, \tilde{D}_j)$ [注意在计算 $N(\tilde{r}_i, \tilde{D}_j)$ 时，$\tilde{r}_i$ 要做相应的变换]（李本海和张序君，1992），记为

$$\tilde{Z}_i = (z_{1i}, z_{2i}, z_{3i}, z_{4i})^{\mathrm{T}} = [N(\tilde{r}_i, \tilde{D}_1), N(\tilde{r}_i, \tilde{D}_2), N(\tilde{r}_i, \tilde{D}_3), N(\tilde{r}_i, \tilde{D}_4)]^{\mathrm{T}} \tag{7-8}$$

则在多目标 $U = \{u_1, u_2, \cdots, u_8\}$ 下的决策矩阵为

$$Z = (Z_{ij})_{4 \times 8} = (\tilde{Z}_1, \tilde{Z}_2, \cdots, \tilde{Z}_8) \tag{7-9}$$

做参考等级 W^+、W^-，使得

$$\tilde{C}^+ = (C_1^+, C_2^+, \cdots, C_8^+) = [\max_{j=1 \sim 4} N(\tilde{r}_1, \tilde{D}_j), \max_{j=1 \sim 4} N(\tilde{r}_2, \tilde{D}_j), \cdots, \max_{j=1 \sim 4} N(\tilde{r}_8, \tilde{D}_j)] \tag{7-10}$$

$$\tilde{C}^- = (C_1^-, C_2^-, \cdots, C_8^-) = [\min_{j=1\sim4} N(\tilde{r}_1, \tilde{D}_J), \min_{j=1\sim4} N(\tilde{r}_2, \tilde{D}_J), \cdots, \min_{j=1\sim4} N(\tilde{r}_8, \tilde{D}_J)] \quad (7\text{-}11)$$

由式（7-10）所定义的参考等级 W^+ 是一种虚拟的评价等级，表示在每个目标下，决策对象被判定为虚拟等级 W^+ 都是最不贴近的（是理想等级）。同样地，由式（7-11）所定义的参考等级 W^- 表示在每个目标下，决策对象被判定为虚拟等级 W^- 都是最不贴近的（是负理想等级）（李本海，1990）。

为了进行多目标判定，得到判定结果，需要将知识网络生命周期阶段的评价等级集合 W 中的各个评价等级与理想等级和负理想等级的贴近程度进行比较，记为

$$\tilde{C}_i = (C_{i1}, C_{i2}, \cdots, C_{i8}) = [N(\tilde{r}_1, \tilde{D}_i), N(\tilde{r}_2, \tilde{D}_i), \cdots, N(\tilde{r}_8, \tilde{D}_i)] \quad (7\text{-}12)$$

式（7-12）所确定的向量实际上反映了在多目标条件下，将决策对象判定为属于第 i 个等级（阶段）的贴近程度。显然，若 $\tilde{C}_i$ 与 $\tilde{C}^+$ 越贴近的同时，与 $\tilde{C}^-$ 越不贴近，则将决策对象判定为属于第 i 个等级（阶段）就越合适；否则，判定为属于第 i 个等级（阶段）就越不合适。比较 $\tilde{C}_i$ 与 $\tilde{C}^+$、$\tilde{C}^-$ 的差别及是否接近，可以采用对称贴近度来进行度量，如可以先分别计算

$$\delta(\tilde{C}^+, \tilde{C}_i) = \sum_{k=1}^{8} \mu_{C_i}(u_k) \bigg/ \sum_{k=1}^{8} \mu_{C^+}(u_k) \quad (7\text{-}13)$$

$$\delta(\tilde{C}^-, \tilde{C}_i) = \sum_{k=1}^{8} \mu_{C^-}(u_k) \bigg/ \sum_{k=1}^{8} \mu_{C_i}(u_k) \quad (7\text{-}14)$$

再计算 $\delta(\tilde{C}^+, \tilde{C}_i) / \delta(\tilde{C}^-, \tilde{C}_i)$，如果

$$\delta(\tilde{C}^+, \tilde{C}_q) / \delta(\tilde{C}^-, \tilde{C}_q) = \max_{j=1\sim4}[\delta(\tilde{C}^+, \tilde{C}_i) / \delta(\tilde{C}^-, \tilde{C}_i)] \quad (7\text{-}15)$$

则将决策对象在多目标下判定为属于 W_q 等级（阶段）。

4. 算法

知识网络生命周期阶段判定过程的算法可归纳为如下步骤。

步骤一，计算决策对象的单目标评价 $\tilde{r}_i (i=1,2,\cdots,8)$ 与特征模糊子集 $\tilde{D}_j (j=1, 2,3,4)$ 之间的非对称贴近度 $N(\tilde{r}_i, \tilde{D}_j)$。

步骤二，通过 $N(\tilde{r}_i, \tilde{D}_j)$ 确定决策对象在多目标下与第 i 个评价等级 $w_i \in W$ 的贴近度向量 $\tilde{C}_i (i=1,2,3,4)$。

步骤三，按式（7-10）和式（7-11）的定义，根据 $N(\tilde{r}_i, \tilde{D}_j)$ 确定参考等级 W^+、W^- 和决策对象在多目标评价下的贴近度向量 $\tilde{C}^+$、$\tilde{C}^-$，即正负理想点。

步骤四，按式（7-13）和式（7-14）的定义，计算 $\tilde{C}_i (i=1,2,3,4)$ 与 $\tilde{C}^+$、$\tilde{C}^-$ 的对称贴近度 $\delta(\tilde{C}^+, \tilde{C}_i)$ 及 $\delta(\tilde{C}^-, \tilde{C}_i)$，再计算 $\delta(\tilde{C}^+, \tilde{C}_i) / \delta(\tilde{C}^-, \tilde{C}_i)$。

步骤五，按式（7-15）确定决策对象在多目标下的所属等级。

7.3.4　应用算例

设在对某一知识网络所处的生命周期阶段进行判定时，专家们对八个特征指标的评分是 $U=\{6,5,6,8,7,5,7,6\}$，语言变量的集合是 $V=\{$非常低，比较低，一般，比较高，非常高$\}$，知识网络生命周期所处阶段的评价集合是 $W=\{$孕育形成期，成长发展期，成熟期，衰退期或解体期$\}$。

通过式（7-1）～式（7-5），可以得到一个 $U \to V$ 的模糊关系矩阵 $\tilde{S}$。

$$\tilde{S}=\begin{bmatrix} 0.2000 & 0.3077 & 0.2000 & 0.1000 & 0.1379 & 0.3077 & 0.1376 & 0.2000 \\ 0.3902 & 0.6400 & 0.3902 & 0.1649 & 0.2462 & 0.6400 & 0.2462 & 0.3902 \\ 0.8000 & 1.0000 & 0.8000 & 0.3077 & 0.5000 & 1.0000 & 0.5000 & 0.8000 \\ 0.9412 & 0.6400 & 0.9412 & 0.6400 & 0.9412 & 0.6400 & 0.9412 & 0.9412 \\ 0.5000 & 0.3077 & 0.5000 & 1.0000 & 0.8000 & 0.3077 & 0.8000 & 0.5000 \end{bmatrix}$$

再通过表 7-1 所表示的评价语言变量与知识网络生命周期之间的关系，即 $V \to W$ 的关系，得到 $U \to W$ 的模糊关系矩阵 $\tilde{R}$。

$$\tilde{R}=\begin{bmatrix} 0.3902 & 1.0000 & 0.8000 & 0.6400 & 0.5000 & 0.6400 & 0.5000 & 0.3902 \\ 0.9412 & 0.6400 & 0.9412 & 1.0000 & 0.8000 & 0.6400 & 0.8000 & 0.5000 \\ 0.5000 & 0.3077 & 0.5000 & 0.6400 & 0.8000 & 0.3077 & 0.5000 & 0.9412 \\ 0.8000 & 0.6400 & 0.5000 & 0.1000 & 0.5000 & 0.6400 & 0.2462 & 0.2000 \end{bmatrix}$$

根据式（7-7）的非贴近度的定义和式（7-8）、式（7-9），按步骤一，得到决策矩阵 Z。

$$Z=\begin{bmatrix} 0.2808 & 0.4237 & 0.4418 & 0.5320 & 0.3500 & 0.4877 & 0.5415 & 0.4767 \\ 0.4461 & 0.4157 & 0.4841 & 0.6400 & 0.4400 & 0.4877 & 0.6315 & 0.5096 \\ 0.3657 & 0.2108 & 0.2918 & 0.4780 & 0.4700 & 0.3548 & 0.5161 & 0.6780 \\ 0.4416 & 0.3105 & 0.2476 & 0.4960 & 0.3500 & 0.4545 & 0.3846 & 0.4257 \end{bmatrix}$$

按步骤二，得到决策对象到四个评价等级的贴近度向量。

$\tilde{C}_1=(0.2808 \quad 0.4237 \quad 0.4418 \quad 0.5320 \quad 0.3500 \quad 0.4877 \quad 0.5415 \quad 0.4767)$

$\tilde{C}_2=(0.4461 \quad 0.4157 \quad 0.4841 \quad 0.6400 \quad 0.4400 \quad 0.4877 \quad 0.6315 \quad 0.5096)$

$\tilde{C}_3=(0.3657 \quad 0.2108 \quad 0.2918 \quad 0.4780 \quad 0.4700 \quad 0.3548 \quad 0.5161 \quad 0.6780)$

$\tilde{C}_4=(0.4416 \quad 0.3105 \quad 0.2476 \quad 0.4960 \quad 0.3500 \quad 0.4545 \quad 0.3846 \quad 0.4257)$

按步骤三，得到正负理想点 $\tilde{C}^+$、$\tilde{C}^-$。

$\tilde{C}^+=(0.4461 \quad 0.4237 \quad 0.4841 \quad 0.6400 \quad 0.4700 \quad 0.4877 \quad 0.6315 \quad 0.6780)$

$\tilde{C}^-=(0.2808 \quad 0.2108 \quad 0.2476 \quad 0.4780 \quad 0.3500 \quad 0.3548 \quad 0.3846 \quad 0.4257)$

根据式（7-13）和式（7-14），按步骤四得到 $\delta(\tilde{C}^+,\tilde{C}_i)\,/\,\delta(\tilde{C}^-,\tilde{C}_i)\ (i=1,2,3,4)$。

$$\delta(\tilde{C}^+,\tilde{C}_1)\,/\,\delta(\tilde{C}^-,\tilde{C}_1)=1.0728,\qquad \delta(\tilde{C}^+,\tilde{C}_2)\,/\,\delta(\tilde{C}^-,\tilde{C}_2)=1.4121$$

$$\delta(\tilde{C}^+,\tilde{C}_3)\,/\,\delta(\tilde{C}^-,\tilde{C}_3)=0.9727,\qquad \delta(\tilde{C}^+,\tilde{C}_4)\,/\,\delta(\tilde{C}^-,\tilde{C}_4)=0.8310$$

按步骤五，根据式（7-15），得到 $\delta(\tilde{C}^+,\tilde{C}_2)\,/\,\delta(\tilde{C}^-,\tilde{C}_2)=1.4121$ 最大，由此可以判定该知识网络正处于其生命周期的第二个阶段——成长发展期，可以采取相应的策略和措施对知识网络进行有针对性的管理。

第8章 知识网络组织间的合作伙伴关系及其实现途径

知识网络的形成以组织之间的合作为前提，在知识网络中，组织间结成的是一种合作伙伴关系，对知识网络的形成与演化产生影响。本章对知识网络组织间的合作伙伴关系及其实现途径进行研究，其中着重对实现合作伙伴关系的非正式方式进行探讨。

8.1 知识网络组织间的合作伙伴关系及其维度

合作伙伴关系是指两个或多个组织之间基于信任和尊重彼此文化与各自意愿、致力于共同目标的一种长期合作关系。知识网络中组织之间进行的合作正是基于这种合作伙伴关系。

知识网络中的核心组织企业与其他组织合作过程中，必须从商业活动（知识交易）、商业活动所需要的资源和人员三方面建立合作伙伴关系，因而，知识网络中组织间合作伙伴关系必然存在三个维度：结构维度、经济维度和社会维度。这三个维度相互作用、相互连接，构成一个完整的组织间合作伙伴关系的网络，见表8-1。

表8-1 知识网络中组织间合作伙伴关系的三个维度

	维度	主要内容
知识网络中组织间合作伙伴关系	结构维度	知识活动的连接、知识资源的节点、联系方式、制度化合约
	经济维度	投资、收益、经济合约
	社会维度	承诺、信任、氛围、吸引力、社会合约（社会规范）

资料来源：根据 Holmlund 和 Törnroos（1997）与李焕荣和林健（2007）修改

（1）合作伙伴关系的结构维度

合作伙伴关系的结构维度主要包括知识活动的连接、知识资源的节点、联系方式和制度化合约。通过知识活动的连接，可以清楚知识网络成员组织所需完成的知识活动及这些活动如何相互连接和相互依赖；通过知识资源的节点，可以知道知识网络中的知识资源由哪些成员组织提供和如何结合这些成员组织；通过联系方式，可以了解整个知识网络合作伙伴关系如何形成；通过制度化合约，可以保证知识网络合作伙伴关系的正常运行。这些要素物化在各种与知识有关的商业活动模式之中并保证成员组织间发生的知识流，构成了一个活动连接的商业性知识网络。可见，成员组织间合作伙伴关系的结构维度反映了知识网络成员组织间合作伙伴关系的外显形态，其是知识网络合作伙伴关系的显性结构（李焕荣和林健，2007）。

（2）合作伙伴关系的经济维度

合作伙伴关系的经济维度主要包括嵌入知识网络中的各个知识节点的投资、收益和经济合约。投资反映了成员组织为完成自身活动所需资源的投入，这些既可以是资金、技术、市场的投资，也可以是信任和承诺的投资。收益是指上述投资与价值创造，特别是与期望利润和相互收益有关的收入，但有些投资的成本和收益难以衡量，需要长时间才能见效（如信任、承诺等）。经济合约是经济行为的纽带和保证，通过经济合约，合作伙伴可以明确各自的职责、权力与利益关系，反映合作伙伴关系的经济性，实现知识资源的整合和基于知识网络的知识创造和价值创造。

经济维度实质上是以经济利益为纽带，构成知识资源网络，保证知识网络价值的实现，这正是知识网络成员组织之间合作伙伴关系的价值形成过程，同时也是合作伙伴关系的价值结构，是一种隐性结构（李焕荣和林健，2007）。

（3）合作伙伴关系的社会维度

合作伙伴关系的社会维度主要包括承诺、信任、氛围、吸引力、社会合约（社会规范）。这些要素反映关系所涉及的各个知识组织之间的员工彼此相互作用的结果，体现员工的行为和感知。

合作伙伴关系的社会维度具有异质性、不可模仿性、可持续性、路径的依赖性和有价值性，是合作伙伴关系的核心价值所在。作为一种战略性资源，关系的价值主要体现在其社会维度上。可见，社会维度是组织间合作伙伴关系的隐性结构，也正是因为如此，它才难以被模仿。

知识网络组织间合作伙伴关系的结构维度、经济维度和社会维度相互作用与相互影响，共同构成了知识网络组织间合作伙伴关系的三个层次：商业关系、资源（知识）关系和社会关系。三个层次的关系网络相互作用，构成了一个完整的知识网络。因此，知识网络可以理解为知识资源嵌入社会网络的网络（李焕荣和林健，2007）。

8.2　知识网络组织间合作伙伴关系的实现方式：知识转移与共享

知识网络是一个复杂的适应性系统，从整体的视角系统、全面地剖析知识网络中的知识活动，包括知识识别、知识学习、知识溢出与扩散、知识转移与共享等。以上这些知识活动有的只是单个组织的单个行为，如知识的识别；而涉及合作双方共同的知识活动行为主要体现在知识转移与共享上。所以，从这个意义上讲，知识网络组织间合作伙伴关系就是通过网络中组织间知识转移与共享来实现的。

知识网络组织间知识转移与共享的方式可以大致分为正式方式和非正式方式。其中，正式方式主要有联合研发与委托研发、共建实体、联合建立知识库、知识展览会与知识论坛等；非正式方式主要有面对面交流、电话交流和书面交流，以及目前比较常见的借助计算机网络进行交流，如 E-mail、微信（WeChat）、微博（Weibo）、QQ、BBS（bulletin board system，公告板系统）、Blog（博客）、Wiki、知识网络内部网等。

8.3　知识网络组织间知识转移与共享的正式方式

（1）联合研发与委托研发

联合研发是指在特定的项目上，企业与高校（或研究院所）、企业与企业共同投入人力、物力、财力来开发企业所需的技术，同时共享研发成果。这是一种介于市场及层级之间的知识和技术转移与共享方式。值得注意的是，该定义不包括单边技术诀窍的转移，如许可、营销协议或简单的一次性合同。

在联合研发中，由于合作组织之间存在内在的互惠互利关系，从而可以降低合作各方的机会主义风险、减少交易成本（Oxley，1997）。同时，由于企业的参与，研究开发出来的成果更接近实际，从而能更好地运用于实际，降低研发成果商业化风险。更为重要的是，联合研发还便利了知识从一方向另一方转移，尤其是隐性知识的转移。学习是一个社会嵌入和个体内化的过程，需要共享知识的个体之间进行联系。在联合研发中，个体之间、组织与组织之间，以及个体与组织之间的相互影响为转移学研方专属的隐性知识提供了条件，这些交互作用对知识获取和知识创造相当重要（Nonaka，1994）。从而，联合研发不仅可以提高生产效率、提高科技成果转化率，而且可以促进知识和技术的转移与共享、促进新知识的创造。对国内近几年来 327 项合作的调研表明，合作研发可使企业的劳动生产率提高 29%，项目成功率提高 69%，科技成果转化率提高 20%（郑金娥，2005）。

委托研发是指以合同为基础，企业利用学研方提供的服务来进行产品、技术或工艺的开发。通过委托研发，可以节省时间，把创新成本降低到研发的规模经济下和能更有效地被使用的程度，而且可以使企业在不增加职员人数的情况下，有效地扩大企业的研发能力。

（2）共建实体

共建实体一般是指企业与高校、科研院所从长远发展角度出发，针对较为复杂的技术，如新材料等，联合组建开发机构、研究开发中心、试验基地或研究所，以进行长期的开发工作，其目的在于保证企业在技术上的竞争优势，并不断地为企业开发出更新换代的产品（林红，2006）。在组建形式上，既可以采用股权式合作形式，也可以采用合作经营形式。共建实体是一种产学研合作的成熟、高效的知识和技术转移方式，是新知识网络形成的重要基础，在这样一种知识和技术转移方式中，学研方和企业围绕共同目标，将各自的人力、财力、物力集中起来统筹规划、管理、使用，合作研究，共担风险，共创财富。目前，共建实体的一种最典型的合作方式是科技企业孵化器。这种紧密、有效的合作模式不仅有利于高校、科研院所与企业之间形成相互了解、相互信任、长期的合作伙伴关系，而且有利于将技术优势不断扩展为规模经济优势，从而获得技术成果高收益回报。网络实体（如开发机构）是学研方和企业共同组建的，因此，学研方和企业对组建的网络实体共同拥有产权，从而共同承担风险、共同享有利润分配权（郑金娥，2005）。

（3）联合建立知识库

联合建立知识库是指组织通过知识外部化的过程，把有价值的文件、蓝图、经验和教训等知识通过分类整理后存储在某一特定点上，以供合作组织方的员工获取和利用。

（4）知识展览会与知识论坛

组织间相互举办知识展览会与知识论坛是指由组织主导，在特定的时间与场所，对于特定领域的重要知识召集相关知识团队和与之相关的需求单位组织共同聚集在一起，自由交流与共享知识。这是较为结构化的知识交流与共享的场合（郑金娥，2005）。

8.4　知识网络组织间知识转移与共享的非正式方式：非正式网络

相对于人们在正式学习环境中学习显性知识，人们往往在非正式学习环境中观察别人的做法、向别人请教、试误法，或者只是与行家在一起工作，从而学到隐性知识。Capital Works 调查了数百位知识工人（廖开际等，2007），他们获得知识的各种途径所占的比例如图 8-1 所示。

由图 8-1 可见，人们从正规教育中获取的知识只占 10.9%，其余 89.1% 的知识均来自非正式学习，而人一生中习得的知识也有 80% 甚至更大的比例来自非正式学习，非正式学习不应小视更不容忽视。不仅如此，组织及组织间的非正式学习与隐性知识管理有着密切的关联。非正式学习环境是知识创新、隐性知识传播与

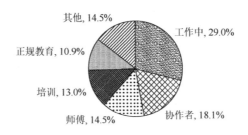

图 8-1　知识获取的不同途径所占的比例

资料来源：根据廖开际等（2007）修改

共享的天然土壤，因为：①隐性知识不能用文字完整表达，只有通过适当的示范、适当的行为和场景、共同的实践才能转移与共享；②在非正式学习环境中，人们在工作和消遣的同时有意或无意地共同完成体验与认知过程，这与隐性知识转移与共享所要求的环境相吻合。非正式知识转移和共享正是在非正式学习环境下进行的（廖开际等，2007）。

非正式知识转移与共享的方式主要包括非正式场合中的知识转移与共享和非正式网络中的知识转移与共享。

一般来说，非正式场合中的知识转移与共享是指个体与个体之间通过在非正式场合不期而遇的对话，产生知识转移与共享的一种方式。例如，茶水间、谈话室、午餐餐厅、员工休息室、走道等就是常见的知识转移与共享的非正式场合。Davenport 等（1998）认为，自由闲谈是员工发掘自己所知，进而与同事共享、创造组织新知识的主要过程，这种头脑风暴比员工孜孜不倦地坐在固定的位置上辛勤地工作更有意义和效果。

以下着重论述知识转移与共享的非正式网络方式。

非正式网络是指正式组织结构之外或任务约束之外的由个体自发形成的网络。对于组织内部非正式网络产生的原因，许多专家和研究人员从不同角度进行了解释。Simon 和 March（1976）认为，非正式网络由人际关系构成，并非按照正式组织的规则运行，但为了满足个体需求会自发的产生。Bryan 和 Joyce（2007b）指出大多数公司拥有数以百计的非正式网络，在这些网络中，人的本性，包括私利，导致人们分享思想或进行合作。晏创业（2005）则认为在组织内部，人们因工作内容、思维方式的改变，寻求更广泛的人际交流，这种由点及面的交际方式的扩展，最终在组织内部形成了一张交际网。当这种交际网形成之时，人们发现组织内部的科层等级制度已荡然无存，取而代之的是如同人们之间交际关系一样的网状行政结构。这些观点虽不尽相同，但在某种程度上阐明了非正式网络形成的原始动力，人们正是根据个人的兴趣、爱好、友谊，甚至偶然性因素而形成了多样化的非正式网络。这种自发性和个人性，决定了非正式网络往往可以穿越企业组织结构的厚重壁垒，在员工中形成无边界、无拘束的自由交流，从而完成组织正式网络所不能完成的任务（秦铁辉和孙琳，2009）。

8.4.1　非正式网络在知识转移与共享中的作用和优势

知识转移与共享是指人们传递、交流、分享经验与技能等有价值信息的过程（肖冬平和顾新，2009b）。非正式网络在知识网络组织间知识转移与共享活动中的重要作用主要表现在以下三个方面（秦铁辉和孙琳，2009）：①促进隐性知识的交流与共享；②影响知识共享的广度与深度；③提高知识共享效率。

肖冬平和顾新（2009b）在对非正式网络的研究中发现：通过非正式网络流动的信息和知识比通过正式网络（正式层级）与矩阵结构流动的信息及知识要多。为什么非正式网络能克服正式网络的种种困境达到实现隐性知识转移与共享的目的？其原因主要在于：非正式网络相对其他任何路径具有更大的优势，它可以弥补正式组织和正式网络的先天不足，进而促进隐性知识的转移与共享。这些优势主要体现在以下内容。

（1）位置优势：便捷

网络结构作为组织动力理论的最重要假定就是：选择并依赖于社会网络联系，不同的网络位置与结构会导致不同的内化过程，从而使行动者会在不同情境下产生不同的行为，并从中寻求最有效的方式。结构洞理论就是要有效率地建立网络和信息资源。所谓结构洞就是指没有重复的信息源，即最为有效的网络结构（Burt，1992）。这一可以随时随地进行隐性知识交流的空洞位置为组织所带来的竞争优势不单单来源于资源优势，更为重要的是来源于位置优势：便捷（陈迪，2006）。结构洞所带来的位置优势，使占据结构洞的个体或组织获得了更多有利的信息资源。结构洞指出了一个稀疏网络所具有的潜在优势：在一个稀疏网络中存在少量的直接连接，更多的组织由间接连接维系，跨越者由此在连接的双方之间具有了控制优势和发言权，能发现这些结构洞并充分利用，进而提高信息获取能力与信息搜寻能力。在组织的社会网络和个人网络之中，在结构洞两端的个体或组织的信息流动能够为组织带来利益的前提下，组织将行使信息桥职能，使网络信息互通，并通过对信息流向和内容的选择来实现结构洞所能带来的位置优势（Burt，1999）。一些学者结合网络关系要素与结构要素指出，组织弱连接的数量与其网络位置有关，处于网络外围的组织拥有更多的弱连接（Perry-smith and Shalley，2003）。当组织处于网络的外围位置，与核心层组织接触不很密切时，它受到的网络约束程度很低，可以更多地发展与网络外组织的弱连接，并具有更大的创新可能。

（2）心理优势：信任

社会学家戈夫曼认为，"许多社会交换不是在相互竞争的市场结构中进行的，而是在各种信任结构和权威结构中进行的"（肖冬平和顾新，2009b）。组织若想建立起一种隐性知识共享的良性循环，则必须先奠定成员相互交往的基础——信任；否则，就会形成一种"隐性知识保密"的恶性循环。知识作为一种重要的生产资源，不像土地、资本等传统的生产要素那样，既可以强迫也可以监控，知识的交换只能是人们在相互信任基础上的自愿合作，尤其是建立在个人经验基础上的隐性知识。

非正式网络中人际间的距离拉近容易产生信任，这里的信任包括普通成员对管理者的信任，由于管理者在分配资源和报酬等方面拥有一定的权力，组织成员对他们的信任可以缩短其与普通成员的情感距离，改善上下级关系，进而产生共享隐性知识的意愿。

（3）沟通环境优势：开放、自由、轻松、积极

开放、自由、轻松和积极的环境有利于非正式网络形成，而且为知识的转移，尤其是隐性知识的转移与共享提供了较好的氛围，交流的内容不受任何限制，参与者能自由发挥。在正式交流中，如演讲、报告、授课和培训时，由于意识到自己的语言和行为的重要性，人们会感到紧张，担心自己的语言技巧，担心自己的表达是否能被他人理解，等等。而且，正式交流的内容主要围绕固定的话题进行，其主题受到很大限制。然而，随机的、非正式的、交互式的交流方式可以在任何时间、任何地点进行，这种生动、直观的交流方式使人们感觉不到任何压力。

近年来，随着网络技术和视频技术的进步，人们之间的对话也可以通过信号和图像高效、优质地进行，天涯变成咫尺，开放的公共网络必然带来知识的流动、共享和转化的开放性。与此同时，通过 E-mail、项目进程网站、网页访问记录等方式来促成组织原来非正式的和偶然的对话机制化，真正达到隐性知识流动、共享和转化的目的（刘小玲，2003）。

（4）效率优势：灵活、主动、直接面对面的学习、信息反馈迅速

生产的低成本、高效率，组织的整体学习能力及效率决定着组织能否在风云变幻的市场体系中生存发展。知识的更新换代，隐性知识的转化，只有通过不断地学习得以实现。然而，一般情况下，正式组织的很多行动都有规章制度约束，甚至是组织的学习，这样会降低学习效率，隐性知识的转移和共享更不容易实现，灵活又柔性化的非正式网络正好克服了正式组织的这种刚性规章制度的约束。

组织一次正式交流事前要做许多准备工作，复杂又烦琐，因此，非正式交流产生的频率要比正式交流高得多。同时，在人们日常生活中，非正式交流不可或缺。无论何时何地，双方都可直接进行面对面交流；无论是信息的直接反馈还是非语言的信息表达，双方也能准确领会对方的意思。由此可见，就新知识产生效率而言，非正式交流比正式交流要高得多。

（5）动力优势：成本极低却有效的情感激励

很多隐性知识只能面对面地直接交流，否则根本无法传递。很多成功的知识管理活动已表明：要鼓励成员积极参与组织的知识管理活动，让他们在共享隐性知识方面发挥作用，管理者必须建立一套有效的知识管理的激励机制。

任何一个知识网络都不可避免地存在"知识利己主义者"，他们掌握了一些特殊的技术和技巧，为了维护成员自身在所有知识网络成员中的特殊地位而不愿意把自己拥有的隐性知识与别人共享。知识网络对这些成员的知识不能强行剥夺、索取，而要引导他们自觉奉献给组织或与他人交流，让奉献的成员觉得共享自己的隐性知识比让它永远存储在自己的头脑中更实惠，只有这样才能使成员的隐性知识转化成知识网络强大的创新力。为此，一方面，为了保护和奖励共享隐性知识的成员，知识网络组织间应确立知识合同或者知识产权；另一方面，要营造为成员探索隐性知识的转化方法创造条件的环境。例如，定期组织熟练工向新手现场演示工作流程，通过形象化的视觉展示，让新手揣摩和掌握熟练工技术方面的隐性知识。

然而，在很多情况下，正式组织难以挖掘的个人隐性知识，在非正式网络成员之间，因为友谊或感情，个人隐性知识会以极低的成本甚至零成本从一方转移到另一方，从而实现共享。人们习惯于非正式交流（如聊天），并认为这是一件非常自然的事，大多数人有与别人交流的强烈欲望，任何事情、任何观点几乎都可以交谈，而不必担心犯什么错误、负什么责任。正是这样，非正式网络成员之间的隐性知识就会自觉或不自觉地得以转移和共享。

行为主体之间存在由不同的语言、文化层次、地位等级等构成的"精神距离"，当"精神距离"增加时，主体间获取知识变得更难（Burt，1992）。基于情感、信任及平等建立起来的非正式网络成员"精神距离"最小，其成员间更可能倾听、吸纳甚至完全采用对方技能，这种牢靠的信任关系加速了知识的传导，特别有利于隐性知识的传导。据调查，员工在工作场所所获取的知识中，有70%来自非正式团体成员的交流和沟通。非正式团体成员的交流往往以沟通感情、娱乐、休闲为主要目的，他们常常在一起吃饭、娱乐、聊天，但却无意中传播了隐含经验类知识。隐含经验类知识的这种非正式传播不必受规定手续或形式的种种限制，因此往往比正式的传播还要重要。在美国，这种途径常常称为"葡萄藤"（grapevine），用以形容它枝茂叶盛，随处可伸，这正是非正式网络的写照（王越，2004）。

总而言之，非正式网络有利于隐性知识的传导。在经济全球化的背景下，组织间的人际关系变得越来越不确定，与此同时，人际关系对于组织的发展又越来越重要。非正式网络的交流内容、交流形式及其在知识转移与共享中的作用也越来越不容忽视，因为它对于企业充分利用非正式网络资源、挖掘企业隐性知识，从而提升企业竞争力具有十分重要的意义。

8.4.2 非正式网络的交流内容

非正式网络成员有着共同的兴趣爱好，就彼此有兴趣的话题进行交流。非正式网络通常会形成一个内容和主题相当明确的交流圈子，非正式网络成员在这一领域里都有自己的见解，参与者可以"仁者见仁，智者见智"、自由发挥、各抒己见。但正因为非正式网络有自发性和随意性强且不受强制性等特点，所以其交流内容相当自由，五花八门，各式各样。非正式网络交流的内容主要包括①共同感兴趣的业务知识；②个人日常兴趣爱好；③大家熟知的人员信息等（秦铁辉和孙琳，2009）。其中，业务知识主要有技能技巧、个人经验、客户信息等与业务紧密相关信息或知识。兴趣爱好则包括他们共同关注的行业领域和业余生活中的兴趣所在。很多人熟知的 Linux 操作系统就是计算机爱好者在因兴趣爱好相同而形成的非正式网络中共同开发的。人员信息主要包括共同熟知的工友的脾气性格、工作技能、业余特长等。在正式网络中这些信息和知识都无法体现出来，通过非正式网络，员工的兴趣爱好、工作能力、对组织的贡献都很容易流露出来。显而易见，了解员工，通过非正式网络中互相随意的交际、交流比通过正式途径更加便捷。非正式网络的作用，一个最成功的例子是易安信电脑系统有限公司（EMC^2）招贤纳士的主要方式是员工之间互相推荐（秦铁辉和孙琳，2009）。

8.4.3 非正式网络的交流形式

一般来讲，非正式网络的交流形式不拘泥于某种固定形式，交流手段灵活多样，有时还会出现多种手段同时并存。非正式网络交流形式的多样性和动态性源自其成因的自发性、多样性、偶然性和复杂性。如何选择最合适的交流方式有时并不是一件易事。有时，书面的信息交流比口头交流更合适，有时反而是交谈胜于文字，所以，只有在了解了交流的各种方式之后，才能做出最适合的选择。

（1）面对面交流

面对面交流是所有交流形式中最直接的方式。现实生活中，绝大部分信息都是通过见面口头传递的。面对面交流方式十分灵活多样，有一对一的会面，包括预约的及偶遇的；也有小组的会面，包括自发组织的及正式会晤；还有很多人参加的会议，可能会有几个人上台发言。不管见面场景如何、人数有多少，它们的性质都是相同的。

面对面交流具有四大优点：一是速度快。信息传递时，信息的发送者和接收者之间不存在时滞。例如，询价或了解产品相关信息，面对面的交流肯定比信件来往更加有效。二是信息的发送者更易控制信息的传递。如果是写信或者写报道，可能对方最后只是草草地浏览了你花了几个小时甚至好几天写出来的东西，有的甚至对方根本没有看。但如果双方进行的是面对面的交流，则不会出现此类问题，信息的发送者可以时刻留意到信息接收者的接收情况。三是发送出去的信息可以得到即时反馈。在面对面交流方式下，信息不仅可以在最短时间内被传送，还可以在最短时间内得到对方回复。如果接收者对信息有疑问，迅速的反馈可以使发送者及时检查信息中不够明确的地方并及时加以修正。四是面对面交流还可以增进彼此的亲切感，因为面对面交流可以通过动态无声的目光、表情、手势等肢体语言、空间距离及衣着打扮等形式来传递信息、实现情感交流。因此，面对面交流可以极大地帮助人们了解并解决问题（Adler and Elmhorst，1992）。

尽管面对面交流有很多优点，但也并非总是最佳的交流方式。首先，其最大的缺点就是安排上的困难。即使双方都在同一幢大楼上班，要安排一次会面也不一定是件容易的事。如果双方相隔的很远，那就更不容易了，在时间及金钱上都可能是一种奢侈，万一见面以后还起冲突，那面对面交流就更没有意义了。在这种情况下，避免见面可能更加合适。其次，信息在从发送者到接收者的一段段接力式的传送过程中，存在着失真的可能性。因为每个人都以自己的偏好和需要增删信息，或以自己的方式诠释信息，当信息经"长途跋涉"到达终点接收者手里时，其内容往往早已面目全非，与最初的含义大相径庭。如果组织中的重要决策通过口头方式、沿着权力等级链上下传递，则信息失真的可能性相当大。最后，这种交流方式并不总能省时，如很多毫无结果的会议（张莉等，2012）。

（2）电话交流

电话交流是个体间一种比较经济的日常交流方式。当出现如下的几种情境时，宜采用电话交流方式进行：①彼此之间的办公距离较远，但问题比较简单时（如两人在不同的办公室需要讨论一个报表数据的问题等）；②彼此之间的距离很远，很难或无法当面沟通时；③彼此之间已经采用了 E-mail 的沟通方式但问题尚未解决时。

电话交流几乎与见面口头交流一样，直接、自由、信息得以快速传递和即时反馈。相对口头交流方式，它还有个好处，即如果你这件事当面说不出口，可以通过电话说，这样可以避免尴尬。而其不足之处也很明显：要交电话费、不能看到对方的表情。需要特别注意的是：在成本相差无几的情况下，应优先采用见面交流的方式。

（3）书面交流

书面交流的形式有很多种，常见的有书信、备忘录、公告、报告等。

书面交流拥有与其他各种交流形式不同的优势。首先，书面交流可以事先给予信息传递者充足的准备时间，这是其最大的优点。信息传递者可以依据自己想要传递信息的内容及信息接收者的情况，充分考虑传递语言，反复预测传递效果，选择最合适传递的信息版本形式。其次，书面交流有相对的永久性。交流内容一般会被记录下来，一旦形成文字，不管交流者是否愿意，都会被保存下来，以备随时调出使用。再次，书面交流更易于被理解。在口头交流时，如果交流内容较多，信息较复杂，接收信息者可能有点不好理解。书面交流正好可以克服口头交流的这一缺点，接收信息者可以通过反复多次阅读书面材料，直到完全理解。最后，书面交流的效果更佳。口头交流基本上是即兴发挥，即使信息传递者有所准备，但随时会有不可预测的突发情况，所以交流效果难免会不尽如人意。而书面交流就不同，传递者事先可以逐字逐句地斟酌所要传递的信息内容，有足够的时间来考虑其正确的表达方式，避免犯错误，以达到最佳交流效果（Adler and Elmhorst，1992）。

除了面对面交流、电话交流和书面交流以外，目前比较常见的非正式网络交流方式还有借助手机和计算机网络进行的多种交流形式，如 E-mail、QQ、BBS、Blog、微博、Wiki、微信、知识网络内部网等（图 8-2）。

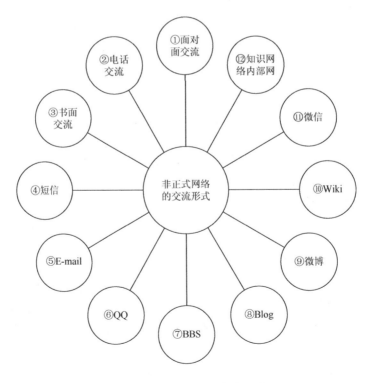

图 8-2 非正式网络的交流形式

（4）短信

短信（short message service，SMS）是用户通过手机或其他电信终端直接发送或接收的文字或数字信息，用户每次能接收和发送短信的字符数，一般不能超过 160 个英文或数字字符或 70 个中文字符。自 1992 年世界上第一条短信在英国沃尔丰的全球移动通信系统（global system for mobil communications，GSM）网络上通过个人计算机（personal computer，PC）向移动电话发送成功以来，手机短信以"第五媒介"手机为载体，迅速介入人们的生活，并对人们的经济、社会、文化，甚至对政治都产生了巨大而深远的影响。从知识网络的角度看，短信不仅改变了传统的交流方式，提供了一个良好的语言交流平台，更是一个全新的知识转移与共享的良好平台。其优点不仅体现在它的技术特性，还体现在它为个体与社会的互动提供了切实的纽带，增强了个体和社会的相互适应性。短信有其独特的信息传播优势：第一，信息传递快捷。传递短信，跳出了地点、时间、耗材等的约束，使信息传递简单、快捷。第二，抗外界干扰强。短信具有很强的私密性，能最大限度地控制信息扩散，不存在第三方的干扰，也不会干扰第三方。第三，短信到达的无限制性。拨打手机，对方可能因多种意外情况无法接听时，沟通就无法进行。但短信沟通是没有限制的，无网络故障的情况下，短信总会到达。因此，从信息传递来看，短信沟通的效率相当高。第四，内容形式丰富。由于手机和网络的联机，手机传递的信息除了文字，还可以是歌曲、图片；由于手机具有存储、转发、修改等功能，它可以发送自己原创性的信息，也可以发送来源别处的信息。而且，从某种程度来说，手机短信同时具有开放和私隐的"二重性"。它可以传递公众性的信息，也可以传递仅限于特定个体间的信息。第五，经济消费低廉、合理。随着手机的普及，发送手机短信的价格也越来越低。目前，用手机发送短信，普通的短信 0.1 元/条，比写一封邮寄信、打一个电话、发一个传真要实惠得多。而面对面的沟通需要有固定的时间和地点来实现，发一封电子邮件需要有计算机和互联网，相对于这样的机会成本，发一条短信显得便宜很多。第六，短信是一种典型的间接传播方式。比起喜欢直截了当的西方人，国人更乐于也更多地采纳间接传播模式。人们间接传播有助于避免遭对方拒绝或彼此有分歧的尴尬场面，而使相互关系和双方的面子都保全下来（邹宇春和蔡国萱，2007）。

短信系统以其强大的功能和灵活的配置广泛应用于各行各业。因此，短信的流行不仅是一种文化现象的流行，更是一种新的交流方式、生活方式的兴起。

（5）E-mail

E-mail 即电子邮件，全称 electronic mail，标志为@，也被大家昵称为"伊妹儿"，又称"电子信箱""电子邮政"，其是一种用电子手段提供信息交换的通信方式。E-mail 是 Internet 应用最广的服务：通过网络的 E-mail 系统，用户可以用非常低廉的价格（不管发送到哪里，都只需负担电话费和网费即可），以非常快速的方式（几秒钟之内可以发送到世界上任何你指定的目的地），与世界上任何一个角落的网络用户联系，这些 E-mail 可以是文字、图像、声音等各种方式。同时，用户可以得到大量免费的新闻、专题邮件，并实现轻松的信息搜索。这是任何传统的交流方式无法相比的。正是由于 E-mail 的使用简易、投递迅速、收费低廉、易于保存、全球畅通无阻，E-mail 被广泛地应用，它使人们的交流方式得到了极大的改变。另外，E-mail 还可以进行一对多的邮件传递，同一邮件可以一次发送给许多人。最重要的是，E-mail 是整个网间网（即网络互联协议）以至所有其他网络系统中直接面向人与人之间信息交流的系统，它的数据发送方和接收方都是人，所以极大地满足了大量存在的人与人交流的需求。

（6）QQ

QQ 模拟 ICQ（I seek you，我找你）而来，ICQ 是面向国际的一个聊天工具。QQ 是由深圳市腾讯计算机系统有限公司开发的一款基于 Internet 的即时通信软件。人们可以使用 QQ 和好友进行交流，信息和自定义图片或相片即时发送和接收，语音视频面对面聊天，还可以与手机聊天、BP 机（beeper，寻呼机）网上寻呼、创建聊天室、点对点断点续传传输文件、共享文档、接入 QQ 邮箱及网络收藏夹、发送贺卡等，功能非常全面。QQ 是目前国内非常流行、功能多元的即时通信软件，更是一种方便、实用、高效的即时通信工具。

（7）BBS

BBS 即公告板系统，是一种异时性的网络互动方式。它向参与者提供了一块公共电子白板，每个参与者都可以在上面发布信息或发表看法。BBS 是非常活跃的交流论坛，由于具有延时发布的特点，发表评论的人有更充分的思考时间，而且，参与者不受地点和时间限制，可以随时加入某一话题的讨论。BBS被视为一种理想的人际交流知识网络，人们根据所关心的话题，自然汇聚于某一板块，形成一个虚拟社区。在这个虚拟社区里，人们通过对彼此关心的问题进行探讨，形成知识或兴趣同盟，并构成比较固定的交流关系。BBS 不同板块的参与者还经常以版聚的形式来加强相互的认识和了解。经验丰富的参与者在遇到问题时，大都可以在与 BBS 特定板块的参与者的交互过程中，找到解决问题的办法（晏创业，2005）。目前，很多企业、学术机构、政府等组织都在互联网上开辟 BBS 论坛。例如，人大经济论坛、子午学术论坛、仪征政府论坛、人民网强国社区等（秦铁辉和孙琳，2009）。

（8）Blog

Blog（博客）的全名应该是 Weblog，中文称网络日志，后来缩写为 Blog。Blog 是"一种表达个人思想、网络链接、内容，按照时间顺序排列，并且不断更新的出版方式"。Blog 是继 E-mail、BBS、即时通信之后出现的第四种网络交流方式，是网络时代的个人"读者文摘"，是以超级链接为武器的网络日记，代表着新的生活方式和新的工作方式，更代表着新的学习方式。换言之，Blog 就是以网络作为载体，简易、迅速、便捷地发布自己的心得，及时、有效、轻松地与他人进行交流，再集丰富多彩的个性化展示于一体的综合性知识网络。一个 Blog 其实就是一个网页，它通常是由简短且经常更新的帖子所构成，这些张贴的文章一般都是按照年份和日期倒序排列。Blog 的内容和目的有很大的不同，从对其他网站的超级链接和评论，有关公司和个人的构想到日记、照片、诗歌、散文，甚至科幻小说的发表或张贴都有。许多 Blog 是个人心中所想之事的发表，个别 Blog 则是一群人基于某个特定主题或共同利益领域的集体创作。由于沟通方式比 E-mail、讨论群组及 BBS 和论坛更简单与容易，Blog 已成为家庭、公司、部门和团队之间越来越盛行的沟通工具。Blog 秉承了个人网站的自由精神，但是综合了激发创造的新模式，更具开放性和建设性。要在网络世界体现个人的存在、张扬个人的社会价值、拓展个人的知识视野、建立属于自己的交流沟通的群体，从这个意义上说，Blog 将会变得越来越普及，越来越为更多人接受。从信息传播的角度看，Blog 网站、频道的出现对于 Blog 个体而言，意味着将信息采集与发布的通道最大程度的简单化与快捷化。Blog 作为一种新表达方式，它传播的不仅仅是情绪，还包括大量的智慧、意见和思想。某种意义上说，它也是一种新的文化现象，Blog 的出现和繁荣，真正凸现网络的知识价值，标志着互联网发展开始步入更高的阶段。

（9）微博

微博（Weibo），即微型博客（micro blog）的简称，也是 Blog 的一种，是一种通过关注机制分享简短实时信息的广播式的社交网络平台。微博是一个基于用户关系信息分享、传播及获取的平台。用户可以通过 Web（world wide web，全球广域网）、WAP（wireless application protocol，无线应用协议）等各种客户端组建个人社区，以 140 字（包括标点符号）的文字更新信息，并实现即时分享。微博的关注机制分为可单向、可双向两种。

微博作为一种分享和交流平台，其更注重时效性和随意性。微博更能表达出自己每时每刻的思想和最新动态，而 Blog 则更偏重于梳理自己在一段时间内的所见、所闻、所感。因微博而诞生出微小说这种小说体裁。

2014 年 3 月 27 日晚间,在中国微博领域一枝独秀的新浪微博宣布改名为"微博"，并推出了新的 LOGO 标识，新浪色彩逐步淡化。微博包括新浪微博、腾讯微博、网易微博、搜狐微博等。微博提供了这样一个平台，你既可以作为观众，在微博上浏览你感兴趣的信息；也可以作为发布者，在微博上发布内容供别人浏览。相对于强调版面布置的 Blog 来说，微博的内容只是由简单的只言片语组成，从这个角度来说，对用户的技术要求门槛很低，而且在语言的编排组织上，没有Blog那么高。其次，微博开通的多种 API（application program interface，应用程序接口）使大量的用户可以通过手机、网络等方式来即时更新自己的个人信息。微博网站即时通信功能非常强大，通过 QQ 和 MSN Messenger 直接书写，在有网络的地方，只要有手机就可以即时更新自己的内容，哪怕你就在事发现场。类似于一些大的突发事件或引起全球关注的大事，如果有微博用户在场，利用各种手段在微博上发表出来，其实时性、现场感及快捷性，甚至超过所有媒体。

（10）Wiki

Wiki 是一种面向社群（community）的多人协作式写作工具。Wiki 站点由互联网用户共同编辑和维护，通过用户的共同参与，不断丰富和完善自身的内容。Wiki最常见的形式是百科词条式的编辑系统，通常由某一用户提出一个词条（如一个概念或名词），并列举出解释这一词条应包含的细目，互联网用户集思广益，共同完成对这一个词条的编写工作。词条的分解细目可以不断扩充，对每一细目的解释内容也随着不同用户的参与而不断完善。Wiki 具有很强的开放性和互动性，很好地运用了众人的智慧，同时又便于人们共享某一领域的知识。通过集思广益，共同写作，Wiki 的写作者和使用者构成了相互交流的社群，Wiki 系统为这个社群提供了便捷的交流工具。

（11）微信

微信（WeChat）是深圳市腾讯计算机系统有限公司于 2011 年 1 月 21 日推出的一个为智能终端提供即时通信服务的免费应用程序，由张小龙所带领的腾讯广州研发中心产品团队打造。微信支持跨通信运营商、跨操作系统平台通过网络快速发送免费（需消耗少量网络流量）语音短信、视频、图片和文字，同时，也可以使用通过共享流媒体内容的资料和基于位置的社交插件"摇一摇""漂流瓶""朋友圈""公众平台""语音记事本"等服务插件。2013 年 11 月微信注册用户量突破 6 亿，是亚洲地区最大用户群体的移动即时通信软件。

截止到 2016 年第二季度，微信已经覆盖中国 94%以上的智能手机，月活跃用户达到 8.06 亿，用户覆盖 200 多个国家、超过 20 种语言。微信提供公众平台、朋友圈、消息推送等功能，用户可以通过"摇一摇""搜索号码""附近的人""扫二维码"方式添加好友和关注公众平台，同时微信将内容分享给好友及将用户看到的精彩内容分享到微信朋友圈。

在信息沟通方面，微信主要拥有两个功能，①聊天：支持发送语音短信、视频、图片（包括表情）和文字，是一种聊天软件，支持多人群聊。②实时对讲机功能：用户可以通过语音聊天室和一群人语音对讲，但与在群里发语音不同的是，这个聊天室的消息几乎是实时的，并且不会留下任何记录，在手机屏幕关闭的情况下也仍可进行实时聊天。

（12）知识网络内部网

知识网络内部网（Intranet）是将 Internet 技术应用到知识网络中的内部组织，为知识网络的网络内部组织服务的网络形式。它为员工提供了一个良好的交流途径，员工可在此知识网络上交流感兴趣的话题。根据讨论话题的内容，内部网通常设有不同的讨论区，具有某种兴趣爱好的员工可在相关板块下进行充分交流。久而久之，经常在同一板块下交流的员工会形成一个交流圈子，他们可以在此分享对某一话题的经验和体会（秦铁辉和孙琳，2009）。例如，以色列艾利贝斯有限公司（Ex Libris）为了及时了解客户对其知名产品——图书馆集成管理系统 Aleph500 的使用情况，开辟了用户在线交流论坛，凡是使用该产品的用户均可自愿加入该论坛（Figallo and Rhine，2002）。此外，东芝（Toshiba）、惠普（Hewlett-Packard Development Company，L.P.）和奥多比（Adobe）等著名公司多年来也一直为它们的客户提供在线讨论区。

如图 8-2 所示，非正式网络的交流形式灵活多样，并且随着手机和计算机网络技术的进步越发异彩纷呈。微博、Blog 的兴起，互联网 2.0（Web2.0）时代的来临都为知识网络中组织间非正式网络交流提供了更加丰富的形式和手段，同时也为多样化的组织非正式网络的形成提供了便利（秦铁辉和孙琳，2009）。

第9章　知识网络组织之间的合作效率

作为知识网络生命周期中的重要特征变量之一，合作效率的状态影响着知识网络的形成与演化进程。本章对知识网络组织之间的合作效率进行研究，分析合作效率的影响因素，并构建了知识网络合作效率影响因素概念模型。利用结构方程模型理论，以调查问卷为工具，使用 AMOS16.0 软件对概念模型变量间的因果关系进行验证。

9.1　研究合作效率的重要性

各知识网络成员之间合作的目的是实现来自不同组织的知识跨越空间和时间的整合，有效弥补网络组织自身知识的不足，实现网络组织之间的知识流动、知识共享与知识创造，提高网络组织知识管理运作成效。但是，网络组织并非生来就具有协同能力，仅仅形成知识网络就自然地产生显著的绩效是没有道理的（Duhaime，2002）。由于知识网络的构建跨越了不同的网络组织，有多个网络组织的参与，并且网络组织产权所有者（或经验管理者）存在有限理性和机会主义倾向，参与知识网络的网络组织普遍存在着事前隐藏信息的逆向选择和事后隐藏行动的道德风险。因此，知识网络能否成功运作的关键在于，其能否保证知识网络成员有足够的动机不去利用它们之间的不对称信息和不完全契约来谋取私利，能否保证知识网络成员之间的知识共享和知识流动的顺利进行。所以，研究知识网络成员的合作效率具有重要意义。

通过第 7 章对知识网络生命周期的研究可知，知识网络形成与演化的各个阶段显示出不同的特点，作为一个重要的特征变量，合作效率的具体状况影响着知识网络的形成与演化进程。通过对合作效率的研究，有助于管理者制定相应策略对知识网络实施有针对性的管理，从而使知识网络尽快地由孕育形成期过渡到成长发展期，并延长成熟期，避免或延缓进入衰退期或解体期，实现可持续发展。

9.2　影响知识网络合作效率的关键因素

合作效率最先由 Buchlin 和 Sengupta（1993）提出，他们认为合作效率是指合作伙伴通过合作发现彼此的合作是有必要的，并能够从中获得收益。近年来，组织之间的各种形式的合作已经变得越来越普及，许多学者都在关注如何实施并维系组织之间的合作关系，提高合作效率。但是合作效率的主观性比较大，而且没有统一的测量指标和测量标准，因此合作效率是一个难以量化的指标。一些学者通过研究认为（Duhaime，2002；Das and Teng，2003），可以通过调控合作效率的影响因素来对合作效率进行优化，加强组织之间的合作关系、提高合作效率。

在第 5 章知识网络合作博弈模型分析的基础上，结合相关理论研究，本书认为，知识网络成员的期望收益、知识网络成员的学习能力、知识网络成员之间的关系强度、知识网络的网络环境及知识网络成员之间的信任，是影响知识网络合作效率的关键因素。

9.2.1　期望收益

Ajzen（1991）在理性行为理论的基础上提出了计划行为理论。计划行为理论是以期望价值理论为出发点，来解释个体行为的一般决策过程的理论（段文婷和江光荣，2008）。该理论认为，个人的行为受行为意图的影响，行为意图是指对行为的可能结果进行预期评价从而选择是否采取该行为的一种意愿。很明显，当预期到某种行为能带来足够大的收益时，必定对行为人产生巨大的吸引力，从而引致行为人主动且高效的合作行为。从一定程度上来讲，组织行为是多个个人行为的集体表现，因此，对于跨组织的知识网络来说，期望收益对知识网络组织之间的合作行为产生影响是可能成立的。Constant 等（1994）也认为组织之间的知识共享和合作创新等合作行为是建立在期望收益基础之上的交易行为，期望收益越大，各组织参与合作的积极性就越高，也就越容易引致组织之间的知识合作行为。

由此，提出如下假设。

H1：各知识网络成员对合作的期望收益与知识网络合作效率正相关。

9.2.2　学习能力

知识网络组织之间进行合作创新的基础，是组织之间知识流动与知识共享的顺利进行。Gupta 和 Govindarajan（2000）从理论和实证两个方面证实了：企业在知识转移过程中所获取知识的数量和密度与企业的学习能力密切相关，学习能力越高，知识转移效果越好。

Szulanski 等（2004）认为，只有通过知识接收方的理解、消化和吸收，知识转移才是成功的。因此，组织的学习能力既包括获取新知识的能力，又包括使用这些知识的能力。Cohen 和 Levinthal（1990）将组织学习能力概括为吸收转化知识的能力和整合知识的能力。吸收转化知识的能力是指组织辨别有价值的外部知识，进而消化吸收并加以商业化应用的能力。企业等组织吸收转化知识的能力越强，则其吸收转换外来新知识的速度与效率就越高，对于与其他组织的合作研发来说，吸收转化知识的能力会对知识的跨组织流动与共享产生直接影响，从而影响组织之间的合作效率。整合知识的能力是指将组织内外的知识采用新的方法加以重建的能力（Grant，1996）。整合知识能提高组织内部及组织之间的知识共通程度，从而使知识能够在组织之间更加有效地沟通、传播和共享。

由此，提出如下假设。

H2：各知识网络成员的学习能力与知识网络合作效率正相关。

9.2.3　关系强度

关系强度的概念由美国学者 Granovetter 于 1973 年首次提出，他把关系强度定义为"一种时间、感情深度、亲密度与互惠程度的集合"，其认为关系强度是一种人与人、组织与组织由于交流和接触而形成的一种纽带联系。Granovetter 所定义的关系强度体现的是社会网络中的联系强度。知识网络的关系强度是知识网络的知识网络成员为了实现知识流动、知识共享和知识创造而相互依赖与关联的程度。与 Granovetter 所定义的社会网络中的关系强度类似，知识网络成员之间的关系强度与知识网络成员之间的互动频率、资产专用化程度等因素显著相关。

在知识网络内部，合作伙伴关系的紧密度影响了组织之间知识转移的难易程度（Nahapiet and Ghoshal，1998），紧密的关系度有利于各种组织获得更多的机会去共享知识和经验。

1）知识网络成员之间频繁互动引起的较强的关系强度有利于隐性知识的共享。Polanyi（1966）把知识分为显性知识与隐性知识。显性知识是指能够以语言、文字、图形和符号等编码化的形式进行传递的正式与规范的知识，而隐性知识是指高度个体化、难以编码化和形式化、难以与他人共享的知识（Nonaka and Takeuchi，1995）。与显性知识相比，隐性知识更有价值（Philip，2001）。隐性知识是技术与知识创新的重点，只有隐性知识能够交流、共享并扩散，才有可能实现技术与知识创新。但隐性知识深深地扎根于个人和组织行动之中，其表达和转移比显性知识要困难得多。知识网络成员之间通过频繁的合作与互动，在正式交流与非正式交流的过程中提高其相互间知识吸收转化的能力，从而使隐性知识穿越组织边界，实现隐性知识的流动、传递与共享。关系强度越大，知识网络成员之间合作的稳定性就越强，知识网络的合作效率和协作能力自然越强。

2）知识网络成员之间较高的资源依赖程度引起的较强的关系强度有利于增

强组织间知识共享的动机（吴绍波和顾新，2008）。知识网络成员之间进行合作的目的之一，是从外部寻找资源弥补自身资源的不足，而在双方彼此愿意合作、共享各自拥有的资源技术且投入程度很高时，双方均可以达到在市场上形成较强的竞争优势的目的（Dyer and Singh，1998）。这种竞争优势一旦成为共享的价值取向与共同的目标，它就会加强合作知识网络成员之间的相互理解，进而会影响合作知识网络成员间知识的共享对合作价值创造的预期（Nahapiet and Ghoshal，1998），合作中的价值创造成为组织之间合作的动力因素。

基于上述分析，提出如下假设。

H3：知识网络成员之间的关系强度与知识网络合作效率正相关。

9.2.4　网络环境

在知识网络组织之间进行知识共享与合作创新的过程中，网络环境起着非常重要的作用。网络环境是一个非常宽泛的概念，主要指知识网络内部形成的能促进创新合作的各种文化氛围，以及包括激励机制、惩罚机制等在内的各种网络机制。

（1）网络文化的影响作用

知识网络的网络文化主要是指组织之间广泛共享与强烈认同的价值观文化，包括充满信任与亲密感的文化氛围，以及浓厚的创新氛围等。良好的网络文化可以对知识网络成员的行为起到规范、凝聚、激励和强化作用，从而有力地促进组织之间知识转移与知识共享的顺利进行。

个体总是在一定的组织文化氛围中进行相关的活动的，同样，企业等组织在知识网络内部的各种行为也受到网络文化潜移默化的影响。浓厚的创新氛围、融洽的沟通环境对知识网络成员之间的知识共享有着非常重要的积极影响。Ritter 和Gemünden（2003）认为，在创新性高的知识网络中组织之间更愿意分享知识，Bock等（2005）也指出良好的网络文化对知识分享有重要影响。共同的价值观和网络目标为知识网络成员进行合作创新创造了聚集点，相互信任的网络环境使各知识网络成员更愿意分享知识，从而实现组织之间的协同创新。

（2）网络机制的影响作用

如果说网络文化的感情维系是组织之间进行创新合作的重要基础，那么其包括激励机制、惩罚机制等在内的网络机制则是合作得以顺利进行的重要保障。

知识网络在实际的运行过程中，必然有一些企业等组织为了追求自身利益的最大化而采取对知识网络合作不利的行为。激励机制是指一种使个体为了自身利益而做出有利于整体行为的机制。按照这个定义，利益分配机制也应该属于激励机制的一种。作为一种有效的协调机制，在信息不对称的情况下，通过激励机制，委托人可以防范代理人发生机会主义行为。Szulanski（1996）认为，组织激励对知识转移的积极性与效果都会产生积极影响。魏江和王铜安（2006）通过实证研究指出，激励机制是影响知识转移的主要因素之一，对知识转移效果具有显著影响。当知识网络合作关系发生冲突的时候，通过激励机制可以保持网络合作关系的顺利进行。事实上，对互补性知识的需求本身就是一种激励，它是促使知识网络成员之间知识转移与知识共享的主要原因（Osterloh and Frey，2000）。

建立惩罚机制是防止知识网络的知识网络成员机会主义行为泛滥的另一种有效途径。Holmstrom（1982）证明，在不确定环境下，团体惩罚可以起到激励效果。这种惩罚机制提高了有自私行为的知识网络成员的失信成本，一方面，让愿意合作、诚实守信的知识网络成员得到激励，从其合作行为中获得长期收益；另一方面，让有自私行为的知识网络成员受到惩罚，由于它损害到知识网络其他知识网络成员的利益，其对局企业及竞争对手都将有积极性向外传播这一信息，并与其"划清界限"，从而可能让该企业孤立或退出知识网络。因此，通过制定完备的惩罚机制，可以约束知识网络成员的行为，从而使知识网络成员一般不敢轻易做出违背契约的行为，合作效率由此将得到提高。

基于上述分析，提出如下假设。

H4：知识网络的网络环境与知识网络合作效率正相关。

9.2.5　信任

信任是网络型组织运行的基础（Morgan and Hunt，1994）。关于信任的定义，学术界一直未能达成共识。社会学家 Hosmer（1995）认为，信任是指个体或组织对于合作另一方会尊重和保护所有合作的参与者或参与经济交易行为的其他各方的利益的一种信心。心理学家 Deutsch（1958）认为，信任是一种预期，并根据这一预期做出行动，而不管行动带来的结果好坏。尽管学者对信任的定义都不尽相同，但一般都包含两个方面的含义：一是信任是一种预期，二是信任的产生是有风险的。

（1）组织之间的信任与合作效率的关系

Panteli 和 Sockalingam（2005）认为，信任是组织之间知识共享过程的核心要素之一，从长远来看，如果合作伙伴之间缺乏信任，就可能无法实现预期的技术创新的绩效目标。以信任为基础的合作关系能够促进组织之间各种资源的分享，如果缺乏信任，则可能隐藏部分知识与信息，从而造成知识共享障碍（Ahuja，2000）。知识网络成员之间的相互信任可以增进单个组织对合作伙伴的主动合作行为（Dirks，2000），因此，建立在知识网络成员之间信任和承诺基础上的合作创新行为对合作效率有着积极的影响。

由此，提出如下假设。

H5：知识网络成员之间的相互信任与知识网络合作效率正相关。

（2）组织之间的信任与其他因素的关系

组织之间的相互信任不仅是知识共享顺利进行的前提，也是进行一切活动的基础。Andrews 和 Delahay（2000）认为，信任是组织之间合作产生的基础，在知识共享等创新合作过程中的重要性甚至超过了正式的合作程序。高水平的信任是不同组织之间有效沟通的关键，信任不仅使知识网络成员拥有共同的文化规范认同，也在一定程度上抑制了机会主义行为，减少了合作的不确定性。如果没有信任的存在，不同的组织之间根本不可能出现交集。

由此，提出如下假设。

H6：各知识网络成员对合作的期望收益与知识网络成员之间的相互信任具有相关性。

H7：各知识网络成员的学习能力与知识网络成员之间的相互信任具有相关性。

H8：知识网络成员之间的关系强度与知识网络成员之间的相互信任具有相关性。

H9：知识网络的网络环境与知识网络成员之间的相互信任具有相关性。

9.3　知识网络合作效率影响因素概念模型

通过 9.2 节的分析可知，知识网络成员之间知识网络合作效率的高低与知识网络成员的期望收益、知识网络成员之间的关系强度、知识网络成员的学习能力、知识网络的网络环境及知识网络成员之间的信任有关。

在上述分析基础之上，本书以信任为中介变量，构建了知识网络合作效率影响因素概念模型（图 9-1），以简化各因素变量之间的关系。

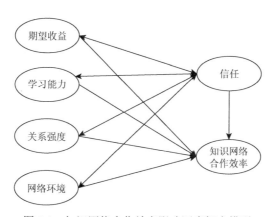

图 9-1　知识网络合作效率影响因素概念模型

9.4　实　证　分　析

9.4.1　实证研究方法与工具

为了对上述假设模型进行实证检验，需要运用科学、恰当的实证研究方法及相应工具进行分析。在进行实证时，知识网络合作效率及其影响因素等涉及的变量的评价具有主观性强、难以直接度量、度量误差较大等特点，若采用多元回归等传统方法进行数据分析将达不到理想效果，且效率低下。因此，本书在分析和验证变量之间的因果关系时，采用结构方程模型的方法并选用相应的统计软件进行研究。

1. 结构方程理论概述

（1）结构方程分析方法的概念和特点

结构方程分析，也被称作结构方程模型，是在已有的理论基础上，运用与之相应的线性方程系统来表示该理论的一种统计分析方法，由瑞典统计学家和心理测量学家 Joreskog 于 20 世纪 70 年代中期提出（孙连荣，2005）。

结构方程分析是一种验证性方法，相对于相关分析、回归分析、路径分析等研究变量间关系的统计方法来说，结构方程模型完善了这些常用方法的不足，其具有以下特点（Bollen and Long，1993）。

1）可以同时考虑及处理多个因变量。

2）允许自变量项目和因变量项目含有测量误差。

3）允许潜在变量（结构变量，也被称作隐变量）由多个观测变量（显变量）构成，并可以同时估计指标度量的信度及效度。

4）可采用比传统方法更有弹性的测量模式，在结构方程模型中，某一指标变量可同时从属于两个潜伏因子。

5）可构建潜在变量之间的关系，并估计模型与数据之间的吻合程度。

（2）结构方程模型构建步骤

结构方程模型的基本思路是：首先根据相关理论和已有的相关知识，通过推论和假设构建一个反映一组变量间相互关系的模型，其次通过测查，获得一组观测变量数据和基于该数据而形成的协方差矩阵，即样本矩阵。结构方程模型将构建的假设模型与样本矩阵的拟合程度进行检验，如果构建的假设模型能拟合客观的样本数据，说明该模型成立；否则就要进行修正，如果修正以后仍然不符合拟合指标的要求，就要否定该假设模型。

结构方程模型包括两个模型（吴兆龙和丁晓，2004），具体如下。

1) 结构模型。结构模型也就是潜在变量模型。结构模型说明了潜在外生变量和潜在内生变量之间的因果关系,这种关系以图形的形式表达出来就称为路径图。

$$结构方程 \quad \eta = B\eta + \Gamma\xi + \zeta$$

式中,ξ 为潜在外生变量矩阵,即潜在自变量矩阵;η 为潜在内生变量矩阵,即潜在因变量矩阵;Γ 为结构系数矩阵,它表示结构模型中潜在自变量矩阵 ξ 对潜在因变量矩阵 η 的影响作用;B 为结构系数矩阵,它表示结构模型中潜在因变量矩阵 η 的构成因素之间的相互影响作用;ζ 为结构方程的残差矩阵。

2) 测量模型。测量模型说明了潜在变量(即结构变量)η、ξ 和观测变量(即显变量)X、Y 之间的相互关系。

$$测量方程 \quad Y = \Lambda_y\eta + \varepsilon$$

$$X = \Lambda_x\xi + \delta$$

测量方程中,Y 为 η 的观测变量(即显变量)矩阵;Λ_y 为观测变量系数矩阵,它表示潜在内生变量(即潜在因变量)矩阵 η 与其观测变量(即显变量)Y 之间的关系;η 为潜在内生变量(即潜在因变量)矩阵;ε 为测量方程的残差矩阵。

测量方程中,X 为 ξ 的观测变量(即显变量)矩阵;Λ_x 为观测变量系数矩阵,它表示潜在外生变量(即潜在自变量)矩阵 ξ 与其观测变量(即显变量)X 之间的关系;ξ 为潜在外生变量(即潜在自变量)矩阵;δ 为测量方程的残差矩阵。

2. AMOS 软件简介

AMOS 软件,即 Analysis of Moment Structure,是一种处理结构方程模型的统计分析软件,它由 Arbuckle 发明。AMOS 软件功能强大,特别适合用于进行协方差分析及适用于解释不能直接测量的变量之间的因果关系,因此也被称作协方差结构分析或因果模型分析(吴明隆,2009)。

AMOS 软件分析方法结合了传统的一般线性模型与共同因素分析的技术。在建立模型(路径图)时,AMOS 软件不需要编写程序命令,而使用可视化和鼠标拖曳的方式来表示变量之间复杂的相互关系,因此其数据分析的效率很高。同时,利用 AMOS 软件所建立的结构方程模型,会比标准的多变量统计方法更为准确。因为种种优点,AMOS 软件被广泛应用于医学、心理学、社会科学、组织行为学等领域。

本章的实证研究使用 SPSS16.0 软件和 AMOS 软件对问卷数据进行处理。其中,SPSS16.0 软件用于一般的描述性统计分析和因子分析等基本统计分析,AMOS 软件用于进行概念模型的结构方程模型建模及概念模型的验证和分析。

9.4.2　问卷设计

本书的实证分析所需要的数据是通过问卷的方式调查得到的,为了保证本实证研究的质量,问卷设计要尽量符合本实证研究的要求。

1. 问卷的基本内容

问卷设计的最高层次是量表的构思与目的,不同的研究目的和理论依据决定了调查问卷项目的总体安排、基本内容和问卷结构(王重鸣,1990)。本节的问卷设计,主要是为知识网络合作效率影响因素的因果关系的相关研究服务的,因此,问卷必须能为该研究内容提供所需要的有效数据。围绕本书的研究目的和研究内容,最后形成的调查问卷包括三部分的基本内容。

第一部分:问卷前言,主要是向被调查者介绍和说明此次调查的目的、内容等,并说明问卷填写指南及对问卷中所使用的名词做出解释。

第二部分:被调查者的基本信息,有助于确认样本的可代表性,筛选有效问卷,便于数据处理时的描述性统计分析,以获取样本的描述性特征。

第三部分:问卷的主体部分,测量知识网络合作效率与其影响因素的因果关系主要靠问题和答案来获取数据进行分析。在这一部分,问题就是根据对知识网络合作效率、知识网络成员的期望收益、学习能力、组织间的关系强度、网络环境及组织间的信任这六个变量所选取的题项来进行设计。在答案中,本节所选取的测量工具是量表。量表将所要测量的变量属性赋予一定的数字或符号。量表的种类有很多,本研究采用 Likert 量表法进行测量。Likert 量表法由一系列能够表达对所研究的变量肯定或否定的态度的陈述构成,应答者被要求对每一个陈述问题的认可程度进行回答,从而测试应答者对所测变量的态度。本实证研究的调查问卷采用 Likert 量表法进行设计。

2. 问卷设计过程

为了设计出一份较为科学的调查问卷,以尽可能地获取有价值的数据实现各种变量的测量,并保证研究结果的可靠性和有效性,在问卷设计中,本节主要采用了以下四个步骤。

(1)大量的文献研究

尽管专门针对知识网络成员之间合作的实证研究并不多,但众多的关于企业之间知识共享、组织之间合作绩效等实证研究中的问卷设计方法同样可以为本节的实证研究提供有价值的参考。因此在问卷设计之前,应对这些相关文献进行检索、查阅和研究,以提取有价值的信息。

（2）编制初始问卷

通过对相关文献的研究，对其进行归纳和演绎，设计了一系列具体项目对假设模型的变量进行测度，形成初始问卷。

（3）专家意见征求

向本书作者所在的四川大学商学院学术团队和相关研究人员征求对问卷的意见，对题项的措辞与归类进行调整和修改，并对部分题项进行增减，形成第二阶段问卷。

（4）调查问卷的预测试

在进行大范围的数据采集之前，先对一小部分相关人员，如高科技企业的相熟员工和部门领导用初始问卷进行测试，及时发现问卷中可能存在的问题，根据预测试的反馈和建议对问卷做进一步的修改完善，在此基础上形成最终的调查问卷。

9.4.3　变量及其测度指标设计

根据提出的假设模型，问卷涉及的变量包括知识网络成员的期望收益、学习能力、关系强度、网络环境、知识网络合作效率、信任。在实际测量时，这些变量是潜在变量，不能直接测量，因此对这些变量的测量均通过其对应的可观测变量进行，采用主观感知的模糊评价方法，以 Likert 量表法为主。根据其原则，由负向到正向对应的分值为从 1 至 5，即每个题项评语栏将有五个选项，代表"非常不符合"到"非常符合"五种不同的看法。

1. 被解释变量：知识网络合作效率

对知识网络合作效率的判断，本书主要借鉴了 Davenport 和 Glaser（2002）、刘浩然等（2007）关于知识创造、知识开发的观点和实证研究的题项设计，从创新合作项目的成功率、完成情况和满意程度三个方面来衡量，并相应地在问卷中设计了四个问题，具体见表 9-1。

表 9-1　知识网络合作效率影响因素相关变量及其测度指标

结构变量（隐变量）	观测变量（显变量）及对应题项		判定标准
知识网络合作效率（E）	从创新合作项目的成功率、完成情况和满意程度三个方面来衡量	①与合作伙伴合作开发的项目成功率很高 E_1； ②与合作伙伴合作开发的项目能按时、按质地完成 E_2； ③与合作伙伴合作开发的项目能比预定目标花更少的时间和资源完成 E_3； ④对与合作伙伴合作开发的项目的合作过程非常满意 E_4	Likert 量表法（由"非常不符合"1 分至"非常符合"5 分）
期望收益（I）	从经济效益和能力提升两个方面来衡量	①与合作伙伴进行知识共享和创新合作，能够提高经济效益 I_1； ②与合作伙伴进行知识共享和创新合作，能够有效地解决知识不足的问题 I_2； ③与合作伙伴进行知识共享和创新合作，能够提升我们的创新能力 I_3	

续表

结构变量（隐变量）	观测变量（显变量）及对应题项	判定标准
学习能力（S）	从组织的学习意愿、吸收转化能力两个方面来衡量	①非常愿意从其他组织那里吸取有用的知识 S_1； ②非常愿意与其他组织分享知识 S_2； ③在与合作伙伴进行合作时，能快速、全面地获得新知识 S_3； ④能很快地使用已消化的新知识进行新产品或新服务的开发 S_4	Likert 量表法（由"非常不符合"1分至"非常符合"5分）
关系强度（R）	从合作双方的接触频率、合作关系的持久性、资源依赖程度三个方面来衡量	①与合作伙伴经常进行各种形式的交流和沟通 R_1； ②与合作伙伴保持有长期的合作关系 R_2； ③与合作伙伴的资源互补程度很高 R_3	
网络环境（C）	网络文化与网络机制，如网络文化和以激励机制与惩罚机制为代表的网络机制两个方面来衡量	①知识网络内部有良好的知识共享与学习的气氛 C_1； ②对知识网络内部的利益分配等激励机制非常满意 C_2； ③知识网络内部的各种激励机制能够充分调动我们参与知识网络合作的积极性和主动性 C_3； ④当合作伙伴产生了损害其他合作伙伴的行为，将受到相应的严厉惩罚 C_4	
信任（T）	从与其他组织的情感信任和认知信任两个方面来衡量	①与合作伙伴进行知识共享和创新合作过程中，彼此都会避免提出有损对方利益的要求 T_1； ②与合作伙伴进行知识共享和创新合作过程中，不会怀疑对方的能力与提供的信息的正确性 T_2； ③与合作伙伴进行知识共享和创新合作过程中，合作双方通常都能够履行诺言 T_3	

2. 解释变量：知识网络合作效率的影响因素

（1）期望收益

社会交换理论认为，个人及组织行为的产生很大一部分源自对将来可能会获得的一定报酬的信念。Bock 和 Kim（2002）认为，期望收益包括组织将给予的实质性的奖励及职位的调升。由于是研究知识网络组织之间的合作效率问题，考虑到组建知识网络的目的及实际情况，本研究从经济效益和能力提升两个方面来衡量，相应地在问卷中设计了三个问题，具体见表 9-1。

（2）学习能力

Cohen 和 Levinthal（1990）将组织的学习能力分为三个方面：学习意愿、吸收能力和整合能力。其中，学习意愿体现出知识接收方学习知识的目的性和主动性，是知识转移的驱动因素。吸收能力是指组织辨别有价值的外部知识，进而消化吸收并加以应用的能力，该能力直接影响到知识的跨组织流动与共享。整合能力是指把现有的知识采用新的方法加以重建的能力。按照以上定义，吸收能力与整合能力实际上是有所交叉的，本书将吸收能力和整合能力归纳为吸收转化能力。本书从组织的学习意愿、吸收转化能力两个方面来衡量组织的学习能力，相应地在问卷中设计了四个问题，具体见表 9-1。

（3）关系强度

关于关系强度的界定，学术界目前尚无统一的定论。根据众多学者的研究，用来度量关系强度最常用的指标有合作双方的接触频率（Blumstein and Kollock，1988）、合作关系的持久性（Marsden and Campbell，1984）及资源依赖程度（吴绍波和顾新，2008）。本研究也从这几个方面来衡量组织之间的关系强度，相应地设计了三个题项，具体见表9-1。

（4）网络环境

网络环境涉及网络文化、网络机制等方面的内容，因此，关于网络环境的度量也从这几个方面进行考虑，主要从网络文化和以激励机制与惩罚机制为代表的网络机制两个方面进行衡量，借鉴了 Bock 等（2005）、Sarker 等（2005）、李梦俊等（2008）的相关研究，设计了相应的四个题项，具体见表9-1。

3. 中间变量：信任

信任是影响知识网络组织之间合作的关键因素，本书认为知识网络组织的一切行为都是建立在信任基础之上的。关于对信任这一变量的衡量，参考了 Coleman（1988）、McAllister（1995）、张羿（2009）等的研究成果，从情感信任和认知信任两个方面设计了三个题项，具体见表9-1。

9.4.4　数据收集及其有效控制

1. 样本选择

本实证研究采用问卷调查的方式来获取所需要的数据。问卷发放的对象为知识网络组织，因为我国知识网络主要表现形式为产学研联盟，所以重点向参与产学研联盟的组织发放问卷。本着就近原则，以四川省企业和科研单位为主要研究对象。由于人力、财力、物力及时间等因素上的限制，主要采取现场直接发放和电子邮件两种方式进行问卷发放。其中，现场直接发放主要针对四川大学商学院的 MBA 学员、EMBA（executive master of business administration，高级管理人员工商管理硕士）学员和总裁班学员等，这些培训班的学员主要是企事业单位的中上层领导或管理者；另外，本书作者通过电子邮件向职位为管理人员或研发人员的同学、朋友发放问卷，或请求他们转交所在单位管理人员或研发人员填写。通过这些方式获得的问卷可以基本上保证填答者有足够的信息和知识来填写问卷，以确保问卷的有效性和准确性。

2. 测量项目优化

本书研究中将要检验的假设模型涉及的六个结构变量是隐性变量，不适合向填表人直接调查。每个结构变量都对应有观测变量，对填表人的调查是通过根据观测变量设计的题项来进行的。因此，观测变量及其相应题项的设计是否合理，不仅直接影响结构变量测定的科学性、准确性和可靠性，还将影响整个实证研究目的能否实现。为了让正式的问卷调查能有较高的成功率和准确性，本书在小范围内至少进行了两次预研。本着科学性、灵活性和可操作性的原则，同时征求了学术团队的意见，本书删除了学习能力和网络环境对应的观测变量下的两个题项。

3. 问卷回收

2009 年 12 月至 2010 年 3 月底，本书采取现场直接发放、E-mail 发放问卷等方式，以四川省企业、科研单位和四川大学商学院的 MBA 学员、EMBA 学员和总裁班学员等为主要研究对象进行了问卷调查。此次调查共发放问卷 300 份，回收问卷 263 份，其中有效问卷为 229 份，有效回收率为 76.3%。问卷发放和回收情况具体见表 9-2。

表 9-2　问卷发放及回收情况

发放方式	现场直接发放	E-mail 发放	总计
发放数量/份	160	140	300
回收数量/份	141	122	263
有效问卷数量/份	121	108	229
有效回收率	75.6%	77.1%	76.3%

9.4.5　数据处理与分析

1. 样本描述性统计分析

为了看出问卷调查样本的背景特征，本书先进行了基本的统计分析。

（1）样本组织的类型分布情况

本书的主要研究对象为产学研联盟组织，因此在设计问卷时，将组织类型划分为企业、大专院校、科研机构三种。在所搜集的有效样本中，企业为 119 份，占 52.0%；大专院校为 61 份，占 26.6%；科研机构为 49 份，占 21.4%，见表 9-3。

表 9-3　样本组织类型分布

组织类型	频数/份	占比	累积占比
大专院校	61	26.6%	26.6%
科研机构	49	21.4%	48.0%
企业	119	52.0%	100%

（2）样本组织的研发人数分布情况

从研发人数来看，10 人及以下的为 54 份，占 23.6%；11～50 人的为 76 份，占 33.2%；51～100 人的为 51 份，占 22.3%；101 人及以上的为 48 份，占 21.0%，见表 9-4。

表 9-4　样本组织研发人员分布

研发人数	频数/份	占比	累积占比
10 人及以下	54	23.6%	23.6%
11～50 人	76	33.2%	56.8%
51～100 人	51	22.3%	79.1%
101 人及以上	48	21.0%	100.1%

注：由于四舍五入加和不为 100%

（3）样本组织的人员构成分布情况

从被调查人员的职务类别来看，管理人员为 81 份，占 35.4%；技术人员为 124 份，占 54.1%；行政人员为 24 份，占 10.5%，见表 9-5。

表 9-5　样本组织的人员构成分布

人员构成	频数/份	占比	累积占比
管理人员	81	35.4%	35.4%
技术人员	124	54.1%	89.5%
行政人员	24	10.5%	100%

企业是知识网络的主导组织，从以上调查问卷的样本分布情况来看，企业所占比例为 52.0%，说明样本较好地反映了生产型组织在其中的作用。从被调查人员所在单位的研发人员来看，研发人员规模分布比较均匀，101 人及以上的也占到总数的 21.0%，说明不管是科研机构还是企业，都比较注重研发团队的培养。被调查人员中，以管理人员和技术人员居多，这也符合我们的预期，为了保证被调查者有足够的信息和知识填答问卷，管理人员和技术人员是本书此次调查的重点。

样本总体的描述性统计结果见表 9-6。

表 9-6　样本总体的描述性统计

项目	N	范围	最小值	最大值	均值	标准差	方差	偏度		峰度	
								统计量	标准误差	统计量	标准误差
I_1	229	4	1	5	3.39	0.885	0.783	0.074	0.161	−0.538	0.32
I_2	229	3	2	5	3.65	0.812	0.659	0.039	0.161	−0.584	0.32
I_3	229	4	1	5	3.69	0.862	0.743	−0.174	0.161	−0.415	0.32
S_1	229	3	2	5	4.18	0.72	0.519	−0.645	0.161	0.336	0.32
S_2	229	4	1	5	3.49	0.776	0.602	−0.035	0.161	−0.08	0.32
S_3	229	4	1	5	3.09	0.775	0.601	−0.046	0.161	−0.176	0.32
R_1	229	3	2	5	3.77	0.773	0.597	0.014	0.161	−0.635	0.32
R_2	229	3	2	5	3.91	0.828	0.685	−0.491	0.161	−0.194	0.32
R_3	229	3	2	5	3.45	0.824	0.678	0.091	0.161	−0.503	0.32
C_1	229	3	2	5	3.83	0.817	0.668	−0.065	0.161	−0.793	0.32
C_2	229	3	2	5	3.45	0.709	0.503	0.126	0.161	−0.201	0.32
C_3	229	4	1	5	3.11	0.752	0.566	0.122	0.161	0.118	0.32
T_1	229	4	1	5	3.69	0.774	0.599	−0.154	0.161	−0.034	0.32
T_2	229	3	2	5	3.68	0.789	0.623	0.265	0.161	−0.761	0.32
T_3	229	4	1	5	3.31	0.834	0.696	0.153	0.161	−0.317	0.32
E_1	229	4	1	5	3.83	0.851	0.724	−0.433	0.161	0.084	0.32
E_2	229	3	2	5	3.64	0.819	0.671	0.13	0.161	−0.658	0.32
E_3	229	4	1	5	3.04	0.895	0.801	0.108	0.161	−0.019	0.32
E_4	229	4	1	5	3.51	0.82	0.672	−0.083	0.161	−0.022	0.32
Valid N (listwise)	229										

注：Valid N（listwise）指有效数据

2. 问卷信度及效度分析

在运用 AMOS 软件进行假设模型的验证分析之前，需要对问卷数据进行信度和效度的检验。较高的信度和效度说明了测量工具选择的正确性与科学性。信度（reliability）主要对测量结果的一致性和稳定性进行检测。而效度（validity）主要是说明测量工具对所需要测量的变量测量的准确性程度。信度和效度检验是实证研究过程中的一个非常重要的环节，信度和效度要同时具备，才能确保测量的质量（邱皓政和林碧芳，2009），这样的实证分析及其结果才能具有说服力。

（1）信度分析

信度的高低是评价问卷质量的重要指标，它指的是对同一事物进行重复测量时，所得结果的一致性程度，反映了问卷的可靠性和稳定性。信度一般用信度系数来评价，本书采用同质性信度分析方法，即内部一致性系数分析问卷的信度，具体用最常用的 Cronbach α 系数来检测。

Cronbach α 系数的值越大，表示信度越高。在社会科学研究中，通行的规则是量表的 Cronbach α 系数值大于 0.6，表示量表的信度可接受，但 Cronbach α 系数最好是大于 0.7（Bagozzi and Yi，1988）。而根据国内吴明隆的总结，以发展测量工具为目的的信度系数应大于 0.7，以基础研究为目的的信度系数最好大于 0.8（吴明隆，2003）。

借助 SPSS16.0 软件对回收的有效问卷进行信度检验，检验结果见表 9-7。

表 9-7　知识网络合作效率影响因素研究样本的信度检验

Cronbach's α 系数	基于标准化项的 Cronbach's α 系数	项数
0.974	0.974	19

从表 9-7 可以看出，样本总体的 Cronbach α 系数为 0.974，信度非常高，说明问卷结果是可靠的。

（2）效度分析

学术研究中常出现的效度有三种：内容效度、效标效度和建构效度。因为测量的困难，研究者只能选择其中一种或几种来说明变量数据的效度（荣泰生，2009）。在该研究中，本书选择建构效度进行检验。

建构效度反映了测量工具能够测出样本潜在特质的程度，效度越高，表示所测数据能显示出所要测量指标的真正特征的程度越高（黄芳铭，2005）。一般采用因子分析法来检验建构效度。如果能够有效提取共同因子，并且共同因子与理论结构的特征比较接近，则可判断选择的测量工具是具有建构效度的。

在进行因子分析之前，首先要进行 KMO（Kaiser-Meyer-Olkm）检验，以判断数据是否适合做因子分析。通常采用以下判断标准：若 KMO≥0.9，说明非常适合；若 0.8≤KMO<0.9，说明很适合；若 0.7≤KMO<0.8，说明适合；若 0.6≤KMO<0.7，说明不太适合；若 0.5<KMO<0.6，说明很勉强；若 KMO≤0.5，说明不适合。

KMO 检验结果如表 9-8 所示。由表 9-8 可知，样本的 KMO 值为 0.964≥0.9，且 Bartlett 检验的 χ^2 的显著性概率为 0.000，小于 0.001，说明数据具有相关性，非常适合做因子分析。

表 9-8　知识网络合作效率影响因素研究样本的 KMO 检验结果

取样足够度的 KMO 度量		0.964
Bartlett 球形度检验	近似卡方	4.726×10^3
	df	171
	Sig.	0.000

本书采取主成分分析法提取合作效率影响因素的因子，按照特征值大于 1 的原则和最大方差法的正交旋转进行因素抽取，结果如表 9-9～表 9-11 所示。由表 9-11 可知，在知识网络合作效率影响因素的 19 个指标中，最后提取了两个因子，共解释总体方差的 75.887%，说明本研究各项指标的设置具备建构效度。

表 9-9　各变量的因子载荷

变量	成分	
	1	2
I_1	0.827	0.268
I_2	0.856	0.141
I_3	0.872	−0.153
S_1	0.806	−0.350
S_2	0.874	0.058
S_3	0.812	0.403
R_1	0.826	−0.167
R_2	0.784	−0.324
R_3	0.840	0.147
C_1	0.863	−0.200
C_2	0.819	−0.071
C_3	0.814	0.341
T_1	0.765	−0.351
T_2	0.844	−0.177
T_3	0.798	0.242
E_1	0.863	−0.346
E_2	0.890	0.118
E_3	0.698	0.588
E_4	0.843	−0.088

注：提取方法为主成分分析；提取两个成分

表 9-10　旋转后的各变量因子载荷

变量	成分	
	1	2
I_1	0.439	0.751
I_2	0.545	0.675
I_3	0.753	0.466
S_1	0.834	0.275
S_2	0.614	0.625
S_3	0.337	0.841
R_1	0.728	0.425
R_2	0.801	0.280
R_3	0.529	0.668
C_1	0.777	0.425
C_2	0.659	0.492
C_3	0.381	0.796
T_1	0.804	0.247
T_2	0.748	0.430
T_3	0.434	0.711
E_1	0.875	0.316
E_2	0.586	0.680
E_3	0.129	0.904
E_4	0.688	0.496

注：提取方法为主成分分析；旋转法为具有 Kaiser 标准化的正交旋转法；旋转在三次迭代后收敛

表 9-11　总体方差被解释情况

成分	初始特征值			提取平方和载入			旋转平方和载入		
	合计	方差的比例	累积的比例	合计	方差的比例	累积的比例	合计	方差的比例	累积的比例
1	12.999	68.413%	68.413%	12.999	68.413%	68.413%	7.870	41.422%	41.422%
2	1.420	7.473%	75.887%	1.420	7.473%	75.887%	6.548	34.465%	75.887%
3	0.615	3.237%	79.124%						
4	0.442	2.326%	81.449%						
5	0.410	2.156%	83.606%						

续表

成分	初始特征值			提取平方和载入			旋转平方和载入		
	合计	方差的比例	累积的比例	合计	方差的比例	累积的比例	合计	方差的比例	累积的比例
6	0.367	1.932%	85.537%						
7	0.365	1.921%	87.458%						
8	0.339	1.783%	89.241%						
9	0.275	1.447%	90.688%						
10	0.254	1.337%	92.025%						
11	0.233	1.225%	93.250%						
12	0.232	1.220%	94.470%						
13	0.191	1.006%	95.476%						
14	0.174	0.913%	96.390%						
15	0.161	0.847%	97.236%						
16	0.157	0.824%	98.060%						
17	0.141	0.741%	98.801%						
18	0.140	0.739%	99.540%						
19	0.087	0.460%	100.000%						

注：提取方法为主成分分析

3. 概念模型的检验与评价

在 9.3 节所构建的知识网络合作效率影响因素概念模型的基础上，本章设定了基于 AMOS 软件的结构方程模型初始模型并导入数据计算出了初始结果（图 9-2 和图 9-3）。

（1）概念模型的评价

1）评价指标选择。结构方程模型通过模型拟合度进行评价，若拟合度高，说明模型设计合理。目前最为常见的模型拟合度评价指标有：卡方值（CMIN）、卡方显著性（p）、卡方与其自由度的比值[CMIN(x^2)/df]等。一般认为，要保证基于良好拟合度的模型来对假设进行检验，至少要有两个以上的指标达到参数标准（Breckler，1990）。本书最终选取了 CMIN（x^2）、CMIN（x^2）/df、NFI（normed fit index，规范拟合指数）、CFI（comparative fit index，比较拟合指数）、RMSEA（root mean square error of approximation，近似误差的均方根）、RMR（rock mass rating，残差均方根）等评价指标来对概念模型的拟合度进行评价，评价指标的性质及判断标准具体见表 9-12。

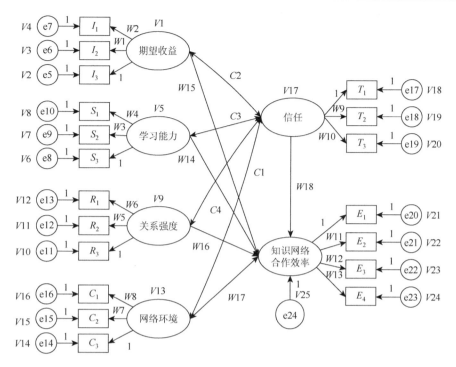

图 9-2　初始结构方程模型路径图

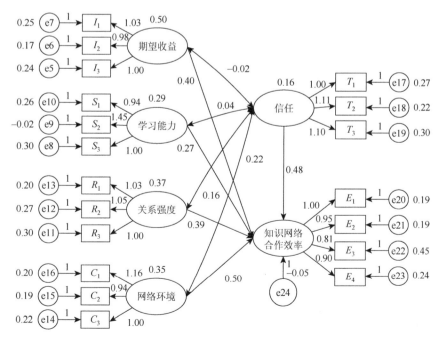

图 9-3　结构方程模型各路径系数计算结果

表 9-12　结构方程模型评价指标的性质及其判断标准

指标名称	指标性质	判断标准
CMIN(χ^2)	理论模型与观察模型的拟合度	>0
CMIN(χ^2)/df	考虑模型复杂度后的 χ^2 值	<3
GFI	假设模型可以解释观察数据的比例	>0.9，越接近 1 适合度越好
AGFI	考虑模型复杂度后的 GFI	>0.9，越接近 1 适合度越好
NFI	比较假设模型与独立模型的 χ^2 值差异	>0.9，越接近 1 适合度越好
CFI	假设模型与独立模型的非中央性差异	>0.9，越接近 1 适合度越好
RMR	未标准化假设模型整体参差	<0.05，越接近 0 越好
RMSEA	比较假设模型与饱和模型的差距	<0.08，越接近 0 越好

注：GFI 为 goodness-of-fit index，即拟合优度指数；AGFI 为 adjusted goodness-of-fit index，即调整拟合优度指数

2）模型适合度指标评价。根据 AMOS 软件的分析结果，结构方程模型整体适合度衡量指标如表 9-13 所示。在整体适合度评价指标中，CMIN(χ^2)、CMIN(χ^2)/df、GFI、AGFI、NFI、CFI、RMR、RMSEA 均符合评价标准，显示出良好的适合度，这说明假设模型与数据模型的拟合通过了检验。

表 9-13　结构方程模型适合度分析表

指标名称	本模型检测值	判定标准	适配结果
CMIN(χ^2)	226.375	>0	良好
CMIN(χ^2)/df	1.583	<3	良好
GFI	0.923	>0.9	良好
AGFI	0.914	>0.9	良好
NFI	0.921	>0.9	良好
CFI	0.962	>0.9	良好
RMR	0.033	<0.05	良好
RMSEA	0.071	<0.08	良好

（2）概念模型检验结果分析

表 9-14～表 9-16 给出了结构方程模型中各个变量之间的路径关系系数的标准化估计值、临界比（C.R.）及各路径关系系数的显著性检验结果。通过图 9-3、表 9-14、表 9-15 中的数据，可以判断研究假设是否成立。

表 9-14　结构方程模型变量间因果关系的路径参数估计结果

因果关系路径	估计值	S. E.	C. R.	p	标签
知识网络合作效率◄－－学习能力	0.27	0.03	2.65	0.002	W14
知识网络合作效率◄－－期望收益	0.40	0.04	11.33	***	W15
知识网络合作效率◄－－关系强度	0.39	0.05	7.75	***	W16
知识网络合作效率◄－－网络环境	0.50	0.06	8.09	***	W17
知识网络合作效率◄－－信任	0.48	0.08	5.44	0.001	W18
I_3◄－－期望收益	1.00				
I_2◄－－期望收益	0.98	0.07	14.92	***	W1
I_1◄－－期望收益	1.03	0.07	14.16	***	W2
S_3◄－－学习能力	1.00				
S_2◄－－学习能力	1.45	0.13	10.78	***	W3
S_1◄－－学习能力	0.94	0.09	10.73	***	W4
R_3◄－－关系强度	1.00				
R_2◄－－关系强度	1.05	0.09	11.19	***	W5
R_1◄－－关系强度	1.03	0.09	11.70	***	W6
C_3◄－－网络环境	1.00				
C_2◄－－网络环境	0.94	0.07	12.65	***	W7
C_1◄－－网络环境	1.16	0.08	13.73	***	W8
T_1◄－－信任	1.00				
T_2◄－－信任	1.11	0.11	10.13	***	W9
T_3◄－－信任	1.10	0.12	9.53	***	W10
E_1◄－－知识网络合作效率	1.00				
E_2◄－－知识网络合作效率	0.95	0.08	11.33	***	W11
E_3◄－－知识网络合作效率	0.81	0.10	7.80	***	W12
E_4◄－－知识网络合作效率	0.90	0.09	10.35	***	W13

***表示显著性水平 $p < 0.001$；S. E. 指估计标准误差

表 9-15　结构方程模型变量间相关关系的路径参数估计结果

相关关系路径	估计值	S. E.	C. R.	p	标签
网络环境◄－►信任	0.22	0.03	7.64	***	C1
期望收益◄－►信任	−0.02	0.01	1.17	0.08	C2
学习能力◄－►信任	0.04	0.01	3.03	0.00	C3
关系强度◄－►信任	0.16	0.02	7.05	***	C4

***表示显著性水平 $p < 0.001$；S. E. 指估计标准误差

表 9-16　标准化回归系数

关系路径	系数
知识网络合作效率◀－－学习能力	0.36
知识网络合作效率◀－－期望收益	0.65
知识网络合作效率◀－－关系强度	0.54
知识网络合作效率◀－－网络环境	0.67
合作效率◀－－信任	0.65
I_3◀－－期望收益	0.82
I_2◀－－期望收益	0.86
I_1◀－－期望收益	0.82
S_3◀－－学习能力	0.70
S_2◀－－学习能力	0.71
S_1◀－－学习能力	0.72
R_3◀－－关系强度	0.74
R_2◀－－关系强度	0.78
R_1◀－－关系强度	0.82
C_3◀－－网络环境	0.78
C_2◀－－网络环境	0.78
C_1◀－－网络环境	0.64
T_1◀－－信任	0.61
T_2◀－－信任	0.68
T_3◀－－信任	0.63
E_1◀－－知识网络合作效率	0.71
E_2◀－－知识网络合作效率	0.69
E_3◀－－知识网络合作效率	0.47
E_4◀－－知识网络合作效率	0.63

1）期望收益与知识网络合作效率的关系。从表 9-14 可以看出，期望收益对知识网络合作效率有正向影响（$W15 = 0.40$，C. R. $= 11.33$，$p < 0.001$），临界值大于参考标准值 2.58，路径系数 p 值在 0.01 水平之上具有显著性，这说明知识网络成员的期望收益与知识网络合作效率密切相关，期望收益越高，相应的组织之间的知识网络合作效率也越高。因此，H1 成立。

2）学习能力与知识网络合作效率的关系。从表 9-14 可以看出，学习能力对知识网络合作效率有正向影响（$W14 = 0.27$，C. R. $= 2.65$，$p = 0.002$），临界值大于参考标准值 1.96，路径系数 p 值在 0.05 水平之上具有显著性，这说明知识网络成员的学习能力与知识网络合作效率密切相关，学习能力越强，相应的组织之间的知识网络合作效率也越高。因此，H2 成立。

3）关系强度与知识网络合作效率的关系。从表 9-14 可以看出，关系强度对知识网络合作效率有正向影响（$W16 = 0.39$，C. R. $= 7.75$，$p < 0.001$），临界值大于参考标准值 2.58，路径系数 p 值在 0.01 水平之上具有显著性，这说明知识网络组织之间的关系强度与知识网络合作效率密切相关，关系强度越强，相应的组织之间的知识网络合作效率也越高。因此，H3 成立。

4）网络环境与知识网络合作效率的关系。从表 9-14 可以看出，网络环境对知识网络合作效率有正向影响（$W17 = 0.50$，C.R. $= 8.09$，$p < 0.001$），临界值大于参考标准值 2.58，路径系数 p 值在 0.01 水平之上具有显著性，这说明知识网络的网络环境与知识网络合作效率密切相关，网络环境越好，相应的组织之间的知识网络合作效率也越高。因此，H4 成立。

5）信任与知识网络合作效率的关系。从表 9-14 可以看出，信任对知识网络合作效率有正向影响（$W18 = 0.48$，C. R. $= 5.44$，$p = 0.001$），临界值大于参考标准值 2.58，路径系数 p 值在 0.01 水平之上具有显著性，这说明知识网络成员之间的信任与知识网络合作效率密切相关，组织之间的信任程度越高，相应的组织之间的知识网络合作效率也越高。因此，H5 成立。

6）信任与其他因素之间的关系。从表 9-15 可以看出，期望收益与信任之间的关系，$C2 = -0.02$，C. R. $= 1.17$，$p = 0.08$，临界值小于参考标准值 1.96，路径系数 p 值不具有显著性，说明期望收益与信任之间没有相关性。因此，H6 不成立。

学习能力与信任之间的关系，$C3 = 0.04$，C. R. $= 3.03$，$p = 0.00$，临界值大于参考标准值 2.58，路径系数 p 值在 0.01 水平之上具有显著性，说明学习能力与信任之间具有相关性。因此，H7 成立。

关系强度与信任之间的关系，$C4 = 0.16$，C. R. $= 7.05$，$p < 0.001$，临界值大于参考标准值 2.58，路径系数 p 值在 0.01 水平之上具有显著性，说明关系强度与信任之间具有相关性。因此，H8 成立。

网络环境与信任之间的关系，$C1 = 0.22$，C.R. $= 7.64$，$p < 0.001$，临界值大于参考标准值 2.58，路径系数 p 值在 0.01 水平之上具有显著性，说明网络环境与信任之间具有相关性。因此，H9 成立。

以上检验结果汇总于表 9-17。

表 9-17　知识网络合作效率影响因素研究的检验结果

假设	假设内容	检验结果
H1	各知识网络成员对合作的期望收益与知识网络合作效率正相关	成立
H2	各知识网络成员的学习能力与知识网络合作效率正相关	成立
H3	知识网络成员之间的关系强度与知识网络合作效率正相关	成立
H4	知识网络的网络环境与知识网络合作效率正相关	成立
H5	知识网络成员之间的相互信任与知识网络合作效率正相关	成立
H6	各知识网络成员对合作的期望收益与知识网络成员之间的相互信任具有相关性	不成立
H7	各知识网络成员的学习能力与知识网络成员之间的相互信任具有相关性	成立
H8	知识网络成员之间的关系强度与知识网络成员之间的相互信任具有相关性	成立
H9	知识网络的网络环境与知识网络成员之间的相互信任具有相关性	成立

4. 进一步讨论

通过此次实证研究，本书运用结构方程模型方法对知识网络合作效率影响因素概念模型进行了验证，并证明了知识网络成员的期望收益、知识网络成员的学习能力、知识网络成员之间的关系强度、知识网络的网络环境、知识网络成员之间的相互信任对知识网络合作效率的正向影响作用，以及信任与其他因素之间存在相关关系。

（1）知识网络成员的期望收益

通过相关研究和实证分析发现，知识网络成员的期望收益对知识网络合作效率有显著的正向影响，知识网络成员的期望收益越大，与其他知识网络成员的知识网络合作效率就越高。

当预期到通过与其他知识网络成员合作可以提高经济效益，解决自身知识不足的问题，并提升创新能力时，知识网络成员会更加积极地参与知识共享和创新合作，从而提高知识网络合作效率。从表 9-14 和表 9-16 可以看出，期望收益的三个观测变量都能对其进行较好的解释，即三个观测变量与期望收益之间具有较强的因果关系，其中，期望通过创新合作解决知识不足的问题（I_2）对期望收益的影响最大，这与组织之间组建知识网络的动因相符合。正是因为组织自身所能够拥有和开发的知识有限，才期望通过与其他组织建立合作伙伴关系来获取互补性知识，从而实现合作创新，以保持自己的竞争优势。

（2）知识网络成员的学习能力

通过相关研究和实证分析发现，知识网络成员的学习能力对知识网络合作效率有显著的正向影响，知识网络成员的学习能力越强，与其他组织知识网络的合作效率就越高。

学习能力的高低取决于学习意愿、吸收能力、整合能力三个因素（Cohen and Levinthal，1990）。由表 9-14 可知，根据以上因素设计的三个观测变量对学习能力的解释具有显著性。从表 9-16 可以看出，强烈的学习意愿（S_1）对学习能力的影响最大。一个组织必须具有学习的主观意愿，才会积极寻找可以合作的组织、参与组织之间的交流、学习有价值的知识并加以吸收利用。而较强的吸收转化能力，则会加速知识的跨组织流动与共享，从而对吸收转化外来新知识的速度和组织之间合作研发的效率产生积极影响。

（3）知识网络成员之间的关系强度

通过相关研究和实证分析发现，知识网络成员之间的关系强度对知识网络合作效率有显著的正向影响，知识网络成员之间的关系强度越强，与其他知识网络成员的知识网络合作效率就越高。

关系强度被认为是组织之间合作关系的重要特征变量（贺赛平，2001），本书从合作双方的接触频率、合作关系的持久性及资源依赖程度三个观测变量对关系强度进行衡量。由表 9-14 可知，三个观测变量对关系强度的解释具有显著性。由于知识网络组织之间的合作过程是通过组织之间的互动来促进知识的跨组织流动和共享，因此接触频率（R_1）对知识网络组织之间的合作具有重要影响，如表 9-16 所示。知识网络组织之间通过建立合作伙伴关系来进行合作，合作过程不是一次性的市场交易行为，合作关系的持久性是合作关系稳定性的重要反映。而获得互补性资源是企业通过建立联盟进行合作的主要原因（Glaister and Buckley，1996）。因此，合作关系的持久性和资源依赖程度也是衡量关系强度的重要指标。

（4）知识网络的网络环境

通过相关研究和实证分析发现，知识网络的网络环境对知识网络合作效率有显著的正向影响，网络环境越好，与其他组织的知识网络合作效率就越高。

网络环境涵盖的内容很多，本书主要从网络文化和以激励机制、惩罚机制为代表的网络机制两个方面进行衡量。AMOS 软件的分析结果显示（表 9-14 和表 9-16），网络环境的质量受到网络文化（C_1）、激励机制（C_2）、惩罚机制（C_3）的重要影响，其中，激励机制和惩罚机制对网络环境的影响最大。在知识网络的实际运行过程中，必然有一些企业为了追求自身利益的最大化而产生机会主义行为。为了不让这种行为破坏伙伴关系的稳定性，影响知识网络的运行效率，应该建立合理、规范的网络机制来约束合作各方的行为，有效的激励机制和惩罚机制等网络机制可以使伙伴关系始终维持在信任、稳固的基础上。

（5）知识网络成员之间的相互信任

通过实证分析发现，知识网络成员之间的相互信任对知识网络合作效率有显著的正向影响，知识网络成员之间相互信任的程度越高，与其他知识网络成员的知识网络合作效率就越高。信任是人们愿意据以行动的一种信念（Dasgupta，1988）。信任对组织之间的合作有重要的促进作用，它可以使参与合作的组织减少机会主义行为，有助于提高合作效率（Anderson and Narus，1984）。在此次实证分析中，本书从认知信任和情感信任两个维度来设计观测变量实现对信任的衡量。认知信任是指根据思考和判断对方的能力进而相信对方可信赖，而情感信任是指相互的关心和帮助促使双方情感上相互信任（McAllister，1995）。从AMOS软件分析结果可知（表9-14和表9-16），根据这两个维度设计的三个题项都能较好地衡量信任这一重要变量。

（6）信任与其他因素之间的关系

1）组织之间的信任与组织的学习能力：组织之间较高的信任度可以减轻甚至消除组织对知识的自我保护意识，使它不必防备其他组织的机会主义行为。这种相互信任的氛围提高了组织之间合作边界的透明度，降低了组织之间知识流动的不确定性和复杂性，有利于组织之间知识的自由交换，它们之间的相互理解和支持使知识接收方更愿意对学习投入专用化的学习资源，从而提高了其对知识的吸收和转化能力。另外，组织较高的学习能力也增加了对方与其合作的信心，信任与组织学习能力之间的相互促进对知识网络合作产生了更为积极的影响。

2）组织之间的信任与组织之间的关系强度：组织之间的信任与组织之间的关系强度具有显著的相关关系。高水平的相互信任是有效沟通的关键，由于信任可以抑制机会主义行为（Denize and Young，2007），信任关系的存在能够降低组织之间的交易成本和协调合作的难度，从而有助于组织之间的知识转移和频繁互动。另外，通过持续的互动关系，企业在多次合作中增进了了解，培养了默契，从而发展出共同的行动标准和基于知识的相互信任（Shapiro et al.，1992）。良好交易经验的积累进一步增强了组织间的信任关系，从而导致合作参与人继续合作愿望的增强。关系强度和信任就在组织间合作延续的过程中不断互相强化。因此，组织之间的信任度越高，关系强度就越高；关系强度越高，其信任度也越高，知识网络的合作质量和效率也在关系强度和信任的相互促进中得到提高与增强。

3）组织之间的信任与网络环境：组织之间的信任与知识网络的网络环境也具有显著的相关关系。信任关系来源于信任主体的情感倾向与理性计算（Zucker，1986），上述提到的关系强度对信任的作用，就是信任主体对良好交易经验的积累进行理性计算的结果。而网络文化和网络机制等网络环境则会影响信任主体的情感倾向。网络文化是知识网络成员在长期适应外界环境、整合内部组织过程中形成的一系列相互依存的价值观念及行为方式的总和。良好的网络文化、浓厚的创新氛围及易于沟通的环境容易使知识网络成员找到认同感和归属感，从而产生信

任。合理、有效的激励机制、惩罚机制等网络机制，通过对知识网络成员的约
束和规范作用使知识网络成员相互间的信任感得到增强。另外，组织之间的信
任又能使知识网络成员拥有共同的文化规范认同，增进组织之间的主动协作行
为，进而提高团队的凝聚力（Dirks，2000）。而组织之间的信任本身就是一种激
励机制，较高的信任度带来的正向激励使合作参与人不会轻易做出违约行为，
并且在合作中自觉遵守和维护各种网络规范和网络制度。随着合作的开展和持
续，整个知识网络的网络环境和知识网络成员的相互信任在相互促进中进一步
向好的方向发展。

第10章 结论、不足与展望

本章总结了本书的主要结论，分析了本书研究中存在的不足之处，提出了进一步研究的展望。

10.1 主 要 结 论

本书构建了知识网络形成与演化的理论体系，通过对知识网络形成和演化规律的研究与探索，丰富了知识管理和知识网络理论，为实施知识网络的有效治理提供了指导和依据。本书所做的主要工作与得出的主要结论如下。

（1）界定了知识网络的概念，分析和探讨了知识网络的特征维度

从知识的特性及知识创新过程中企业组织所面临的创新悖论出发，对知识网络的概念进行讨论和界定，并对知识网络的内涵、特征、构成要素及类型进行了分析。

（2）研究并详细刻画了知识网络的结构特征

从社会网络的视角，对企业外部知识网络的结构体系、特征及其测度进行了研究与探讨。选取四川大学的一个 MBA 班为整体知识网络分析案例，借助社会网络分析软件 UCINET6.0 从网络密度、节点中心性、网络中心性、聚集系数、派系或群落、结构洞等方面对该案例知识网络的结构特征进行了较为详尽的刻画与测度。这一部分的研究有助于掌握和理解知识网络结构的动态变化及其运作规律，是进一步研究知识网络的基础和前提。

（3）系统分析了知识网络的形成动因

本书将专业化分工理论、社会网络理论、新经济增长理论等有机结合，构建了一个新的分析框架，从形成的根源、基础、基本动力、外部动力及内在动力等方面对知识网络的形成动因进行了多角度深入剖析。

为了弥补知识分工与专业化带来的能力缺陷，企业组织更倾向于与对方结成战略伙伴关系来实现知识资源的互补。知识网络组织间的合作原理，即知识的嵌入性原理、组织知识分工与积累原理、知识市场依赖原理与组织知识能力过剩原理，为组织之间通过知识网络实现合作伙伴关系奠定了相应的合作理论基础。Granovetter 为代表的"强弱连接理论"、Bourdieu 和 Coleman 为代表的"社会资本理论"、Burt 为代表的"结构洞理论"等社会网络理论为组织之间构建知

识网络奠定了网络理论基础。知识交易费用的节约、规模经济与范围经济，以及连接经济为知识网络的形成带来了经济上的推动力。最终知识网络在外部环境、政府行为、信息技术三个外部因素和以知识优势为主的内部因素的共同作用的推动下得以形成。

（4）从动态演进的视角研究了知识网络形成的内在机理与形成过程

知识网络的形成是一个长期的、动态的过程。本书应用进化博弈理论的思想和方法，分析了知识网络形成的动态过程，揭示了知识网络形成的内在规律。在知识共享收益大于成本的前提下，企业或其他类型的组织通过学习、调整和模仿彼此结网，从而形成知识网络。

本书通过知识网络合作博弈模型，分析了知识网络形成的条件，并将其形成与构建过程大致划分为概念阶段、调查阶段、谈判阶段与执行阶段四个阶段。

（5）运用自组织理论研究了知识网络的演化机理

基于自组织理论，对知识网络的演化特点、演化机制和动态演化过程进行了分析。知识网络在动态演化过程中，显现出开放性、非平衡性、非线性及涨落等一系列自组织特性。知识网络演化的根本动力是组织之间的竞争与合作，竞争与合作紧密联系在一起，共同推动了知识网络的协同演化。在反馈调节机制的作用下，知识网络运行效果得到不断优化，从而实现了知识网络整体的协调发展和演化。知识网络系统内的知识共享与知识创造活动，以及在网络形成演化过程中进行的组织、结构变化是一种超循环进化行为。本书利用艾根的超循环理论对知识网络的结构演化过程进行了分析，并以硅谷知识网络为例，说明了超循环演化的意义。

（6）构建了知识网络的生命周期模型

对知识网络形成与演化的周期性和规律性进行了研究，提出了知识网络的生命周期模型，将其生命周期划分为孕育形成期、成长发展期、成熟期、衰退期或解体期四个阶段，并结合算例对知识网络生命周期阶段判定方法进行了研究和探讨。关于知识网络生命周期阶段判定的研究，有助于知识网络的管理者较为科学、准确地判断知识网络的发展状况，从而实现对知识网络的有效治理。

（7）研究和探讨了知识网络组织间的合作伙伴关系及其实现方式

知识网络组织之间的合作是基于合作伙伴关系开展和进行的，并通过网络中组织之间的知识转移与共享来实现。知识网络组织间知识转移与共享的方式可以大致分为正式方式和非正式方式，着重探讨了知识转移与共享的非正式方式：非正式网络。

（8）构建了知识网络合作效率影响因素模型

组织之间知识网络合作效率的高低对知识网络的形成与演化进程有重要影响。本书对知识网络合作效率的影响因素进行了研究，构建了知识网络合作效率影响因素概念模型。

　　在实证研究中，通过调查问卷的形式，用结构方程模型方法和 AMOS16.0 软件分析检验了知识网络合作效率影响因素概念模型的理论假设，分析结果显示，知识网络成员的期望收益、知识网络成员的学习能力、知识网络成员之间的关系强度、知识网络的网络环境、知识网络成员之间的相互信任对知识网络合作效率有显著的正向影响作用，而知识网络成员之间的相互信任与知识网络成员的学习能力、知识网络成员之间的关系强度和知识网络的网络环境等其他因素之间具有显著的相关关系。

10.2　不足与展望

　　迄今为止，国内外关于知识网络的研究尚处于起步阶段，尤其是国内的相关研究还处于萌芽阶段，有关理论还很不成熟。受精力和时间所限，本书仍存在一些不足。下一步的研究可以重点考虑以下几个问题。

　　1）关于知识网络演化方面的研究需要进一步深入和完善。本书主要基于自组织理论对知识网络演化机理和演化过程进行了分析，对知识网络结构演化过程进行了定性刻画，但缺乏定量分析。在下一步研究中，可利用复杂网络理论、模型仿真等方法对知识网络的结构优化、节点变化及节点间的相互作用等结构演化细节进行研究。

　　2）关于知识网络生命周期各阶段的特征变量很多，本书提取了八个主要特征变量用以刻画知识网络生命周期各个阶段的特征模式，而由于精力和时间所限，最终只选取了合作效率这一重要变量进行了研究。在下一步研究中，可对其他变量进行分析，以期望对管理者制定相关策略及措施实现知识网络的有效治理提供更多依据和指导。

　　3）在知识网络合作效率影响因素的实证研究中，由于实际研究条件所限，样本搜集主要集中在四川地区，且样本数量较小，实证研究结果的代表性可能不足。在以后的研究中，应注意扩大数据调查范围、增大样本数量，以增强说服力。

参 考 文 献

艾迪思 I. 2004. 企业生命周期. 赵睿, 译. 北京: 华夏出版社.

艾根 M, 舒斯特尔 P. 1990. 超循环论（当代学术思潮译丛）. 曾国屏, 沈小峰, 译. 上海: 上海译文出版社.

白洁. 2009. 基于知识网络的校企合作思考. 中北大学学报（社会科学版）, 25（2）: 63-66.

贝赞可 D, 德雷诺夫 D, 尚利 M. 2003. 公司战略经济学. 武亚军, 译. 北京: 北京大学出版社.

波兰尼 M. 1998. 个人知识——迈向后批判哲学. 许泽民, 译. 贵阳: 贵州人民出版社.

蔡宁, 吴结兵. 2006. 产业集群组织间关系密集性的社会网络分析. 浙江大学学报（人文社会科学版）, 36（4）: 58-65.

常荔, 邹珊刚, 李顺才. 2001. 基于知识链的知识扩散的影响因素研究. 科研管理, 22（5）: 122-127.

陈春, 张向阳, 赵璐, 等. 2010. 医院管理部门突发公共卫生事件知识网络应用研究: 以甲型 H1N1 流感防控为例. 医学与社会, 23（3）: 36-38.

陈迪. 2006. 组织知识获取能力提升的社会网络分析. 东南大学学报（哲学社会科学版）, 8（6）: 84-88.

陈菲琼. 2003. 关系资本在企业知识联盟中的作用. 科研管理, 24（5）: 37-43.

陈磊, 张永宁. 2008. 科技创新平台的合作伙伴选择. 武汉理工大学学报（信息与管理工程版）, 30（2）: 273-276.

陈亮, 陈忠, 韩丽川, 等. 2008. 从员工知识网络的角度研究知识型员工的细分. 情报科学, 26（2）: 214-217.

陈胜利, 代宝. 2004. 横向互补型企业网络形成动因的博弈分析. 价值工程, 23（12）: 129-130.

成桂芳, 宁宣熙. 2005. 基于隐性知识传播的虚拟企业知识协作网络研究. 科技进步与对策, 22（9）: 25-27.

成伟, 王安正. 2006. 基于产业集群知识网络的研究. 经济理论研究, （8）: 119-121.

代宝, 陈胜利. 2005. 纵向型企业网络形成动因的博弈分析. 科技进步与对策, 22（3）: 89-90.

德鲁克 P F. 2007. 创新与企业家精神. 蔡文燕, 译. 北京: 机械工业出版社.

德普雷 C, 肖维尔 D. 2004. 知识管理的现在与未来. 刘庆林, 译. 北京: 人民邮电出版社.

丁家永. 1998. 知识的本质新论——一种认知心理学的观点. 南京师大学报（社会科学版）, 2: 65-68.

段文婷, 江光荣. 2008. 计划行为理论述评. 心理科学进展, 16（2）: 315-320.

樊蓓蓓, 纪杨建, 祁国宁, 等. 2009. 产品族零部件关系网络实证分析及演化. 浙江大学学报（工学版）, 43（2）: 213-219.

傅荣, 裘丽, 张喜征, 等. 2006. 产业集群参与者交互偏好与知识网络演化: 模型与仿真. 中国管理科学, 14（4）: 128-133.

盖文启. 2002. 创新网络——区域经济发展新思维. 北京: 北京大学出版社.

高希均，林祖嘉. 1999. 经济学的世界. 北京：生活·读书·新知三联书店.

高勇，钱省三，李平，等. 2006. 区域创新网络形成的机理研究. 科技管理研究，16（5）：166-168.

耿帅. 2006. 集群企业竞争优势的共享性资源观. 经济地理，26（6）：988-991.

耿先锋，何志哲. 2007. 基于社会网络的联盟协作关系治理. 现代管理科学，（8）：37-38.

顾慧君，王文平. 2007. 产业集群与社会网络的协同演化——以温州产业集群为例. 经济问题探索，（4）：103-106.

顾新. 2008. 知识链管理——基于生命周期的组织之间知识链管理框架模型研究. 成都：四川大学出版社.

顾新，郭耀煌，李久平. 2003. 社会资本及其在知识链中的作用. 科研管理，24（5）：44-48.

顾新，李久平. 2005. 知识链成员之间的相互信任. 经济问题探索，（2）：37-40.

桂萍，陈剑峰. 2002. 企业与高校合作中的超循环. 科学学研究，20（4）：428-431.

哈肯 H. 1989. 高等协同学. 郭治安，译. 北京：科学出版社.

哈肯 H. 2005. 协同学. 凌复华，译. 上海：上海世纪出版集团.

郝雅风，张鹏程，张利斌. 2007. 基于三因素信任模型的知识传递研究. 工业工程与管理，12（1）：79-82，93.

郝云宏，李文博. 2009. 基于耗散结构理论视角的企业知识网络演化机制探析. 商业经济与管理，（4）：23-28.

何继善，戴卫明. 2005. 产业集群的生态学模型及生态平衡分析. 北京师范大学学报（社会科学版），（1）：126-132.

和金生，熊慧敏. 2003. 知识共享的条件与簇群机制. 天津大学学报（社会科学版），5（4）：341-344.

贺德方. 2005. 基于知识网络的科技人才动态评价模式研究. 中国软科学，（6）：47-53.

贺寨平. 2001. 国外社会支持网络研究综述. 国外社会科学，（1）：76-82.

胡峰，张黎. 2006. 知识扩散网络模型及其启示. 情报学报，25（1）：109-114.

华中生，梁樑. 1994. 基于模糊贴近度的多目标分类算法. 运筹与管理，3（3）：19-24.

黄本笑，张婷. 2004. 知识优势——现代制造业的追求. 科技管理研究，24（4）：68-70.

黄芳铭. 2005. 结构方程模式理论与应用. 北京：中国税务出版社.

黄晓晔，张阳. 2006. 关系网络视角下的企业知识管理研究. 科技管理研究，26（2）：130-133.

黄训江. 2011. 集群知识网络结构演化特征. 系统工程，29（12）：77-83.

黄中伟，王宇露. 2007. 关于经济行为的社会嵌入理论研究述评. 外国经济与管理，29（12）：1-8.

纪慧生，陆强. 2010. 基于知识网络的团队研发能力增长研究. 科学与科学技术管理，31（1）：178-183.

纪玉山. 1998. 网络经济学引论. 长春：吉林教育出版社.

姜照华，隆连堂，张米尔. 2004. 产业集群条件下知识供应链与知识网络的动力学模型探讨. 科学与科学技术管理，25（7）：55-60.

蒋翠清，杨善林，梁昌勇，等. 2006. 发达国家企业知识创新网络连接机制及其启示. 中国软科学，（8）：134-140.

蒋恩尧，侯东. 2002. 基于 MIS 平台的企业知识网络的组建. 商业研究，（9）（上半月版）：36-37.

金鑫. 2006. 构建企业知识型战略联盟. 商业时代，（6）：17-18.

柯勉. 2004. 开展"专题"教学，构建知识网络，提高复习效率. 生物学通报，39（10）：43-45.

柯青. 2006. 论虚拟企业知识网络的三大研究视角. 科技管理研究，（8）：197-198，203.

雷如桥，陈继祥. 2004. 集群网络研究——一个社会网络理论的视角. 经济问题探索，（12）：130-131.

雷如桥，陈继祥. 2005. 纺织产业集群创新网络形成演化机理研究. 天津工业大学学报，24（2）：69-72.

李本海. 1990. 贴近度分析法在等级划分中的应用. 系统工程理论与实践，（3）：43-48.

李本海，张序君. 1992. 分类问题的模糊决策分析. 模糊系统与数学，（1）：81-86.

李丹，俞竹超，樊治平. 2002. 知识网络的构建过程分析. 科学学研究，（6）：620-623.

李丹丹，汪涛，魏也华，等. 2015. 中国城市尺度科学知识网络与技术知识网络结构的时空复杂性. 地理研究，34（3）：525-540.

李宏贵，杜运周. 2009. 创新性企业创新网络构建及其治理研究. 特区经济，（1）：294-296.

李焕荣，林健. 2007. 基于一类分类方法的多类分类研究. 数学的实践与认识，37（4）：12-20.

李建华，傅立. 1996. 现代系统科学与管理. 北京：科学技术文献出版社.

李金华. 2007. 非正式创新网络的演化模型. 科技管理研究，27（9）：4-6.

李久平，顾新，王维成. 2008. 知识链管理与知识优势的形成. 情报杂志，27（3）：50-53.

李蕾，王楠，钟义信，等. 2000. 基于语义网络的概念检索研究与实现. 情报学报，19（5）：525-531.

李琳，方先知. 2005. 产学研知识联盟与社会资本. 科技进步与对策，22（8）：5-8.

李梦俊，赵越岷，陈华平. 2008. 关于组织成员转移知识意向影响因素的实证研究. 科技管理研究，28（11）：216-219.

李文博，林云，张永胜. 2011. 集群情景下企业知识网络演化的关键影响因素——基于扎根理论的一项探索性研究. 研究与发展管理，23（6）：17-24.

李文博，郑文哲，刘爽. 2008. 产业集群中知识网络结构的测量研究. 科学学研究，26（4）：787-792.

李修平，于静，徐芳. 2007. 区域创新网络的形成研究. 当代经济，（6）：82-83.

李彦华. 2009. 基于产学研知识网络的企业知识获取与技术创新研究. 山西高等学校社会科学学报，21（7）：69-72.

李毅，庞景安. 2003. 基于多层次概念语义网络结构的中文医学信息语义标引体系和语义检索模型研究. 情报学报，22（4）：403-411.

李勇，史占中，屠梅曾. 2006. 知识网络与企业动态能力. 情报科学，24（3）：434-437.

李贞，张体勤. 2010. 基于技术创新的企业外部知识网络演化研究. 山东社会科学，（6）：140-143.

廖开际，李志宏，刘勇. 2007. 知识管理原理与应用. 北京：清华大学出版社.

林红. 2006. 福建省产学研联合的模式及其选择研究. 中共福建省委党校学报，（12）：47-51.

林健，李焕荣. 2003. 基于核心能力的企业战略网络——网络经济时代的企业战略管理模式. 中国软科学，（12）：68-72，80.

林润辉. 2004. 网络组织与企业高成长. 天津：南开大学出版社.

林向义，张庆普，罗洪云. 2008. 知识创新联盟合作伙伴选择研究. 中国管理科学，（S1）：404-408.

刘浩然，陈力，宣国良. 2007. 供应商知识整合的新产品开发绩效实证. 工业工程与管理，（2）：29-34.

刘和旺. 2006. 诺思制度变迁的路径依赖理论新发展. 经济评论，（2）：64-68.

刘华义，周晨，盛鹏. 2004. 企业家和企业家精神刍议. 经济师，（11）：27，29.

刘江. 2005. 谈知识网络构建. 情报杂志，24（11）：40-42.

刘军. 2004. 社会网络分析导论. 北京：社会科学文献出版社.

刘清华. 2003. 企业网络中关系性交易治理机制及其影响研究. 浙江大学博士学位论文.

刘小玲. 2003. 一种基于人际互动网络的隐性知识管理模式. 科学学与科学技术管理，24（10）：45-48.

龙静，吕四海. 2006. 基于网络视角的企业知识创造与管理. 科学学与科学技术管理，27（7）：87-92.

吕建辉. 2000. 知识经济及其经济、信息、知识、资源特征分析. 图书情报工作，（10）：16-18.

罗家德. 2003. 网络理论、产业网络与技术扩散. 管理评论，（1）：27-31.

罗炜. 2003. 企业合作创新理论研究. 上海：复旦大学出版社.

马德辉，包昌火. 2007. 企业知识网络探析. 情报理论与实践，30（6）：737-741.

马玲玲，陈彤. 2007. 论企业的结构绩效及特征. 税务与经济，（6）：18-21.

马歇尔 A. 1997. 经济学原理. 陈良璧，译. 北京：商务印书馆.

毛崇峰，周青. 2005. 高新技术企业 R&D 网络形成的机理分析. 科技管理研究，（12）：141-143.

尼科利斯 G，普里戈京 I. 1986. 非平衡系统中的自组织. 徐锡申，陈式刚，王光瑞，等，译. 北京：科学出版社.

潘旭明. 2006. 战略联盟的信任机制：基于社会网络的视角. 财经科学，（5）：50-56.

彭双，余维新，顾新，等. 2013. 知识网络风险及其防范机制研究——基于社会网络视角. 科技进步与对策，30（20）：124-127.

秦书生. 2004. 技术生态系统演化机制的复杂性分析. 科学学与科学技术管理，25（1）：88-91.

秦铁辉，孙琳. 2009. 试论企业非正式网络及其在知识共享活动中的作用. 情报科学，（1）：1-5.

邱皓政，林碧芳. 2009. 结构方程模型的原理与应用. 北京：中国轻工业出版社.

任志安. 2004. 知识交易成本与企业网络的组织性质. 经济问题，（12）：12-14.

任志安. 2006. 企业知识共享网络的治理研究. 科技进步与对策，（3）：97-101.

任志安. 2007. 企业知识共享网络的治理机制：信任中心网. 兰州商学院学报，23（3）：60-73.

任志安，王立平. 2006. 知识型网络组织的知识共享伙伴选择问题分析. 合肥工业大学学报（自然科学版），29（9）：1111-1115.

荣泰生. 2009. AMOS 与研究方法. 重庆：重庆大学出版社.

阮平南，武斌. 2009. 社会资本对战略网络形成的影响. 科技进步与对策，26（1）：17-19.

阮平南，张敬文. 2008. 战略网络的自组织机制及稳定性分析. 科技进步与对策，25（12）：29-31.

阮平南，张敬文. 2009. 基于熵理论的战略网络演化机理研究. 科技进步与对策，26（5）：16-18.

芮正云，罗瑾琏. 2017. 新创企业联盟能力，网络位置跃迁对其知识权力的影响——基于知识网络嵌入视角. 管理评论，29（8）：187-197.

萨伊 J. 1997. 政治经济学概论. 陈福生，陈振骅，译. 北京：商务印书馆.

邵云飞，欧阳青燕. 2008. 网络化与集群优势的综合集成——基于网络特征的集群创新研究. 电子科技大学学报（社会科学版），10（6）：28-32.

邵云飞，唐小我，陈新有. 2008. 基于网络视角的产业集群创新：创新网络结构特征对集群创新影响的理论与应用. 成都：电子科技大学出版社.

沈立新，陈燕，崔春雷，等. 2005. 基于知识网络的虚拟物流企业运行机制. 科技管理研究，（5）：110-112.

盛洪. 1994. 分工与交易. 上海：上海三联书店和上海人民出版社.

盛亚，范栋梁. 2009. 结构洞分类理论及其在创新网络中的应用. 科学学研究，（9）：1407-1411.

时鹏程，许磊. 2006. 论企业家精神的三个层次及其启示. 外国经济与管理，28（2）：44-51.

斯蒂格利茨 J E. 1996. 经济学. 黄险峰，张帆，译. 北京：中国人民大学出版社.

斯密 A. 1974. 国民财富的性质和原因的研究. 郭大力，王亚南，译. 北京：商务印书馆.

宋英华. 2005. 价值——知识网：一种新的企业运营模式. 科技进步与对策，（6）：16-18.

孙大鹏，苏敬勤，张莹莹. 2005. 资源外包网络的形成路径研究. 科研管理，26（6）：73-79.

孙东川，叶飞，张红. 2002. 虚拟企业生命周期系统管理. 系统工程，20（1）：36-41.

孙连荣. 2005. 结构方程模型（SEM）的原理及操作. 宁波大学学报（教育科学版），27（2）：31-34.

孙锐. 2006. 基于知识网络扩展学习的知识团队创新研究. 科学学与科学技术管理，（10）：130-134.

唐方成，席酉民. 2006a. 知识转移与网络组织的动力学行为模式（Ⅰ）. 系统工程理论与实践，（5）：122-127.

唐方成，席酉民. 2006b. 知识转移与网络组织的动力学行为模式（Ⅱ）：吸收能力与释放能力. 系统工程理论与实践，（9）：83-89.

陶海青，刘冰. 2008. 不同产业集群中企业家认知网络演化路径差异. 科研管理，29（4）：119-126，184.

田毅，王成璋. 2003. 古典框架下的交易网络形成与发展分析. 湖北经济学院学报，1（2）：43-46.

万君，顾新. 2008. 知识网络的形成机理研究. 科技管理研究，28（9）：243-245.

万君，顾新. 2009. 知识网络形成的进化博弈分析. 统计与决策，（4）：50-51.

万君，顾新. 2010. 基于超循环理论的知识网络演化机理研究. 情报科学，（8）：1229-1232.

汪丁丁. 1995. 知识的经济学性质. 读书，（12）：57-62.

汪丁丁. 1997. 知识沿着时间和空间的互补性以及相关的经济学. 经济研究，（6）：70-77.

汪丁丁. 2000. 直面现象：经济学家的实然世界. 北京：生活·读书·新知三联书店.

王斌. 2014. 基于网络结构的集群知识网络共生演化模型的实证研究. 管理评论，（9）：128-138.

王建，刘冰，陶海青. 2007. 产业集群中企业家社会网络演化. 科学学与科学技术管理，（4）：169-174.

王娟茹，赵嵩正，杨瑾. 2005. 基于知识溢出和吸收能力的知识联盟动态模型. 中国管理科学，13（1）：107-110.

王君，管国红，刘玲燕. 2009. 基于知识网络系统的企业知识管理过程支持模型. 计算机集成制造系统，15（1）：37-46.

王玲，张金成. 2007. 论供应链的复合连接特征. 商业经济与管理，（5）：3-8.

王露，王铮，杨妍，等. 2002. 知识网络动态与政策控制（Ⅱ）——中国国家创新体系调控模拟. 科研管理，23（1）：17-26.

王夏洁，刘红丽. 2007. 基于社会网络理论的知识链分析. 情报杂志，（2）：18-21.

王学东，赵文军. 2008. 基于知识转移的客户知识网络管理研究. 情报科学，（10）：1471-1476.

王越. 2004. 组织内社会网络的知识传导及成本研究. 科学管理研究，（4）：74-77.

王铮，马翠芳，王露，等. 2001. 知识网络动态与政策控制（Ⅰ）——模型的建立. 科研管理，22（3）：126-133.

王众托. 2001. 企业信息化与管理变革（管理科学文库）. 北京：中国人民大学出版社.

王重鸣. 1990. 心理学研究方法. 北京：人民教育出版社.

韦伯 M. 2002. 新教伦理与资本主义精神. 彭强, 黄晓京, 译. 西安：陕西师范大学出版社.

韦雪艳. 2007. 创业企业网络演化模式. 科技进步与对策, 24（9）：130-132.

魏光兴. 2005. 企业生命周期理论综述及简评. 生产力研究, （6）：231-232.

魏江, 王铜安. 2006. 个体、群组、组织间知识转移影响因素的实证研究. 科学学研究, 24（1）：91-97.

魏奇锋, 顾新, 张宁静. 2013. 知识网络形成的耦合分析. 情报理论与实践, 36（12）：39-43.

魏守华, 石碧华. 2002. 论企业集群的竞争优势. 中国工业经济, （1）：59-65.

魏守华. 2002a. 产业集群的市场竞争以及策略研究——以嵊州领带产业为例. 财经论丛, （5）：22-27.

魏守华. 2002b. 集群竞争力的动力机制以及实证分析. 中国工业经济, （10）：27-34.

文庭孝, 汪全莉, 王丙炎, 等. 2009. 知识网络及其测度研究. 图书馆, （1）：1-6.

文庭孝, 周黎明, 张洋, 等. 2005. 知识不对称与知识共享机制研究. 情报理论与实践, 28（2）：125-128, 190.

邬爱其. 2004. 集群企业网络化成长机制研究. 浙江大学博士学位论文.

吴翠花, 万威武. 2005. 基于组织学习的联盟网络形成机理研究. 科学学研究, 23（5）：672-676.

吴金希. 2005. 用知识赢得优势：中国企业知识管理模式与战略. 北京：知识产权出版社.

吴敏锦, 刘刚. 2004. 基于超循环的战略联盟系统研究. 广东商学院学报, （6）：47-50.

吴明隆. 2003. SPSS 统计应用实务——问卷分析与应用统计. 北京：科学出版社.

吴明隆. 2009. 结构方程模型——AMOS 的操作与应用. 重庆：重庆大学出版社.

吴绍波, 顾新. 2008. 知识链组织之间合作的关系强度研究. 科学学与科学技术管理, 29（2）：113-118.

吴绍波, 顾新. 2011. 知识网络节点组织之间的知识冲突研究. 情报杂志, 30（12）：125-128.

吴彤, 曾国屏. 2000. 自组织思想：观念演变、方法和问题. 上海：上海科技教育出版社.

吴彤. 2001. 自组织方法论研究. 北京：清华大学出版社.

吴晓波, 彭新敏, 丁树全. 2008. 我国企业外部知识源搜索策略的影响因素. 科学学研究, 26（2）：364-372.

吴兆龙, 丁晓. 2004. 结构方程模型的理论、建立与应用. 科技管理研究, （6）：90-95.

席运江, 党延忠. 2005. 基于知识网络的专家领域知识发现及表示方法. 系统工程, 23（8）：110-115.

席运江, 党延忠. 2008. 基于加权知识网络的个人及群体知识结构分析方法. 管理工程学报, （3）：1-4.

肖冬平, 顾新. 2009a. 知识网络的形成动因及多视角分析. 科学学与科学技术管理, （1）：84-91.

肖冬平, 顾新. 2009b. 知识网络中隐性知识的共享困境及其克服路径. 图书情报工作, （2）：108-112.

肖玲诺, 周浩. 2008. 基于知识网络的我国高技术企业国际竞争力研究. 求是学刊, （4）：66-70.

谢识予. 2002. 经济博弈论. 上海：复旦大学出版社.

谢薇, 罗利. 1997. 产学研合作的动力机制. 研究与发展管理, 9（3）：14-18.

邢小强, 仝允桓. 2004. 基于企业内部知识网络的知识活动分析. 科学学与科学技术管理, （7）：44-47.

熊彼特 J A. 1990. 经济发展理论. 何畏, 译. 北京：商务印书馆.

熊彼特 J A. 1999. 资本主义、社会主义与民主. 吴良健, 译. 北京: 商务印书馆.

徐和平, 孙林岩, 慕继丰. 2003. 产品创新网络及其治理机制. 中国软科学, (6): 77-82.

徐强. 2001. 试论路径依赖与竞争优势. 山东经济, (5): 27-29.

徐向宏, 顾新建, 陈子辰. 2002. 基于网络制造的仿生自组织协同演化. 系统工程理论与实践, (2): 42-48.

徐晓燕, 张斌. 2004. 基于模糊贴近度的企业生命周期判定方法. 系统工程与电子技术, (10): 1406-1409.

徐勇. 2004. 企业知识优势的丧失过程与维持机理分析. 学术研究, (5): 26-31.

徐远, 张群, 彭华涛. 2007. 以产业集群为表征的创业社会网络的形成机理分析. 科技进步与对策, 24 (5): 96-98.

许国志. 2000. 系统科学. 上海: 上海科技教育出版社.

薛澜, 陶海青. 2004. 产业集群成长中的企业家社会网络演化——一种"撒网模型". 当代经济科学, 26 (6): 60-66.

严浩仁, 贾生华. 2002. 试论知识特性与企业知识共享机制. 研究与发展管理, (3): 16-20, 31.

阎海峰. 2003. 现代组织理论与组织创新. 北京: 人民邮电出版社.

晏创业. 2005. 竞争情报活动中的人际网络研究. 北京大学博士学位论文.

阳志梅, 胡振华. 2010. 知识网络与集群企业竞争优势研究——基于组织学习视角. 科技进步与对策, 27 (3): 101-104.

杨波. 2007. 复杂社会网络的结构测度与模型研究. 上海交通大学博士学位论文.

杨惠馨, 冯文娜. 2008. 中间性组织网络中企业间信任关系对企业合作的作用研究. 山东经济, (2): 5-10.

杨剑, 梁樑. 2007. 基于网络特性的创新网络博弈分析. 科学学与科学技术管理, (8): 37-41.

杨小凯, 张永生. 2003. 新兴古典经济学与超边际分析. 北京: 社会科学文献出版社.

杨雪, 顾新, 张省. 2014. 基于知识网络的集群创新演化研究——以成都高新技术产业开发区为例. 软科学, 28 (4): 83-87.

姚弘霞, 傅荣, 吴莎. 2009. 互联网群体协作的知识网络演化: 基于 SECI 模型的扩展. 情报杂志, (1): 59-62.

叶昕, 丁烈云. 2004. 论社会网络结构理论对战略技术联盟的影响. 外国经济与管理, 26 (10): 20-24.

易将能, 孟卫东, 杨秀苔. 2005. 区域创新网络演化的阶段性研究. 科研管理, 26 (5): 24-28.

尹建华, 王玉荣. 2005. 资源外包网络的进化: 一个社会网络的分析方法. 南开管理评论, 8 (6): 75-79.

游达明, 张帆. 2008. 基于嵌入性视角的企业集成创新网络的演化研究. 经济纵横, (6): 111-113.

余世英. 2006. 我国企业建立知识优势的战略思考. 情报杂志, 25 (3): 92-93.

郁义鸿. 2001. 知识管理与组织创新. 上海: 复旦大学出版社.

曾德明, 覃荔荔, 王业静. 2009. 产业集群知识网络中粘滞知识的转移机理研究. 财经理论与实践, 30 (3): 97-101.

湛垦华, 沈小峰. 1982. 普列高津与耗散结构理论. 西安: 陕西科学技术出版社.

张帆. 2005. 企业创新网络生成与构建成因及条件分析. 科学管理研究, 23 (4): 5-8.

张方华, 陈劲. 2002. 知识创造——企业知识管理的核心. 科学学与科学技术管理, 23 (10): 36-40.

张福学. 2001. 知识管理导论. 长春：吉林人民出版社.

张惠. 2007. 基于网络的知识建构共同体的研究. 陕西师范大学硕士学位论文.

张莉，林与川，迟冬梅. 2012. 组织沟通方式对沟通满意度的影响：沟通认知与沟通倾向的调节作用. 科学学与科学技术管理, 33 (2)：167-175.

张丽妮. 2004. 基于 Know-Net 的知识管理研究. 现代情报, (5)：201-202.

张龙. 2007. 知识网络结构及其对知识管理的启示. 研究与发展管理, 19 (2)：86-91，99.

张庆普，胡运权，蔚春笋. 2005. 企业知识管理网络及调控研究. 中国科技论坛, (1)：36，44-46.

张薇，徐迪. 2014. 动态知识网络上的知识积累过程模型. 管理科学学报, 17 (11)：122-128.

张维迎. 2004. 博弈论与信息经济学. 上海：上海人民出版社.

张熙悦，胡新平. 2008. 组织间知识网络结构与知识创造的螺旋. 管理案例研究与评论, (4)：22-27.

张玺. 2006. 技术创新的两难悖论与网络化集群式创新研究. 科学学研究, 24 (1)：1-4.

张喜征. 2003. 虚拟企业信任机制研究. 中南大学博士学位论文.

张羿. 2009. 供应链成员间知识共享意图影响因素实证研究. 大连理工大学硕士学位论文.

张永安，付韬. 2009. 集群创新系统中知识网络的界定及其运作机制研究. 科学学与科学技术管理, (1)：92-97.

赵晶，周江华，张帆. 2009. 基于集群知识网络的技术学习路径研究——以柳市低压电器产业集群为例. 科技进步与对策, (3)：59-63.

赵蓉英. 2007. 知识网络研究（Ⅰ）——知识网络概念演进之探究. 情报学报, 26 (2)：198-209.

赵晓东，赵静一. 1998. 模糊思维与广义设计. 北京：机械工业出版社.

赵晓庆，许庆瑞. 2002. 知识网络与企业竞争能力. 科学学研究, 20 (3)：281-285.

郑金娥. 2005. 合作研发的动机分析. 科技创业月刊, 4 (1)：47-48.

中国社会科学院语言研究所. 1995. 现代汉语词典. 北京：商务印书馆.

钟琦，汪克夷. 2009. 基于社会网络分析法的组织知识网络及实例研究. 科技管理研究, (4)：211-214.

钟琦，汪克夷，齐丽云. 2008. 基于企业内部知识网络的知识流动分析. 情报理论与实践, 31 (3)：397-399，406.

周立新. 2006. 家族企业网络演化：一个社会资本视角的分析. 求索, (5)：9-12.

朱海燕，魏江. 2009. 集群网络结构演化分析——基于知识密集型服务机构嵌入的视角. 中国工业经济, (10)：58-66.

庄子银. 2005. 企业家精神、持续技术创新和长期经济增长的微观机制. 世界经济, (12)：32-43.

邹文杰. 2007. 企业网络模式选择及效率边界. 生产力研究, (7)：108-109.

邹宇春，蔡国萱. 2007. 解读手机短信之正功能. 中国青年研究, (1)：15-18.

Adler R B，Elmhorst J M. 1992. Communicating at Work：Principles and Practices for Business and the Professions. New York：McGraw-Hill.

Agarwal B. 1997. "Bargaining" and gender relations：within and beyond the household. Feminist Economics，3 (1)：1-51.

Aguirre J L，Brena R，Cantu F J. 2001. Multiagent-based knowledge networks. Expert Systems with Applications，20 (1)：65-75.

Ahuja G. 2000. Collaboration networks，structural holes，and innovation：a longitudinal study. Administrative Science Quarterly，45 (3)：425-455.

Ajzen I. 1991. The theory of planned behavior. Organizational Behavior and Human Decision Processes, 50 (2): 179-211.

Akgün A E, Byrne J, Keskin H, et al. 2005. Knowledge networks in new product development projects: a transactive memory perspective. Information & Management, 42 (8): 1105-1120.

Allee V. 1997. The Knowledge Evolution. Boston: Butterworth-Heinemann.

Allee V. 2004. The future of knowledge: increasing prosperity through value networks. The Learning Organization, 11 (1): 94-95.

Anderson J C, Narus J A. 1984. A model of the distributor's perspective of distributor manufacturer working relationships. Journal of Marketing, 48 (4): 62-74.

Andrews K M, Delahay B L. 2000. Influence on knowledge processes in organizational learning: the psychosocial filter. Journal of Management Studies, (37): 797-810.

Apostolou D, Mentzas G, Maas W, et al. 2003. Knowledge networking in extended enterprises. 9th International Conference on Concurrent Engineering (ICE).

Argote L, Ingram P. 2000. Knowledge transfer: a basis for competitive advantage in firms. Organizational Behavior & Human Decision Processes, 82 (1): 150-169.

Arthur W B. 1989. Competing technologies, increasing returns, and lock-in by historical events. The Economic Journal, 99 (394): 116-131.

Arthur W B, Ermoliev Y M, Kaniovski Y M. 1987. Path-dependent processes and the emergence of macro-structure. European journal of operational research, 30 (3): 294-303.

Asakawa K, Lehrer M. 2003. Managing local knowledge assets globally: the role regional innovation relays. Journal of World Business, 38 (1): 31-42.

Aumann R, Myerson R. 1988. Endogenous formation of links between players and coalitions: an application of the Shapley value//Roth A E. The Shapley Value. Cambridge: Cambridge University Press.

Bagozzi R P, Yi Y. 1988. On the evaluation of structural equation model. Journal of the Academy of Marketing Science, 16 (1): 74-94.

Barabási A L, Jeong H, Néda Z, et al. 2002. Evolution of the social network of scientific collaborations. Physica A: Statistical Mechanics and its Applications, 311 (3-4): 590-614.

Barney J. 1991. Firm resources and sustained competitive advantage. Journal of management, 17(1): 3-10.

Baron R, Durieu J, Haller H, et al. 2008. Good neighbors are hard to find: computational complexity of network formation. Review of Economic Design, 12 (1): 1-19.

Barrat A, Weigt M. 2000. On the properties of small-world network models. The European Physical Journal B-Condensed Matter and Complex Systems, 13 (3): 547-560.

Becker G S, Murphy K M. 1992. The division of labor, coordination costs, and knowledge. Quarterly Journal of Economics, 107 (4): 1137-1160.

Beckmann M J. 1994. On knowledge networks in science: collaboration among equals. The Annals of Regional Science, 28 (3): 233-242.

Beckmann M J. 1995. Economic models of knowledge networks//Batten D, Casti J, Thord R, et al. Networks in Action. Berlin: Springer.

Bennis W. 1987. Using Our Knowledge of Organizational Behavior: The Improbable Task. Englewood Cliffs: Prentice-hall Inc.

Bharadwaj S G, Varadarajan P R, Fahy J. 1993. Sustainable competitive advantage in service industries: a conceptual model and research propositions. The Journal of Marketing, 57 (4): 83-99.

Blumstein P, Kollock P. 1988. Personal relationships. Annual Review of Sociology, 14: 467-490.

Bock G W, Kim Y G. 2002. Breaking the myths of rewards: an exploratory study of attitudes about knowledge sharing. Information Resources Management Journal, 15 (2): 14-21.

Bock G W, Zmud R W, Kim Y G, et al. 2005. Behavioral intention formation in knowledge sharing: examining the roles of extrinsic motivators, social-psychological forces, and organizational climate. MIS Quarterly, 29 (1): 87-111.

Bollen K A, Long J S. 1993. Testing Structural Equation Models. California: Sage.

Bourdieu P. 1985a. The Forms of Capital in Handbook of Theory and Research for the Sociology of Education. New York: Greenwood.

Bourdieu P. 1985b. The social space and the genesis of groups. Social Science Information, 24 (2): 195-220.

Bramoullé Y, López-Pintado D, Goyal S, et al. 2004. Network formation and anti-coordination games. International Journal of Game Theory, 33 (1): 1-19.

Branscomb L M, Keller J H. 1999. Investing in Onnovation: Creating a Research and Innovation Policy that Works. Cambridge: MIT press.

Breckler S J. 1990. Applications of covariance structure modeling in psychology: cause for concern? Psychological Bulletin, 107 (2): 260-273.

Breschi S, Lissoni F. 2001. Localized knowledge spillovers vs. innovative milieu: knowledge tacitness reconsidered. Papers in Regional Science, 90 (2): 255-273.

Broekel T. 2015. The co-evolution of proximities - a network level study. Regional studies, 49 (6): 921-935.

Bryan L L, Joyce C I. 2007a. Better strategy through organizational design. McKinsey Quarterly, 2 (7): 21-29.

Bryan L L, Joyce C I. 2007b. Mobilizing Minds: Creating Wealth from Talent in the 21st Century Organization. New York: McGraw-Hill.

Buchlin L P, Sengupta S. 1993. Organizing successful co-marketing alliances. Journal of Marketing, 57 (2): 32-46.

Burt R S. 1992. Structural Holes. Cambridge: Harvard University Press.

Burt R S. 1999. The social capital of opinion leaders. The Annals of the American Academy of Political and Social Science, 566 (1): 37-54.

Carayanni E G, Alexander J. 1999. Winning by co-operating in strategic government-university-industry R&D partnerships: the power of complies dynamic knowledge networks. Journal of Technology Transfer, 24: 197-210.

Carley K M. 2002. Information technology and knowledge distribution in C3I teams. Proceedings of the 2002 Command and Control Research and Technology Symposium. Vienna.

Chang Y C, Chen M H. 2004. Comparing approaches to system of innovation: the knowledge perspective. Technology in Society, 26 (1): 17-37.

Chen H, Wang H L. 2005. Strategic knowledge network enterprises based on social network theory. Proceedings of the 2005 International Conference on Management Science and Engineering.

Cheng J, Hu H. 2004. Development of enterprises' capability based on cooperative knowledge network. Chinese Academy of Sciences Conference on Data Mining & Knowledge Management.

Clark H C. 1999. The growth of Canadian knowledge networks. Journal of Knowledge Management, 3 (4): 304-309.

Coase R. 1937. The nature of the firm. Economica, 4 (16): 386-405.

Cohen W M, Levinthal D A. 1990. Absorptive capacity: a new perspective on learning and innovation. Administrative Science Quarterly, 35 (1): 128-152.

Coleman J S. 1988. Social capital in the creation of human capital. American Journal of Sociology, (94): 95-120.

Coleman J S. 1990. Foundations of Social Theory. Cambridge: Harvard University Press.

Collinson S. 2000. Knowledge networks for innovation in small Scottish software firms. Entrepreneurship & Regional Development, 12 (3): 217-244.

Conner K R, Prahalad C K. 1996. A resource-based theory of the firm: knowledge versus opportunism. Organization Science, 7 (5): 477-501.

Constant D, Kessler S, Sproull L. 1994. What's mine is ours or is it? A study of attitudes about information sharing. Information Systems Research, 5 (4): 400-421.

Corning P A. 1995. Synergy and self-organizing in the evolution of complex systems. Systems Research, (6): 89-121.

Cowan R, Jonard N. 2004. Network structure and the diffusion of knowledge. Journal of Economic Dynamics and Control, 28 (8): 1557-1575.

Cowan R, Jonard N, Özman M. 2004. Knowledge dynamics in a network industry. Technological Forecasting & Social Change, 71 (5): 469-484.

Culley S J. 1999. Suppliers in new product development: their information and integration. Journal of Engineering Design, 10 (1): 59-75.

Currarini S, Morelli M. 2000. Network formation with sequential demands. Review of Economic Design, 5 (3): 229-249.

Das T K, Teng B S. 2003. Partner analysis and alliance performance. Scandinavian Journal of Management, 19 (3): 279-308.

Dasgupta P. 1988. Trust as a commodity//Gambetta D G. Trust: Making and Breaking Cooperative Relations. New York: Basil Blackwell.

Davenport T H, Glaser J. 2002. Just-in-time delivery comes to knowledge management. Harvard Business Review, 80 (7): 107-111.

Davenport T H, de Long D W, Beers M C. 1998. Successful knowledge management projects. Sloan management review, 39 (2): 43-57.

Davenport T H, Prusak L, Prusak L. 1999. Working Knowledge: How Organizations Manage What They Know. Boston: Harvard Business School Press.

David P A. 1975. Technical Choice Innovation and Economic Growth: Essays on American and British Experience in the Nineteenth Century. Cambridge: Cambridge University Press.

Davis E W, Landis B J. 1951. Life history of the green peach aphid on peach and its relation to the aphid problem on potatoes in Washington. Journal of Economic Entomology, 44 (4): 586-590.

Dean J. 1950. Pricing policies for new product. Harvard Business Review, 28 (6): 45-53.

Decarolis D M, Deeds D L. 1999. The impact of stocks and flows of organizational knowledge on firm performance: an empirical investigation of the biotechnology industry. Strategic Management Journal, 20 (10): 953-968.

Denize S, Young L. 2007. Concerning trust and information. Industrial Marketing Management, 36 (7): 968-982.

Deroïan F. 2002. Formation of social networks and diffusion of innovations. Research Policy, 31 (5): 835-846.

Deutsch M. 1958. Trust and suspicion. Journal of Conflict Resolution, 2: 265-279.

Dirks K T. 2000. Trust in leadership and team performance: evidence from NCAA basketball. Journal of Applied Psychology, 85 (6): 1004-1012.

Dixon N M. 2000. Common Knowledge: How Companies Thrive by Sharing What They Know. Cambridge: Harvard Business School Press.

Dollingers M J. 2003. Entrepreneurship: Strategies and Resources. 3rd. Upper Saddle River: Prentice Hall.

Doreian P. 2002. Event sequences as generators of social network evolution. Social Networks, 24(2): 93-119.

Doz Y. 1996. The evolution of cooperation in strategic alliance: initial conditions or learning processes? Strategic Management Journal, Summer Special Issue, 17: 55-83.

Drucker P. 1993. The Post-Capitalism. New York: Harper & Row Publisher.

Duhaime I M. 2002. Determinants of competitive advantage in the network organization form: a pilot study. Journal of Economics and Business, 35 (3): 413-440.

Dutta B, Anne V D N, Tijs S. 1998. Link formation in cooperative situations. International Journal of Game Theory, 27 (2): 245-256.

Dyer J H, Singh H. 1998. The relational view: cooperative strategy and source of interorganization competitive advantage. Academy of Management Review, 23 (4): 660-679.

Dyer J H, Nobeoka K. 2000. Creating and managing a high-performance knowledge sharing network: the toyota case. Strategic Management Journal, 21 (3): 345-367.

Elgazzar A S. 2002. A model for the evolution of economic systems in social networks. Physica A: Statistical Mechanics and its Applications, 303 (3/4): 543-551.

Faulkner D. 1992. Strategic alliances: cooperation for competition. The Challenge of Strategic Management London, Kogan Page.

Feldman M P, Francis J. 2002. The entrepreneurial spark: individual agents and the formation of innovative clusters//Curzio A Q, Fortis M. Complexity and Industrial Clusters Dynamics and Models in Theory and Practice. New York: Physica Verlag Heidelberg.

Fernie S, Green S D, Weller S J, et al. 2003. Knowledge sharing: context, confusion and controversy.

International Journal of Project Management, 21（3）: 177-187.

Figallo C, Rhine N. 2002. Building the Knowledge Management Network: Best Practices, Tools, and Techniques for Putting Conversation to Work. New York: John Wiley & Sons.

Fine C H. 1998. Clock speed: Winning Industry Control in the Age of Temporary Advantage. Cambridge: Perseus Books.

Foss N J. 1999. Networks, capabilities, and competitive advantage. Scandinavian Journal of Management, 15（1）: 1-15.

Fu F, Chen X, Liu L, et al. 2007. Social dilemmas in an online social network: the structure and evolution of cooperation. Physics Letter A, 371（1/2）: 58-64.

Fulmer R M, Keys J B. 1998. A conversation with peter senge: new developments in organizational learning. Organizational Dynamics, 27（2）: 33-42.

Geroski P A. 1995. What do we know about entry? International Journal of Industrial Organization, 13（4）: 421-440.

Gibbert M, Leibold M, Probst G. 2002. Five styles of customer knowledge management, and how smart companies use them to create value. European Management Journal, 20（5）: 459-469.

Glaister K W, Buckley P J. 1996. Strategic motive for international alliance formation. Journal of Management Studies, 33（3）: 301-332.

Gordon J L. 2000. Creating knowledge maps by exploiting dependent relationships. Knowledge Based Systems, 13（2/3）: 71-79.

Gort M, Klepper S. 1982. Time paths in the diffusion of product innovations. Economic Journal, 92（367）: 630-653.

Goyal S, Vega-Redondo F. 2005. Network formation and social coordination. Games and Economic Behavior, 50（2）: 178-207.

Gozubuyuk R. 2008. Co-evolution of multiple networks. Academy of Management Proceedings.

Granovetter M. 1973. The Strength of weak ties. American Journal of Sociology, 78（6）: 1360-1380.

Grannovetter M. 1985. Economic action and social structure: the problem of embeddedness. American Journal of Sociology, 91（3）: 481-510.

Grant R M. 1996. Prospering in dynamically-competitive environments: organizational capability as knowledge integration. Organization Science, 7（4）: 375-387.

Greiner L. 1972. Evolution and revolution as organizations grow. Harvard Business Review,（3）: 40-52.

Grigoriou K, Rothaermel F T. 2017. Organizing for knowledge generation: internal knowledge networks and the contingent effect of external knowledge sourcing. Strategic Management Journal, 38（2）: 395-414.

Gulati R, Nohria G R, Zaheer A. 2000. Strategic networks. Strategic Management Journal,（21）: 37-51.

Gulati R, Nohria N, Zaheer A. 2000. Strategic networks. Strategic Management Journal, 21（3）: 203-215.

Gupta A K, Govindarajan V. 2000. Knowledge flows within multinational corporations. Strategic Management Journal, 21（4）: 473-496.

Haire M. 1950. Projective techniques in marketing research. The Journal of Marketing, 14（5）:

649-656.

Håkanson L, Nobel R. 2000. Technology characteristics and reverse technology transfer. MIR: Management International Review, 40 (1): 29-48.

Hakansson H, Johanson J. 1993. The network as a governance structure in the embedded firm: the socioeconomics of industrial network//Grabher G. The Embedded Firm. London: Routledge.

Halinen A, Salmi A, Havila V. 1999. From dyadic change to changing business networks: an analytical framework. Journal of Management Studies, 36 (6): 779-794.

Hamel G. 1991. Competition for competence and interpartner learning within international strategic alliances. Strategic Management Journal, 12 (S1): 83-103.

Hamel G, Doz Y L, Prahalad C K. 1989. Collaborate with your competitors and win. Harvard Business Review, 67 (1): 133-139.

Hansen M T. 2002. Knowledge networks: explaining effective knowledge sharing in multiunit companies. Organization Science, 13 (3): 232-248.

Harryson S. 1998. Japanese technological and innovation management. Edward Elgar Publishing Limited, 31 (1): 103-104.

Heikkinen M T, Tähtinen J. 2006. Managed formation process of R&D networks. International Journal of Innovation Management, 10 (3): 271-298.

Helms R, Buijsrogge K. 2006. Knowledge network analysis: a technique to analyze knowledge management bottlenecks in organizations. Proceedings of 16th International Workshop on Database and Expert Systems Applications (DEXA'05).

Hirtle B, Metli C. 2004. The evolution of U.S. bank branch networks: growth, consolidation, and strategy. Federal Review Bank of New York, 10 (8): 1-7.

Hoegl M, Parboteeah K P, Munson C L. 2003. Team-level antecedents of individuals' knowledge networks. Decision Sciences, 34 (4): 741-770.

Holmlund M, Törnroos J Å. 1997. What are relationships in business networks? Management Decision, 35 (4): 304-309.

Holmstrom B. 1982. Moral hazard in team. Bell Journal of Economics, 13 (2): 324-340.

Hosmer L T. 1995. Trust: the connecting link between organizational theory and philosophical ethics. Academy of Management Review, 20 (2): 379-403.

Hu H, Wang X. 2009. Evolution of a large online social network. Physics Letters A, 373 (12/13): 1105-1110.

Ireland R D, Hitt M A, Vaidyanath D. 2002. Alliance management as a source of competitive advantage. Journal of Management, 28 (3): 413-446.

Jackson M O, Watts A. 2002. The evolution of social and economic networks. Journal of Economic Theory, 106 (2): 265-295.

Jones C, Hesterly W S, Borgatti S P. 1997. A general theory of network governance: exchange conditions and social mechanisms. Academy of Management Review, 22 (4): 911-945.

Kalling T. 2003. Organization-internal transfer of knowledge and the role of motivation: a qualitative case study. Knowledge and Process Management ABI/INFORM Global, 10 (2): 115-126.

Kamphorst J, van der Laan G. 2007. Network formation under heterogeneous costs: the multiple group model. International Game Theory Review, 9 (4): 599-635.

Kim H J, Kim J M. 2005. Cyclic topology in complex networks. Physical Review E, 72 (3): 036109.

Kim K C. 2002. The effects of electronic supply chain design (E-SCD) on coordination and knowledge sharing: an empirical investigation. Proceedings of the 35th Hawaii International Conference on System Sciences.

Kitaygorodskaya N. 2005. A framework for agent-based modeling of communication and knowledge networks in corporate R&D. IEEE 3rd International Conference on Computational Cybernetics (ICCC 2005).

Kobayashi K. 1995. Knowledge network and market structure: an analytical perspective//Batten D, Casti J. Networks in Action. New York: Springer-Verlag BerlinHeidelberg.

Koka B R. 2006. The evolution of interfirm networks: environment effects on patterns of network change. Academy of Management Review, 31 (3): 721-737.

Kostova T. 1999. Transnational transfer of strategic organizational practices: a contextual perspective. Academy of Management Review, 24 (2): 308-324.

Krugman P R. 1996. The Self-Organizing Economy. Cambridge: Blackwell Publishers.

Lanary R, Amara N, Lamari M. 2002. Does social capital determine innovation? to what extent. Technological Forecasting & Social Change, 69 (7): 681-701.

Laursen K, Salter A. 2006. Open for innovation: the role of openness in explaining innovation performance among UK manufacturing firms. Strategic Management Journal, 27 (2): 131-150.

Lavie D. 2004. The evolution and strategy of interconnected firms: a study of the Unisys alliance network. Academy of Management Best Conference Paper.

Lavie D. 2007. Alliance portfolios and firm performance: astudy of value creation and appropriation in the U.S. software industry. Strategic Management Journal, 28 (12): 1187-1212.

Leonard-Barton D. 1992. Core capabilities and core rigidities: a paradox inmanaging new product development. Strategic Management Journal, 13: 111-125.

Levirt T. 1965. Review exploit the product life cycle. Harvard Business Review, 43 (6): 81-94.

Liggett T M, Rolles S W W. 2004. An infinite stochastic model of social network formation. Stochastic Processes and their Application, 113 (1): 65-80.

Lin N. 1990. Social resources and social mobility: a structural theory of status attainment. Social Mobility and Social Structure, 3: 247-261.

Lundvall B A L. 1992. National Systems of Innovation. London: Pinter Publishers.

Lynn R. 1991. The Secret of the Miracle Economy: Different National Attitudes to Competitiveness and Money. London: Crowley Esmonde Ltd.

Magnusson M G. 2004. Managing the knowledge landscape of an MNC: knowledge networking at ericsson. Knowledge and Process Management, 11 (4): 261-272.

Mahnke V. 1998. The economies of knowledge-sharing: production and organization cost considerations. California Management Review, (11): 22-49.

Marsden P V, Campbell K E. 1984. Measuring tie strength. Social Forces, 63 (2): 482-501.

Mayer A, Puller S L. 2008. The old boy (and girl) network: social network formation on university campuses. Journal of Public Economics, (92): 329-347.

McAllister D J. 1995. Affect-and cognition-based trust as foundations for interpersonal cooperation in organizations. Academy of Management Journal，38（1）：24-59.

McDermott R. 1999. Why information technology inspired but cannot deliver knowledge management. California Management Review，41（4）：103-117.

Mcinerney C. 2002. Knowledge management and the dynamic nature of knowledge. Journal of the American Society for Information Science and Technology，53（12）：1009-1018.

Morgan R M，Hunt S D. 1994. The commitment-trust theory of relationship marketing. Journal of Marketing，58（3）：20-38.

Nahapiet J，Ghoshal S. 1998. Social capital，intellectual capital and the organizational advantage. Academy of Management Review，22（2）：242-266.

Nerkar A，Paruchuri S. 2011. Evolution of R&D capabilities：the role of knowledge networks within a firm. Management Science，51（5）：771-785.

Newman M E. 2003. The structure and function of complex networks. SIAM Review，45（2）：167-256.

Nicotra M，Romano M，Del Giudice M. 2014. The evolution dynamic of a cluster knowledge network：the role of firms' absorptive capacity. Journal of the Knowledge Economy，5（2）：240-264.

Nonaka I. 1994. A dynamic theory of organizational knowledge creation. Organization Science，5（1）：14-37.

Nonaka I，Takeuchi H. 1991. The knowledge-creating company. Harvard Business Review，（November～December）：96-104.

Nonaka I，Takeuchi H. 1995. The Knowledge Creation Company：How Japanese Companies Create the Dynamics of Innovation. New York：Oxford University Press.

Nonaka I，Toyama R，Konno N. 2000. SECI，Ba and leadership：a unified model of dynamic knowledge creation. LongRange Planning，33（1）：5-34.

Norman P M. 2002. Protecting knowledge in strategic alliances resource and relational characteristic. Journal of High Technology Management Research，13（2）：177-202.

North D C. 1990. A transaction cost theory of politics. Journal of Theoretical Politics，2（4）：355-367.

Novak J D，Cañas A J. 2008. The Theory Underlying Concept Maps and How to Construct and Use Them. Technical Report. Pensacola：Institute for Human and Machine Cognition.

Nunamaker J F，Romano N C，Briggs R O. 2001. A framework for collaboration and knowledge management. Proceedings of the 34th Annual Hawaii International Conference on System Sciences.

Osterloh M，Frey B S. 2000. Motivation，knowledge transfer and organizational forms. Organization Science，11（5）：538-550.

Owen-Smith J，Powell P P. 2004. Knowledge networks as channels and conduits：the effects of spillovers in the Boston biotechnology community. Organization Science，15（1）：5-21.

Oxley J E. 1997. Appropriability hazards and governance in strategic alliances：a transaction cost approach. The Journal of Law，Economics，and Organization，13（2）：387-409.

Ozman M. 2006. Knowledge integration and network formation. Technological Forecasting and Social Change，73（9）：1121-1143.

Panteli N, Sockalingam S. 2005. Trust and conflict within virtual inter-organizational alliances: a framework for facilitating knowledge sharing. Decision Support Systems, 39 (4): 599-617.

Perry-Smith J E, Shalley C E. 2003. The social side of creativity: a static and dynamic social network perspective. Academy of Management Review, 28 (1): 89-106.

Petersen K J, Handfield R B, Ragatz G L. 2003. A model of supplier integration into new product development. Journal of Product Innovation Management, 20 (4): 284-299.

Phelps C, Heidl R, Wadhwa A. 2012. Knowledge, networks, and knowledge networks: a review and research agenda. Journal of Management, 38 (4): 1115-1166.

Philip C. 2001. Knowledge-sharing for global development-encouraging knowledge-sharing for cleaner global development. Knowledge Management Review, (3/4): 30-33.

Pisano G P. 1994. Knowledge, integration and the focus of learning: an empirical analysis of process development. Strategic Management Journal, 15: 85-100.

Polanyi M. 1966. The logic of tacit inference. Philosophy, 41: 1-18.

Porter M E. 1996. Competitive advantage, agglomeration economies, and regional policy. International Regional Science Review, 19 (1/2): 85-90.

Porter M E. 1998. Clusters and the New Economics of Competition. Boston: Harvard Business Review.

Ports A. 1995. The economic sociology of immigration: a conceptual overview//Ports A. The Economic Sociology for Immigration: Essays on Networks, Ethnicity and Entrepreneurship. New York: Russell Sage Foundation.

Prieto B, Tricas F, Merelo J J, et al. 2008. Visualizing the evolution of a web-based social network. Journal of Network and Computer Applications, 31 (4): 677-698.

Putnam R. 1993. Making Democracy Work. Princeton: Princeton University Press.

Qian X S, Li Y. 2001. The research of business process reengineering based on the enterprise knowledge network reconstructing. New Trends of Industrial Engineering and Engineering Management in New Century, 620-623.

Rackham N, de Vincentis J. 1998. Rethinking the Sales Force: Refining Selling to Create and Capture Customer Value. New York: McGraw-Hill.

Richardson G B. 1972. The organisation of industry. The Economic Journal, 82 (327): 883-896.

Rink D R, Swan J E. 1979. Product life cycle research: a literature review. Journal of Business Research, 7 (3): 219-242.

Ritter T, Gemünden H G. 2003. Network competence: its impact on innovation success and its antecedents. Journal of Business Research, 56 (9): 745-755.

Sanderson S, Uzumeri M. 1995. Managing product families: the case of the sony Walkman. Research Policy, 24 (5): 761-782.

Sarker S, Nicholson D B, Joshi K D. 2005. Knowledge transfer in virtual systems development teams: an exploratory study of four key enablers. IEEE Transactions on Professional Communication, 48 (2): 201-218.

Scott J. 2011. Social network analysis: developments, advances, and prospects. Social Network Analysis and Mining, 1 (1): 21-26.

Seufert A, Krogh G, Bach A. 1999. Towards knowledge networking. Journal of Knowledge Management, 3 (3): 180-190.

Seufert S, Seufert A. 1999. The genius approach: building learning networks for advanced management education. Proceedings of the 32nd Annual Hawaii International Conference on System Sciences.

Seufert S, Seufert A. 2000. Towards the continuously learning organization through knowledge networking-case Swiss Re group. Proceedings of the 33rd Annual Hawaii International Conference on System Sciences.

Shapiro D L, Sheppard B H, Cheraskin L. 1992. Business on a hand-shake. Negotiation Journal, 8 (4): 365-377.

Sharda R, Frankwick G L, Turetken O. 1999. Group knowledge networks: a framework and an implementation. Information Systems Frontiers, 1 (3): 221-239.

Shin J, Park Y. 2010. Evolutionary optimization of a technological knowledge network. Technovation, 30 (11/12): 612-626.

Simon H, March J. 1976. Administrative Behavior and Organizations. New York: Free Press.

Slikker M, van den Nouweland A. 2000. Network formation models costs for establishing links. Review of Economic Design, 5 (3): 333-362.

Spender J C. 1996. Making knowledge: the basis of a dynamic theory of the firm. Strategic Management Journal, 17 (S2): 45-62.

Steier L, Greenwood R. 2000. Entrepreneurship and the evolution of angel financial networks. Organization Studies, 21 (1): 163-192.

Storper M. 1995. Regional technology coalitions: an essential dimension of national technology policy. Research Policy, (24): 895-911.

Szulanski G. 1996. Exploring internal stickiness: impediments to the transfer of best practice within the firm. Strategic Management Journal (special issue), (17): 27-43.

Szulanski G, Cappetta R, Jensen R J. 2004. When and how trustworthiness matters: knowledge transfer and the moderating effect of causal ambiguity. Organization Science, 15 (5): 600-613.

Tichy G. 1998. Cluster: Less Dispensable and More Risky than Ever Clusters and Regional Specialization. London: Pion Limited.

Trkman P, Desouza K C. 2012. Knowledge risks in organizational networks: an exploratory framework. The Journal of Strategic Information Systems, 21 (1): 1-17.

Utterback J M. 1996. Mastering the dynamics of innovation: how companies can seize opportunities in the face of technological change. Long Range Planning, 29 (6): 908-909.

van Aken J E, Weggeman M P. 2000. Managing learning in informal innovation networks: overcoming the Daphne-dilemma. R&D Management, 30 (2): 139-150.

Verson M D. 1966. Experiments in Visual Perception: Selected Readings. Baltimore: Penguin Books.

von Hayek F A. 1937. Economics and knowledge. Economica, 4 (13): 33-54.

von Hippel E. 1976. The dominant role of users in the scientific instrument innovation process. Research policy, 5 (3): 212-239.

von Hippel E. 1994. "Sticky information" and the locus of problem solving: implications for innovation. Management Science, 40 (4): 429-439.

Walker G, Kogut B, Shan W. 1997. Social capital structural holes and the formation of an industry network. Organization Science, 8 (2): 109-125.

Wan J, Gu X. 2010. Research on the impetus mechanism of the evolution of knowledge networks. 2nd International Workshop on Database Technology and Applications (DBTA).

Wang C, Rodan S, Fruin M, et al. 2014. Knowledge networks, collaboration networks, and exploratory innovation. Academy of Management Journal, 57 (2): 484-514.

Wang J. 2003. A knowledge network constructed by integrating classification, thesaurus, and metadata in digital library. The International Information & Library Review, 35 (2): 383-397.

Wang P, Watts A. 2006. Formation of buyer-seller trade networks in a quality-differentiated product market. Canadian Journal of Economics, 39 (3): 971-1004.

Wang S, Huang L, Hsu C H, et al. 2016. Collaboration reputation for trustworthy web service selection in social networks. Journal of Computer and System Sciences, 82 (1): 130-143.

Watts D J, Strogatz S H. 1998. Collective dynamics of 'small-world' networks. Nature, 393 (6684): 440-442.

Wei Q, Gu X. 2013. Knowledge networks formation and interchain coupling of knowledge chains. Journal of Applied Sciences, 13 (20): 4181-4187.

Wei Y B, Sun D C, Ye F. 2005. Benefit allocation methods of knowledge sharing within knowledge network. Proceedings of the 11th International Conference on Industrial Engineering and Engineering Management.

Wellman B, Berkowitz S D. 1988. Social Structures: A Network Approach. Cambridge: Cambridge University Press.

Williamson E O. 1985. The Economic Institutions of Capitalism. London: The Free Press.

Zack M H. 1999. Developing a knowledge strategy. California Management Review, 41(3): 125-145.

Zucker L G. 1986. Production of trust: institutional sources of economic structure, 1840 to 1920. Research in Organizational Behavior, 8: 53-111.